中國学術思想 研究輯刊

八 編

林 慶 彰 主編

第 35 冊

由《周易》與《黃帝內經》探討理象數術
之養生研究及其應用（下）

趙 憶 祺 著

花木蘭文化出版社

國家圖書館出版品預行編目資料

由《周易》與《黃帝內經》探討理象數術之養生研究及其應用
（下）／趙憶祺 著—初版—台北縣永和市：花木蘭文化出版社，
2010〔民99〕

目 8+232 面；19×26 公分
（中國學術思想研究輯刊 八編：第 35 冊）
ISBN：978-986-254-218-7（精裝）
1. 易經　2. 內經　3. 養生　4. 研究考訂
121.12　　　　　　　　　　　　　　　　　99002660

ISBN - 978-986-2542-18-7

9 789862 542187

中國學術思想研究輯刊
八　編　第三五冊　　　　　　ISBN：978-986-254-218-7

由《周易》與《黃帝內經》探討理象數術
之養生研究及其應用（下）

作　　者　趙憶祺
主　　編　林慶彰
總 編 輯　杜潔祥
出　　版　花木蘭文化出版社
發 行 所　花木蘭文化出版社
發 行 人　高小娟
聯絡地址　台北縣永和市中正路五九五號七樓之三
　　　　　電話：02-2923-1455／傳真：02-2923-1452
網　　址　http://www.huamulan.tw 信箱 sut81518@ms59.hinet.net
印　　刷　普羅文化出版廣告事業
封面設計　劉開工作室
初　　版　2010 年 3 月
定　　價　八編 35 冊（精裝）新台幣 58,000 元

由《周易》與《黃帝內經》探討理象數術之養生研究及其應用（下）

趙憶祺　著

目

次

第五章　數術養生之理論與應用

　　《素問·上古天眞論篇第一》：「昔在黃帝，生而神靈，弱而能言，幼而徇齊，長而敦敏，成而登天。乃問於天師曰：余聞上古之人，春秋皆度百歲，而動作不衰；今時之人，年半百而動作皆衰者，時世異耶？人將失之耶？岐伯對曰：上古之人，其知道者，法於陰陽，和於術數，食飲有節，起居有常，不妄作勞，故能形與神俱，而盡終其天年，度百歲乃去。今時之人不然也，以酒爲漿，以妄爲常，醉以入房，以欲竭其精，以耗散其眞，不知持滿，不時御神，務快其心，逆於生樂，起居無節，故半百而衰也。

　　夫上古聖人之教下也，皆謂之：虛邪賊風，避之有時，恬淡虛無，眞氣從之，精神內守，病安從來！是以志閒而少欲，心安而不懼，形勞而不倦，氣從以順，各從其欲，皆得所願。故美其食，任其服，樂其俗，高下不相慕，其民故曰朴。是以嗜欲不能勞其目，淫邪不能惑其心。愚、智、賢、不肖，不懼於物，故合於道。所以能年皆度百歲而動作不衰者，以其德全不危也。」

　　《素問·氣交變大論》：「夫道者，上知天文，下知地理，中知人事，可以長久。」

　　孔穎達《周易正義·說卦·疏》曰：「敘聖人本制蓍數卦爻備明天道人事妙極之理。……蓍是數也。傳稱物生而後有象、象生而後有滋，滋而後有數，然則數從象生，故可用數求象。」以爻數明天道人事之妙。《四庫提要》云：「術數之興，多在秦漢以後，要其旨不出乎陰陽五行生剋制化。」劉牧《易數勾隱圖·序》云：「卦者，聖人設之，觀於象也。象者形上之應，原其本則形由象生，象由數設。捨其數，則無以見四象所由之宗也。」象爲卦象，數則一指數目；一指推測卦象之術。本章究竟數由象生，或象由數生不做定論。

僅由數術部分由人事物、時空等探討、呈現其趨吉避凶之數術，包括形上與形下、理論與應用之經絡穴道、飲食、運動、命理、風水、情緒、擇日及奇門遁甲等。「上古之人，其知道者，法於陰陽，和於術數，食飲有節，起居有常，不妄作勞，故能形與神俱，而盡終其天年，度百歲乃去」「夫道者，上知天文，下知地理，中知人事，可以長久。」依照此說法本章節「和於術數」之「術數」，亦為天文或地理應置於最前，但在一九七三年底湖南長沙馬王堆三號漢墓中，出土的六篇帛書《易傳》中，其中第四篇〈要〉有一節文字，詳細記載孔子「老而好易」而與弟子子貢辯論的情況，其中第四篇〈要〉記載孔子對卜筮的態度：「《易》，我後其祝卜矣！我觀其德義耳也。幽贊而達乎數，明數而達乎德，又仁者而義行之耳。贊而不達于數，則其為之巫；數而不達于德，則其為之史。史巫之筮，鄉之而未也，好之而非也。後世之士移丘者，或以《易》乎？吾求其德而已，吾與史巫同涂而殊歸者也。君子德行焉求福，故祭祀而寡也；仁義焉求吉，故卜筮而希也。祝巫卜筮其後乎？」可知君子「德行焉求福，故祭祀而寡也；仁義焉求吉，故卜筮而希也」；一方面《周易》最初雖為卜筮之書，但自孔子講求義理，以人道合天道，象數反為人避談，後因先後天八卦、河洛理數、陰陽五行之說又發展了「術」的學問，但更因種種因素，「數術」淪為皇家秘辛或江湖術士詐財騙色工具，無法躋身學術殿堂，故而本章將其置於附錄，因唯恐時人不察，不修義理而徒妄求「術」耳。但因確有此門學問，孔子言「不知命，無以為君子」；吾師賴貴三教授於〈孔子的《易教》（一）〉中言：「君子既要守道，又必須溝通天人；既要修德，還得明數。」〔註1〕因此仍衷心期望真理能透過學術殿堂研究討論，理象數術兼備，順乎天、應乎人，以有益世人。

第一節　經絡、穴道之養生

　　《靈樞・經別》說：「夫十二經脈者，人之所以生，病之所以成，人之所以治，病之所以起，學之所以始，工之所以止也。」〔註2〕《靈樞・經脈》又

〔註1〕 見賴師貴三：〈孔子的《易教》（一）〉（臺北：《孔孟月刊》，第四十卷第五期），
　　　　頁10。
〔註2〕 一九七三年底湖南長沙馬王堆三號漢墓中，出土的《足臂十一脈灸經》、《陰陽十一脈灸經》是目前發現最早的經脈循行路線文獻，二部書中十一經脈各自獨立，互不相干，與《內經》經絡系統的上下、縱橫相聯繫的網路整體相

說：「所以能決死生，處百病，調虛實，不可不通。」指出了認識和熟悉經絡學說的重要性。

經絡是人體運行氣血、聯絡臟腑、溝通內外的路徑。這裡的「徑」是經脈，它是貫通上下，人體中的主幹部分；「絡」是絡脈，有「網絡」的作用，它比經脈微細，縱橫交錯，是人體的分支部分。經絡中有經氣循環傳注，不停運動，使臟腑組織生生不息。經絡系統由十二經脈，奇經八脈，十五絡脈和十二經別，十二經筋，十二皮部以及難以數計的經絡組成。

腧穴分佈在一定的經脈循行通路上，是人體臟腑經脈之氣輸注的地方，由於經絡的內外聯繫作用，腧穴與人體的各個臟腑組織、器官等都是息息相通，互相關連的。內臟的病變，可在相應的體表腧穴上產生壓痛等反應。此種由裏達表的反應，不僅有利於個人從事養生保健如飲食、按摩、指壓、氣功、拍打等，亦有利於臨床診斷，有助於醫生在相應的經穴上進行適當的治療如針灸、藥物、推拿等。而利用調整經絡氣血，激發推動經絡氣血的運行，藉以通調氣血、協調臟腑、袪除病邪，以達到養生保健、防病治病的目的。

一、經　絡

（一）十二經脈〔註3〕

三陽、三陰中還要再細分為少陽、陽明、太陽、少陰、厥陰、和太陰。此十二條經脈竟與十二時辰相對應，而且與五臟六腑的氣機運作互相配合。以下依十二時辰分別列出十二經脈走向、與五臟六腑之關係及養生之道：

1. 子夜十一至一點（子時）：足少陽膽經（五行屬二巽木）

主要分布在下肢的外側中間。

《靈樞‧經脈》：「膽足少陽之脈，起於目銳眥，上抵頭角，下耳後，循頸，行手少陽之前，至肩上，卻交出手少陽之後，入缺盆。其支者……。」本經從眼外角起，先上行至耳後，經肩部到缺盆；一條支脈從耳後入耳內，由耳前出來後，再回眼內角。另一支脈由眼外角下走大迎，至眼眶下，續往

比較，尚屬初步形成階段。由治療上言，十一經脈只言灸法，不涉及針法；由內容看，只談經脈線路，未明確「穴位」。由此可說明此二部經絡書形成於《內經》問世前。

〔註3〕　以下參見李政育：《十二經脈飲食法》（臺北：元氣齋出版社，2002年7月初版），頁47～87。

頰車，經頸部至缺盆，經胸中、過膈膜，聯肝、屬膽，再沿脅裡出小腹兩側氣沖處，然後繞陰毛止。執行脈則從缺盆至腋下，沿胸過季脅，會於股關節中。（見圖 5-1-1）

膽經引導人體陽氣下降入於腎，此時天地磁場最強，如果常熬夜，膽火易上逆，肝腎也易生病。愛吃宵夜的人易肥胖。此時如尚未眠，應服能收濇斂神之藥物或食品如山茱萸、芍藥、柏子仁、酸棗仁等。如經常失眠、易受驚嚇、厭食、多夢、或常嘆氣、臉色晦暗、昏眩，或有坐骨神經痛或偏正頭疼、關節等疼痛現象者，多係膽經出問題所致。患者可常擦揉膽經所過穴位，同時常運動，保持情緒平和，勿過食油膩，方可保持膽之健康。

2. 凌晨一至三點（丑時）：足厥陰肝經（五行屬二巽木）

主要分布在下肢內側的中間部位。

《靈樞‧經脈》：「肝足厥陰之脈，起於大指叢毛之際，上循足跗上廉，去內踝一寸，上踝八寸，交出太陰之後，上膕內廉，循股陰，入毛中，環陰器，抵小腹，挾胃，屬肝，絡膽，上貫膈，布脅肋，循喉嚨之後，上入頏顙，連目系，上出額，與督脈會於巔。其支者……。」由腳大趾有毛之處的大敦穴起，沿足背往上至腳踝內側前一寸處，然後繼續往上，沿膝彎內緣，股內側，入陰毛中、繞陰器後入小腹，挾胃屬肝、絡膽；再上貫膈膜，散佈脅肋，由喉嚨後方過頤骨，與目系相會後出額頭，會督脈於巔頂。一條支脈由目系下頰車，環繞於唇內；另一支脈由肝臟分出，過膈膜後上注於肺臟。（見圖 5-1-2）肝腎一家，肝屬木，腎主水，腎水不足，枯木易生風、燥熱；血壓高或中風患者要保肝腎、重營養、充分休息，十一點前睡著為宜。肝膽互相影響，肝藏血，要休息方能使血回流而滋養肝臟。此外肝主疏泄，要常保精神愉快，如過度壓抑，易致氣血阻塞不暢，易生腫瘤。身黃、面色無華，皮膚有斑塊、易癢、腸胃功能不佳等都與肝經不健康有關。若要保肝，除避免喝酒過量、熬夜、營養不足、過勞、情志抑鬱外，還應常按揉肝區、肝經。可服用開心解鬱食品如柴胡、神麴、麥芽、佛手等。

3. 清晨三至五點（寅時）：手太陰肺經（五行屬四兌金）

主要分布在上肢內側前緣。

《靈樞‧經脈》：「肺手太陰之脈，起於中焦，下絡大腸，還循胃口，上膈屬肺，從肺系，橫出腋下，下循臑內，行少陰心主之前，下肘中，循臂內上骨下廉，入寸口，上魚，循魚際，出大指之端。其支者……。」手太陰肺

經主要分佈在上肢內側前緣。由中焦開始，先向下經大腸，再回繞胃部、上貫膈膜，入肺臟，由喉嚨到腋下，然後沿手臂內側至手掌，由魚際邊緣出拇指尖端的少商穴。（見圖 5-1-3）由於氣血正好循環至肺，因此肺部功能欠佳的人（如氣喘、肺氣腫），常在此時咳嗽，呼吸困難，保養之道可在此時吃補肺飲食如燕窩、銀耳、羅漢果、沙參、甜杏仁、百合、梨、柿霜……等，在清晨醒來尚未開口時服用最佳，亦即在五至七時服食。肺主呼吸、開合，是人體氣機升降的關鍵；又能輸通上焦水道，負責皮膚與毛孔的開合、潤澤，而以鼻子及體表為對外的聯絡通道。肺經如有問題，即易出現呼吸不暢、咳嗽、喉燥咽乾、流鼻涕、氣喘等感冒症狀，甚至皮膚、毛髮枯搞等，此時可按肺經相關穴位可好轉。

4. 上午五點至七點（卯時）：手陽明大腸經（五行屬四兌金）

主要分布在上肢外側前緣。

《靈樞·經脈》：「大腸手陽明之脈，起於大指次指之端，循指上廉，出合谷兩骨之間，上入兩筋之中，循臂上廉，入肘外廉，上臑外前廉，上肩，出髃骨之前廉，上出於柱骨之會上，下入缺盆，絡肺，下膈，屬大腸。其支者……。」主要分佈在上肢外側前緣，由食指尖端的「商陽穴」開始，沿拇指測往上，經拇指、食指交會處的「合谷穴」，進入兩筋之間，過手三里、曲池穴，上肩峰，往下入缺盆穴後，分成二條支脈：一條繼續往下，絡肺臟、下膈膜，入屬大腸；另一支由缺盆走頸部，通過臉頰，到下牙齦後繞回至上唇，分左右交會於人中，夾鼻孔兩側接足陽明經（見圖 5-1-4）。嘴巴或口角常潰爛之人，可刺激或指壓經絡旁，經絡本身即可與其相關之肌肉、骨頭、血管、關節聯絡，可改善循環不順暢之毛病。又如痔瘡發作、便血時，可按摩或搓揉合谷穴，可用筆心、指尖、按摩棒等，其他如太陽穴或後腦勺的風池穴、風府穴，或天宗穴，膏肓附近，均可改善上肩背疼痛。卯時是手陽明大腸經氣血劉注于此時最旺盛時刻，大腸之功能是運送糟粕、排泄廢物。所以大腸的病理變化主要是表現於大便的異常；有因飲食失調或誤食不潔物，也有因其他臟腑功能的失調，如命門火衰造成大腸經無法升提而致腹瀉，需補腎；若平時口乾舌燥，且失眠、多夢則為肝火旺，也常導致大腸病，引起便秘或熱痢。建議清早最好飲食清淡，甚至素食，或只吃水果如香蕉、柚子、黃豆、糙米、蜂蜜……等，蜂蜜可除煩止渴，有整常止痢之作用。較有助於大腸排泄。經常便秘的人，應在此養成上廁所之習慣。

5. 上午七點至九點（辰時）：足陽明胃經（五行屬六艮土）

主要分佈在頭面、胸腹第二側線及下肢外側前緣。

《靈樞·經脈》：「胃足陽明之脈，起於鼻，交頞中，旁約太陽之脈，下循鼻外，入上齒中，還出挾口，環唇，下交承漿，卻循頤後下廉，出大迎，循頰車，上耳前，過客主人，循髮際，至額顱。其支者……。」由鼻梁旁凹陷處往下，至上牙齦，再出來，環繞口唇，至唇下的承漿穴；從腮下後方至大迎穴，往上經頰車，過耳前、髮際、額顱。一條支脈由大迎向下經人迎穴至缺盆，下膈膜、屬胃腑、絡脾臟。另一條由缺盆直下乳側、挾臍，至陰毛旁之氣沖穴。再一條由腹裡下行髀關，抵伏兔穴，再經膝蓋、脛骨外側，至足背，直抵中趾內側（另一細支由膝下出中趾外側）（見圖 5-1-5）。少女經痛，一在肝經，一在胃經；胃經經過乳房，可按摩其經過之路線如足三里穴（在膝蓋底下骨頭凸起的稍下方），經常按壓，不但可緩解經來腹痛、乳房漲痛、纖維囊腫症狀，還可改善因年紀所致之乳房鬆弛，使其變得有彈性。在中醫而言，上眼瞼屬脾，下眼瞼屬胃，一般胃經氣滯的人較無雙眼皮，此時如予針灸足三里穴，或按摩、刺激此穴，雙眼皮自然產生。此外，眼袋、胃酸過多、胃潰瘍、十二指腸潰瘍、半夜胃痛，會口糜、嘴唇周圍與舌頭、頰肌糜爛，蕭穀善饑，上火，按摩足三里穴一樣有效。又如常感胃脹、噁心、嘔吐，胃口不開，胸勒滿脹，此時歸經一歸在肝，一歸在脾胃，噁心嘔吐應歸在脾胃較恰當，所以應刺激胃經之足三里，以及大拇指、食指間之太衝穴，刺激、按摩後，肝臟會自動形成一唧筒，使膽汁大量分泌出來，不致淤積裡面，如此肝即不會腫大，即不會無法吸收。此外中醫以為肝經繞陰器，故凡陰道、子宮、卵巢、睪丸、陰囊、攝護腺等陰部之問題，皆可按壓太衝穴。甚至安胎、子宮不正常出血、懷孕出血，或異常蠕動、收縮都有效。此外氣血循行至胃，是吃早餐良辰。胃腑主熱量消化，負責一天的體力供給，因此早餐要吃得飽，重量不種質，以主食、五穀為主。如能煮稀飯吃最佳。用伏苓或四神或香砂六君子湯、參苓白朮散……等藥或食物當保養品，經常食用更佳。

6. 上午九點至十一點（巳時）：足太陰脾經（五行屬六艮土）

主要分佈在胸腹任脈旁開第三側線和下肢內側前緣。

從腳拇趾前端沿內側上行足內踝前，過大小腿內側，到腹股溝附近轉進腹內，屬脾臟、絡胃腑、上膈膜，直抵咽喉部；然後連舌根、出舌下；另一

條支脈由胃往上，過膈膜，注入心中〔註4〕（見圖 5-1-6）。脾土開，飲食才有滋味。主運化水穀，需靠胃的高熱量來運化水濕。不宜吃未充分滅菌或生冷食物，以免傷脾，影響發育及生育。現代人常只吃菜不吃飯，或僅吃疏菜、水果，這是不夠的。菜類一定要有青赤黃白黑五色和酸苦甘辛鹹五味並重，主食則以五穀與甘甜平淡爲主，方可長保健康。最好七分飽，節飲食以養脾。脾不健康者多嘴唇蒼白，可用歸脾湯、補中益氣湯或各種建中湯，……爲保養方。脾虛者宜注意運動，但不宜過於激烈，以散步爲佳，應穿著寬鬆柔軟鞋子，以免腳部受傷不易癒合。凡是口乾舌燥、消渴易饑的糖尿病前期症狀，都屬於脾經管轄。糖尿病的典型症狀是三多一少：多飲、多食、多尿，體重減輕。此時治療時間需較久，如能於症狀初起時，如常感口乾舌燥，食量大但不胖，經常按揉脾經經穴，可改善或延緩病情。

7. 上午十一點至下午一點（午時）：**手少陰心經**（五行屬三離火）

主要分佈在上之內側後緣。

心經起始於心系，往下過膈膜、往下過膈膜、絡小腸；有一支脈由心系上行，挾咽喉、聯目系；另一條則從心系直行肺部，橫出腋下，沿手臂內側往下行肘內，至掌中後，先至掌後銳骨端，再入掌內，沿著小指側出小指尖的少沖穴（見圖 5-1-7）。氣血循環至心系，能量極強，此時打坐，有助於心血回流心臟，有益健康。心屬火，火力要充足，人方有精神、體力，所以中餐要吃得好，重質不重量。吃完飯後稍事休息，以培養下午體力。心臟病的典型症狀是胸痛，走路易喘，心跳異常及浮腫。有時過熱、貧血、甲狀腺機能亢進等症，也會引起心跳異常，出現頭暈、眼花現象。如非屬心臟之器質性疾病，僅因年紀大或緊張引起之心律不整，或輕微的心區不適時，可立刻按壓心經穴位，特別是神門穴加足三里穴，常有神奇功效。

8. 下午一點至三點（未時）：**手太陽小腸經**（五行屬三離火）

主要分佈在上肢外側後緣。

由手小指外側少澤穴起，沿手腕、手肘（入兩肋中）、手臂外側上行，過肩後入骨縫、繞肩胛至缺盆穴絡心臟；再經咽部下行膈膜、小腸。另一支脈由缺盆沿頸、頰至眼外角，轉入耳內。再一支出頰經眼眶、鼻子，由眼內角斜行于顴骨，接足太陽經（見圖 5-1-8）。小腸是吸收營養的主體，負責分清泌

〔註4〕 同上參考《靈樞・經脈》不再另附，以下同。

濁，吸收營養物質，並將纖維等不易消化之物（濁），往下推送至大腸，伺機排出體外。過了未時，腸胃功能進入休息階段，宜少攝含蛋白質、脂肪和澱粉類，否則脂肪易堆積起來。此時宜以丹皮、四物、丹參等爲補養法。此經常見症狀是肩臂疼痛、扁桃腺發炎或腮線炎，幸國人由小即施打腮腺炎疫苗，現已很少見此俗稱「豬頭肥」了。其他小腸經症候還有重聽、眼黃、眼澀等與體液有關之不適，有時還可能出頻尿、腹脹。此時不妨用力揉搓手臂外側之小腸經絡，應可改善不舒服現象。

9. 下午三點至五點（申時）：足太陽膀胱經（五行屬七坎水）

主要分佈在腰背第一、二側線及下肢外側後緣。

從眼內角上額頭至巔頂。直行脈從巔頂入腦，下行至項，夾行於脊柱兩旁，直達腰中，深入體內聯絡腎臟，入屬膀胱腑。一條支脈由腰部下挾脊柱、貫臀，進入膝彎內。另一支脈由肩部內側分左右貫肩胛，貫脊柱而下，過環跳穴，沿股外側後緣下行，與前一支脈會於膝窩；再向下穿過小腿肚，出足外踝後方，沿小趾外側過京骨穴，至最前端與足少陰經會合（見圖 5-1-9）。膀胱經屬水，而膀胱爲腎腑，腎主水，太陽寒水除燥熱，所以熬夜、房事過多以致腎水不足，無法收藏陽熱，即易陰虛而導致齒搖齦萎，多血熱，尿滷赤，髮根不固，禿頭、頭皮屑多等各種陰虛生內熱之雜病。此經常見之疾病爲小兒尿床、女性急慢性膀胱炎，有時冬季感冒也會誘發血管性頭痛，兼身痛、坐骨神經痛，最嚴重的狀況爲腦中風。由於膀胱經循行之時間爲下午三至五時，如果經常在傍晚覺得疲倦、昏沈、頭痛深重者即要有所警覺。英國人流行於此時喝下午茶，除了調劑精神外，也可補充水分、促進水液流通。我們於此時最好也起身做可活動至膀胱經的體操，如左右扭腰、抬腿、動動腳踝等等。

10. 下午五點至七點（酉時）：足少陰腎經（五行屬七坎水）

主要分佈於下肢內側後緣及胸腹第一側線。

從腳底小趾前端斜穿過足心的湧泉穴，至足弓前緣，然後沿內踝骨後至腳跟、上小腿肚，上行至膝彎內緣、腹股溝，斜入腎臟，聯絡膀胱。直行脈再上行入肝，穿過橫膈膜入肺，上喉嚨、挾舌根。支脈則從肺出來後，繞心、注于心包中（見圖 5-1-10）。中醫認爲腎爲人體的根本，腎經多氣少血，關係到生殖與泌尿系統。若腎氣虛衰則齒搖髮脫、失眠盜汗、腰膝痠軟、多夢。腎水平時要多保養，若至腎氣虛弱再談保健則爲時已晚。保養之道宜節慾、

多活動、避免熬夜或過累。常吃黑色、深色、微鹹或富含鐵質食物，如海參、淮山藥、荸薺、各種海產或六味地黃丸、金匱腎氣丸，右歸丸……等以為保養；並常按摩腎經穴道。又此時多為下班時間，要注意勿久坐、久站，也勿飽食後即享受魚水之歡。

11. **晚上七點至九點**（戌時）：**手厥陰心包經**（五行屬八震相火）

主要分布在上肢內側中間。

本經起於胸中心包絡，往下過橫膈膜以聯絡三焦。支脈橫過胸部，入腋下三寸處，再往上行進入腋窩，然後由手臂內側往下，入手肘中，沿兩肋之間直到手掌中，直到中指指尖的中沖穴（見圖 5-1-11）。心包即是包著心臟的一層充滿脂肪的薄膜，其功能與病理變化類似心臟，多血少氣，常見疾病為手心熱、手臂活動不靈活，心慌、心煩、面紅；如風濕熱侵入心包經未能及時治療，多年後可能變成風濕性心臟病；若寒邪侵入，易發心絞痛。有時亦會出現神昏譫語，防治之道為常做甩手運動以活絡心包經。又此時為晚餐後休息時間，如果宴飲應酬，過時膏粱厚味，即易生亢熱，至胸中煩悶、噁心欲吐；此時可指壓中指或內關穴以消上焦之熱，即可緩解，加做甩手運動，引濁氣下行，使胸中舒暢。並服退心火或養肝血的方劑或藥物，如地骨皮飲或岑連四物湯……，以補心包。

12. **晚上九點至十一點**（亥時）：**手少陽三焦經**（五行屬八震相火）

主要分佈在上肢外側中間。

從無名指尖端的關沖穴往上，經無名指與小指之間的液門穴，順前臂兩股之間往上，穿過肘。從上臂外側上肩、入缺盆，再向下至膻中穴與心包相聯繫，然後下橫膈膜，聯絡上中下三焦。一條支脈由膻中、缺盆上頭部，由耳後上耳上角，過懸釐、頷厭後下行，繞頰至眼眶下。另一支脈則從耳後入耳中，出耳前後至眼外角，與足少陽經相接（見圖 5-1-12）。三焦負責全身的氣機及氣化，為人體血氣運行的要道，又是水液的運行通道，其常見病症有上肢運動不俐落、多汗、耳鳴、耳聾、喉嚨乾痛或水腫，有時慾念過盛也會致病。保養之道為飲食有節、常運動，並以手拍打另一手三焦經所過位置，同時輕拍胸前缺盆至肚臍以下的三焦經支脈，偶爾坐坐道家的「洗臉」，也很有幫助。此外睡眠時應注意勿長時間壓住任何一側，以免出現痺症。腎臟易水腫的人，睡前勿喝太多水。應食酸味、紅色之品以補或涼三焦，例如當歸、枸杞子、梔子、紅衣，或酸棗仁湯或當歸補血湯來保養。

（二）奇經八脈

奇經八脈幫括督脈、任脈、衝脈、帶脈、陰維脈、陰蹻脈和陽蹻脈。由於它們和臟腑無相互直接的「絡屬」關係與表裡配合，與十二經脈不同，故稱奇經八脈，其主要功能是加強、維持各經脈間的密切關係，且將部位相近、功能相似的經脈聯繫在一起，發揮統率和主導之作用。奇經八脈還對十二經脈的盛衰有蓄積和滲灌作用，猶如地上海洋、湖泊以調節水量、排潦抗旱，有調節正經氣血的作用。經脈氣血滿溢時，則流注於奇經八脈，蓄以備用；十二經脈氣血不足時，則予以補充，所以奇經八脈是十二經脈轉輸匯聚出入調節的處所。奇經與肝腎等臟及女子胞宮、腦髓等有密切關係。

1. 任督二脈

屬於人體正前與正後方的對稱中線。督脈由鼻子出來，往頭顱、背部，循著脊椎骨正中央一直到尾骶骨、肛門。任脈是由子宮、卵巢，輸卵管裡面出來，從肚臍眼一直往上，經過牙齦，到下牙床的正中央。任脈走陰，督脈走陽。

2. 衝 脈

總領諸經氣血的要衝。其脈上至投下至足，能調十二經氣血，故衝脈有「十二經之海」和「血海」之稱。

3. 帶 脈

圍腰一周，狀同束帶，故有「諸脈皆屬於帶」的說法。

4. 陽蹻脈、陰蹻脈

「蹻」是足跟之意。陽蹻起於外踝下，陰蹻起於內踝下，有共同調節下肢運動等作用。

5. 陽維脈、陰維脈

「維」是維繫，陽維主維繫、聯絡一身在表之陽脈，陰維主維繫一身在裡之陰脈。

6. 十二經別、十二經筋、十二皮部

十二經別是十二經別別出的經脈，主要再加強十二經表裡兩經的聯繫。十二經筋、十二皮部是十二經脈與筋肉及體表的連屬部分。是經脈在筋肉、關節的附屬部分。經筋連綴四肢百骸、司關節運動；皮部是十二脈在體表皮膚部位的具體分部。

二、特定穴

指若干類具有特殊治療作用的經穴，並有特定稱號的腧穴。包括肘膝以下的五輸穴、原穴、絡穴、八脈交會穴等，還有胸腹、腰背部的腧穴、募穴，在四肢、軀幹的八會穴等。

（一）五輸穴

指十二經脈分佈在肘膝關節以下的井（主治肝之病症）、滎（主治心之病症）、輸（主治脾之病症）、經（主治肺之病症）、合穴（主治腎之病症）。輸有灌輸注入之意，外邪內侵多由這些穴位灌輸至經絡，危害臟腑，所以當外感初傳，尚未入裡，在這些穴位上加以適當治療，便可阻止邪氣累及臟腑。其中經氣所出，如水之源頭，稱為「井」，經氣所溜象剛出之泉水微流稱為「滎」，經氣所注，象水流由淺入深稱為「輸」，經氣所行，象水在通暢的河中流過，稱為「經」，經氣逐漸深入，匯合於臟腑，稱為「合」。

（二）八會穴

八會穴指人體氣、血、筋、骨、髓、脈、臟腑等，其精氣聚會處的八個腧穴。均能治療有關臟腑組織的疾病，醫易學家將八會配八卦：其中臟會章門配乾卦，因乾為首，五臟為生命之首；腑會中脘配坤卦，因坤為腹，六腑皆在腹中；巽為風，氣會膻中配巽卦，心主火，血會膈前配離卦，震為足主動，筋會陽陵配震卦，艮為山，人體之脈如山脈之分支連線，脈會太淵配艮卦，坎、腎主水，骨會火杼配坎卦；髓為腎所主之骨的精水所生，兌為澤，髓會絕骨配兌卦。

（三）俞募穴

俞募穴是俞穴和募穴的總稱。俞穴均位於背腰部，募穴均位於胸腹部。俞穴與臟腑有直接關係，是臟腑經氣輸注魚於腰部的腧穴。募與膜通假，膜包括胸腹之膜，臟腑之氣即通過胸腹之膜而疏通於皮膚的經穴。俞募穴既為臟腑經脈之氣所輸注、結聚的部位，故可治療相應臟腑的疾病。此外，臟病、寒病、虛病皆屬陰證，故皆可取陽分之背俞穴；腑病、熱病皆為熱證，故皆可取陰分之俞募穴。

第二節　飲食養生（兼論藥物）

　　《素問·平人氣象論》說：「人以水穀爲本，故人絕水穀則死。」飲食爲維持生命所必須，食物經胃之消化所產生的水穀經氣，透過脾之運化，再經由肺的傳送，使五臟六腑得到滋養，而維持正常機能，所以《靈樞·營衛生會》說：「人受氣於穀，穀入於胃，以傳於肺，五臟六腑皆以受氣。」水穀五味之氣與與先天之眞氣結合，共同維持人之生命，二者缺一不可，《靈樞·刺節眞邪說》：「眞氣者，所受於天，與穀氣并而充身者也。」飲食又可化爲人體的津液，《靈樞·五癃津液別》說：「五穀之津液，和合而爲膏者，內滲於骨空，補益腦髓，而下流於陰股。」「津液」散佈全身，除了滋潤肌膚外，也可補腦益髓，且可流滲於骨中，使關節滑利。

　　此外，《靈樞·決氣》說：「中焦受氣取汁，變化爲赤，是爲血。」《靈樞·營衛生篇》說：「此所受氣者，泌糟粕，蒸津液，化爲精微，上注於肺脈，乃化爲血。」脾、胃受那食物所化生的水穀精氣，經過脾之運輸，上注於肺，再透過心臟的氣化作用，入脈而化爲血。《靈樞·營衛生篇》說：「血者，神氣也。」「血」正是人體精「神」活動的基礎，所以《靈樞·平人絕穀》說：「血脈和利，精神乃居。」飲食所化生之精微物質，無論是水穀精「氣」，或是「津液」，或是「血」，皆爲人體所必須，由此可知飲食之重要。以下將以飲食的原則，依如何調節五味，以個人體質、五臟、十二經脈、四時、等來談飲食之道，此外飲食藥物養生之道仍必須以個人體質爲基礎，若無法判定可請中醫師診治，且食物最好攝取以當令新鮮食物蔬果爲宜，並配合個人體質。

一、飲食的原則

　　關於飲食如何致病，董家榮於其《《黃帝內經》養生思想研究》論文中提出三點：〔註5〕

（一）飲酒過度

　　由於《靈樞·論勇》說：「酒者，水穀之精，熟穀之液也，其氣剽悍，其入於胃中，則胃脹，氣上逆，滿於胸中，肝浮膽橫。」所以飲酒易損傷脾胃，引發人體之氣的逆亂，使得精氣虧損，也易引起肝硬化之病。

〔註5〕同前見董家榮：《《黃帝內經》養生思想研究》，頁 135～142。

（二）五味之傷

五味雖能滋養五臟，但也不能長期偏嗜某味，否則身體易致傷害，《素問·至真要大論》云：「夫五味入胃，各歸所喜，故酸能入肝，苦先入心，甘先入脾，辛先入肺，鹹先入腎。久則增氣，物化之常也，氣增而久，夭之由也。」由於五味各歸所喜，以生五臟之氣，如過度食用某味，則會使該味相應的臟氣偏盛，造成體內陰陽失調，進而影響人之壽命。《素問·陰陽應象大論》說：「酸傷筋，……苦傷氣，……甘傷肉，……辛傷皮毛，……鹹傷血。」五臟之中，《素問·六節藏象論》說：「心者，……其華在面，其充在血脈；肺者，……其華在毛，其充在皮；腎者，……其華在髮，其充在骨；肝者，……其華在爪，其充在筋；脾（者），……其華在唇四白，其充在肌。」以苦為例，多食苦則心氣盛，心氣盛則肺傷（火剋金），所以皮膚枯槁而毛髮脫落。其他四味仿此：多食鹹則腎氣盛，腎氣盛則心傷（水剋火），所以面容變色而血脈凝澀；多食辛則肺氣盛，肺氣盛則肝傷（金剋木），所以筋節緊縮而指甲枯槁；多食甘則脾氣盛，脾氣盛則腎傷（土剋水），所以骨頭疼而頭髮掉落。

（三）甘美多肥之傷

飲食過度豐厚，則易引起「消渴症」，《素問·奇病論》說：「夫五味入口，藏於胃，脾為之行其精氣，津液在脾，故令人口甘也。此肥美之所發也，其人必數食甘美而多肥也，肥者令人內熱，甘者令人中滿，故其氣上溢，轉為消渴。」「消渴」之原因及病名源自：「肥者，陽氣有餘，令人內熱。」〔註6〕故易口「渴」；「甘者，性緩不散，令人中滿」，〔註7〕主傷脾、胃，肇因於久嗜肥美食物，食物既留於胃中，無法為人體吸收，所以人日益「消」瘦，情況類似今日的「糖尿病」。《素問·生氣通天》說：「高梁之變，足生大丁，受如持虛。」此種疾病又經常在身體下部發生疾病，如足部發生感染等而需截肢。今日人們多營養過盛，且嗜飲可樂等飲料，糖尿病人日益增多，死於糖尿病引起之併發症如腎衰竭等（土剋水）也日益增多。

綜上所論，無論飲酒、日常五味或肥美食物，原本皆不至於成為致病原因，它們之所以使人生病，董家榮在論文中表示多半是因為人們「飲食不節」所引起，此主張要談養生，即需由「調節飲食」著手。

〔註6〕 見馬蒔：《黃帝內經素問注證發微》（北京：人民衛生出版社，1998 年），頁 304。
〔註7〕 同上註，頁 304。

　　而飲食的原則在於謹和五味，調配飲食。食物之味可以滋養人的形體，形體得到滋養，人體方能運化正常；但如飲食不當，食物之味則會傷害人的形體，食物之氣則會傷害人的精氣。所以《素問‧陰陽應象大論》說：「形不足者，溫之以氣；精不足者，補之以味。」所謂「味」即爲辛、甘、酸、苦、鹹五種味道；「氣」即寒、涼、溫、補。《素問‧五常政大論》說：「病有久新，方有大小，有毒無毒，固宜常制矣。大毒治病，十去其六；常毒治病，十去其七；小毒治病，十去其八；無毒治病，十去其九。穀、肉、果、菜，食養盡之，無使過之，傷其正也。」醫生治病原則是依照病情輕重及藥的副作用，來衡量病人用藥時間，以免毒要損害人體正氣。除此以外，尚需配合飲食來調養，方爲眞正的治本之道。因此治療原則仍應以飲食爲主，藥物爲輔。《素問‧臟氣法時論》說：「毒藥攻邪，五穀爲養，五果爲助，五畜爲益，五菜爲充，氣味何而服之，以補精益氣。此五者，有辛、酸、甘、苦、鹹，各有所利，或散或收，或緩或急，或堅或奐，四時五臟，病隨五味所宜也。」在此《內經》提出了心目中理想的飲食型態，即以「穀物」爲主，以「水果」、「肉類」、「蔬菜」爲輔的飲食模式。其中植物性食品佔了四分之三，動物性食品僅有四分之一。

　　五味入胃後，除了各走其其所喜之「臟」與該臟之「外合」之外，其發揮作用方式也不同，《素問‧藏氣法時論》說：「辛散，酸收，甘緩，苦堅，鹹奐。」平時應如何發揮食物作用，藉此調整五臟之氣，使其恢復平衡？《素問‧臟氣時論》說：「肝苦急，急食甘以緩之；……心苦緩，急食酸以收之；……脾苦濕，急食苦以燥之；……肺苦氣上逆，急食苦以泄之；……腎苦燥，急食辛以潤之；開腠理，致津液，通氣也。」張志聰說：「肝主春生怒發之氣，故苦於太過之急，宜食甘以緩之；心以長養爲令，志喜而緩，緩則心氣散逸，自傷其神矣，急宜食酸以收之；脾屬陰土，喜燥惡濕，苦乃火味，故宜食苦以燥之；肺主收降之令，故苦氣上逆，宜食苦以泄下之；腎爲水藏，喜潤而惡燥，宜食辛以潤之。謂辛能開腠理，使津液行而能通氣，故潤。」〔註8〕由於五臟各有所苦，若能配合五味的特性加以調養，即能使五臟保持健康。《素問‧五藏生成》云：「白當肺，辛；赤當心，苦；青當肝，酸；黃當脾，甘；黑當腎，鹹。」《靈樞‧五味》更詳列食譜內容：「肝色青，宜食甘，秔米飯、牛肉、棗、葵皆甘；心色赤，宜食酸，犬肉、麻、李、韭皆酸；脾黃色，宜

〔註8〕見《黃帝內經素問集註》，頁94。

食鹹，大豆、豬肉、粟、藿皆鹹；肺白色；宜食苦，麥、羊肉、杏、薤皆苦；腎色黑，宜食辛，黃黍、雞肉、桃、蔥、皆辛。」關於「五禁」，《靈樞・五味》說：「五禁：肝病禁辛，心病禁鹹，脾病禁酸，腎病禁甘，肺病禁苦。」

　　以肝病爲例：肝屬木，辛味屬金。當肝氣不足時，如又逢辛味傷之（金尅木），無異加重病情。其次，當五臟爲外邪所傷時，《素問・藏氣法時論》說：「肝病者，……肝欲散，急食辛以散之，用辛補之，酸瀉之；心病者，……心欲耎，急食鹹以耎之，用鹹補之，甘瀉之；脾病者，……脾欲緩，急食甘以緩之，用苦瀉之，甘補之；肺病者，……肺欲收，急食酸以收之，用酸補之，辛瀉之；腎欲堅，急食苦以堅之，用苦補之，鹹瀉之。」五臟受邪，各有其病徵，因此必須配合五味特性，補其所「欲」，瀉其所「苦」。

二、個人體質之飲食養生

　　每個人的體質因年齡、性別、地域、遺傳與先天等而有所不同，《論語・季氏》：「少之時，血氣未定，戒之在色；及其壯也，血氣方剛，戒之在鬥；及其老也，血氣既衰，戒之在得。」因爲年齡差異，少年人與壯年人及老年人無論在智力、體力、外貌上等都會有明顯差異，飲食保健上自有所不同。少年在成長階段，活動旺盛，自需較多熱量與營養均衡；壯年人工作繁重，但新陳代謝減慢，宜注意食物之質量與營養均衡和身體保健，不必攝取過多熱量與脂肪，以免體重過重；老年人機能漸衰，更應針對個人狀況，以爲保健。男女有別，在體能上更是如此，男子以氣爲重，女子由於每月有月事，故以血爲主，需注重補血。熱帶的人到寒帶居住則不耐寒冷的冬季，寒帶的人正好相反。個人八字五行若有欠缺，則宜陰陽體質補其欠缺之五行飲食。

　　《內經》中專論體質的內容在《靈樞》部分有「五變」、「本臟」、「天年」、「陰陽二十五人」、「行針」、「通天」、「壽夭剛柔」、「五音五味」等八篇，專論體質的分類、表裡、性情、狀態與疾病健康的關係，以及調理體質之方法。在《素問》中又以「異法方宜論」、「上古天眞論」等篇論述體質形成的有關因素及調攝方法。根據《靈樞・通天篇》中之陰陽五態人，文中根據人體陰陽多寡、體態、性格，將人體分爲太陰、少陰、太陽、少陽、陰陽和平之人五類。並指出唯有經常保持陰陽相對平衡，方爲正常，而長期陰陽偏頗則爲病態。以下爲其五種類型體質特徵及養生之道：

　　陰陽平和的人，氣血流暢，臟腑協調，生機旺盛。攝生之道只需維持正

常生活方式，有適度運動即可保持健康體魄。

太陰之人的體質，類似於陰寒質、陽虛質、痰濕質、瘀血質等的體質。若是陰寒質應當散寒溫陽，用溫熱助陽之品，尤其於冬令，如桂附地黃丸等；若爲陽虛則當溫陽補虛，平時多食壯陽食品如牡蠣、蝦、羊肉等，可常服金匱腎氣丸，攝生之道首重體育鍛鍊，以動而生陽；飲食多食壯陽食物，如蝦、狗肉、韭菜、核桃、栗子等。

少陰之人的體質，如氣虛、血虛之質，若氣虛則補氣，血虛則補血。太陽之人的體質，類似於陽熱質，則當清其過盛之熱，注重體育鍛鍊，讓陽氣散發，且忌食辛辣燥烈食物。

太陽之人體質類似於陽熱質，應常清其過盛之熱，且補其耗傷之陰，攝生之道應注重體育鍛鍊，散發陽氣，且遠離辛辣食物。

少陽之人的體質，類似於陰虛質、肝陽質，切忌只清熱而不滋陰。若爲陰虛質可服用首烏延壽丹，若爲肝陽質則當平肝潛陽，宜常服杞菊地黃丸等養陰潛陽平肝的方劑，以防陽亢生風。

張德湖主編之《黃帝內經——養生全書》之〈體質養生篇〉〔註9〕中，根據《內經》有關體質學說的基本理論，結合現代臨床實踐，將平時所見氣虛、血虛、陰虛、陽虛、痰濕、氣鬱、血瘀、陽盛之八種體質來談其飲食養生法。

（一）氣虛體質養生法

氣虛即氣不夠用，造成原因爲飲食失調，或大病、久病後，及年老體弱，過度疲累等，導致臟腑機能減弱，氣之化生不夠，其中尤以脾、肺二臟氣虛較爲多見。臨床以少氣懶言，語聲低微，疲倦無力，自汗，活動勞累時症狀加劇，舌淡，脈虛無力爲主要症候。在飲食上應常吃能補氣食物：如牛肉、火腿、紅薯、粳米、扁豆、花椰菜、胡蘿蔔（因其含降血糖成分，故可作爲糖尿病患者的重要食療食品）、黃魚、比目魚、糯米、雞肉、雞蛋等；常用補氣中藥爲人參、黃耆、西洋參、黨參、白朮、茯苓、山藥、靈芝草、甘草、大棗、五味子等；補氣藥膳有補中益氣糕，人參大棗粥、山藥湯圓、龍眼肉粥等，至於其詳細與補氣方則請參閱張德湖主編之《黃帝內經——養生全書》之〈體質養生篇〉，頁38～88。

牛肉：性平，味甘，功能補中益氣，健脾養胃，強筋健骨及消水腫，可適

〔註9〕 詳細資料請參見張德湖：《黃帝內經——養生全書》（臺北：薪傳出版社，2001年初版），十冊之一《體質養生》冊，頁35～381。以下並同，不另加注。

應於脾胃虛弱所致的泄瀉、脫肛，及精血虧虛引起的筋骨酸軟，四肢無力等。

胡蘿蔔：性平，味甘，具健脾、化滯、明目，補虛之功效，能降低血脂及血糖，故可為高血壓、高血脂、動脈硬化及糖尿病患者的良好食品，且具防癌功效。

扁豆：可健脾胃，化水濕、解酒毒，補五臟，強身體，適用於脾虛瀉泄、赤白帶下、妊娠嘔逆等，但不宜多食，因易致氣滯腹脹。

紅薯：性味甘平，功能健脾胃，補肝腎，解毒消癥，強腎陰，對男子遺精，女子月經不調，小兒疳積等症有效，含有人必需之八種氨基酸，可供給人體大量黏液蛋白質，對人體消化系統、泌尿系統器官均有保護作用，可防止器官炎症及細胞癌變；屬鹼性食品

（二）血虛體質養生法

血虛，也就是全身的血液不足。臨床症狀為頭暈眼花，面色蒼白，舌質淡，脈細無力，婦女月經量少、延期甚至經閉等主要症狀。女子以血為本，血盛則易受孕。血虛體質在飲食上宜食牛奶、龍眼肉、芝麻、蓮子、梨、荔枝、桑葚、蜂蜜、菠菜、金針菜、黑米、蘆筍、蕃茄、木耳；補血藥物為枸杞、阿膠、何首烏、白芍、熟地黃、當歸；常用補血藥膳如芝麻粥等，常用補血藥方請參見張德湖主編之《黃帝內經——養生全書》之〈體質養生篇〉，頁91～130。

（三）陽虛體質養生法

在寒冷的冬季，一些年老體弱的人，常易感覺手足冰冷，此即為陽虛。人如陽氣虛弱，則無法供給熱量及能量，人體即失去新陳代謝的活力，臨床症狀為惡寒喜暖，手足欠溫，喜食熱飲食，食生冷食物則會胃脘冷痛，腹痛腹瀉，小便清長，大便稀溏，脈弱或沈遲無力，舌質胖嫩、色淡苔白滑。陽氣虛弱的人需常食之補陽食物為：狗肉、羊肉、韭菜（有腸胃病者宜慎食）、蝦、核桃、栗子、胡椒、花椒；常用補陽中藥有：鹿茸、杜仲、覆盆子、補骨脂；補陽藥膳則有回春補益酒、連子茯苓散、狗肉湯等。補陽方詳細請參見張德湖主編之《黃帝內經——養生全書》之〈體質養生篇〉，頁132～176。

（四）陰虛體質養生法

陰是指陰精，精為真陰，為化生元氣的基本物質，精盈生命力即強，則能抵禦外邪侵襲，適應四時氣候變化，而且能延緩衰老；精虧則生命力減弱

而易爲外邪入侵，產生疾病及易老化，臨床表現爲：疲乏，心悸，眩暈，口乾咽燥，舌上少苔，脈細數。宜常食甘蔗、石榴、白糖、麻油、豬油、桃、墨魚、蟹、鮑魚、蛤蜊、牡蠣、蚌、鴨蛋、銀耳；常用補陰中藥爲：沙參、百合、麥門冬、黃精、冬蟲夏草、決明子等，詳細及常用補陰方請參閱張德湖主編之《黃帝內經──養生全書》之〈體質養生篇〉，頁 178～223。

（五）痰濕體質之養生

痰濕的產生外因暑濕寒熱，內因飲食勞倦，七情所傷，以致脾胃肺腎功能失常，氣血運行不暢，或三焦氣化失利，水穀精微無法輸送全身，以致津液停積，痰濕因之而生。其症狀有咳嗽有痰、胸悶，眩暈嘔噁，以及癲癇、中風等，至於痰濕體質則爲肥胖，肌肉鬆弛，嗜食肥甘，嗜睡懶動，神倦身重，脈濡而滑，便溏，舌體胖，苔滑膩等。肺主通調水道，脾主運化水濕，腎主水液，所以痰濕體質一定要常吃能宣肺、健脾、益腎、化痰之食物及藥膳。化痰利濕之食物包括：花生、絲瓜、蘿蔔、冬瓜、紫菜、荸薺、冰糖、橄欖、竹筍、枇杷等；常用之藥物爲杏仁、川貝母、半夏、桔梗、澤瀉等；常用的藥膳爲糖橘餅、川貝杏仁飲、薏苡仁粥、茯苓餅、荷葉蓮藕炒豆芽、山楂益母膏等，其內容詳細及藥方等可參閱張德湖主編之《黃帝內經──養生全書》之〈體質養生篇〉226～268。

（六）瘀血體質之養生

所謂「瘀血」即指血液運行不暢，主要是由於氣虛、氣滯、血寒、等原因，或因外傷及其他原因造成的內出血，無法及時消散或排出，而形成瘀血體質。常見症狀爲刺痛、腫塊、出血及脈細澀等，這些瘀血症狀常與瘀血部位有密切關係，如瘀阻於心，則可見胸悶心痛，口唇青紫；如瘀阻於肺，……。平時宜吃活血化瘀之食物或藥膳，並配合能行氣食物，使體內瘀血儘快消除。如香菇、茄子、油菜、黃豆、山楂、芒果、木瓜、紅糖等，常用活血祛瘀藥物爲三七、川芎、丹參、紅花等。藥膳則有山楂紅糖湯、丹麥參飲等，其詳細內容及活血祛瘀之藥方等，可參閱張德湖主編之《黃帝內經──養生全書》之〈體質養生篇〉頁 272～299。

（七）氣鬱體質之養生

所謂氣鬱，是指氣鬱結不行，情志不舒，憂鬱常會導致此種情形，而損及五臟，及肋脅脹痛等，其飲食法首在多食能理氣、行氣之食物及藥膳。如

大麥、橘子、蘑菇等，藥物則有香附、木香、佛手等，藥膳則有玫瑰花湯、糖漬金橘等，詳細內容及理氣解鬱方請參閱張德湖主編之《黃帝內經——養生全書》之〈體質養生篇〉頁301～322。

（八）陽盛體質之養生

人體陽氣旺盛，熱至一定程度即為火，火為陽邪，可耗傷精液，且常擾動血分，致病後常有發熱、口渴、汗多等症，若火邪傷及脈絡，則營血不循常道而溢於脈外，臨床可見吐血、便血、尿血等；亦視其所犯臟腑而有不同的症狀，如胃火熾盛則見牙齦腫脹，胃部灼熱而喜涼飲；心火上炎，則見口舌生瘡，若移熱至小腸則見尿少色赤；肝火上衝則見頭痛，目赤腫痛及兩肋脹痛。陽盛體質特點為形體壯實，面紅，聲洪氣粗，喜涼怕熱，舌紅苔黃，脈洪大有利，大便惡臭，小便熱赤。體內有熱之人，要食用寒涼食物或藥物，清熱瀉火食物如：菜油（可治腸梗阻等）、苦瓜（可治陽痿等）、葫蘆、捲心菜、蓮藕（可治胃出血等）、小麥（利小便、養肝氣）等、無花果（可治胃及十二指腸潰瘍疼痛、便秘等）、檸檬（驅暑安胎、子宮出血等）、烏梅（可適應於糖尿病等，但多食傷齒）、白菜（口腔潰瘍、感冒等）、蠶豆（調補五臟、清火解毒、利尿消腫、小便不通等，但多食易腹脹，有蠶豆症之男童勿食）、草莓（可治積食腹脹，小便濁痛等）、香椿、芹菜（可治高血壓、小便出血、婦女月經不調、反胃嘔吐等）、綠豆、楊桃（食慾不振、乳腺癌、壞血病、抗癌、美容、保健、長壽等）、蘋果（可降血壓、保護肝臟、治動脈硬化、便秘、慢性腹瀉等）、香蕉（便秘、痣血、高血壓、防治腦溢血及胃潰瘍等，因性寒，脾虛便溏者不宜）、空心菜（便血等）、豆腐、豆腐皮、李子（可清肝熱，治肝硬化腹水，可美白等，多食傷脾胃）、黃瓜（四肢浮腫等，因性寒，胃寒者不宜多食）、西瓜、食鹽（過時會引起浮腫及加重心、腎負擔）、羅漢果（可作為糖尿病患者的食用甜味劑，可抗癌及治便秘、慢性咳嗽等）、海帶（見附一）、薏仁（利水滲濕，健脾止瀉、風濕痺痛、肺膿腫等）、田螺（可清熱、利水、明目、治黃疸、白濁等）等；清熱瀉火生津中藥（火盛則損耗人體津液，故須服生津藥物）如：石膏、黃連、黃芩、梔子、地骨皮、蘆根、天花粉等，其藥膳為梨粥、絲瓜花蜜飲、西瓜汁、鮮李汁、蚌肉冬瓜湯、鮮藕片橄欖酸梅湯等，其詳細資料及清熱瀉火方請參閱張德湖主編之《黃帝內經——養生全書》之〈體質養生篇〉頁24～381。

（附一）海帶：性寒，味鹹。可軟堅散結，利水泄熱，降低人體血清總

膽固醇及三酸甘油脂，預防動脈硬化，抗凝血，阻止血拴形成，且可壯骨骼，堅牙齒，美容顏。因含豐富維生素，故常食可防口角炎、乾眼病、皮膚乾燥等。適應於甲狀腺腫大，淋巴結腫、睪丸腫疼、高血壓、肝脾腫大等。

三、五臟飲食與藥物之養生

　　《素問‧靈臺祕典論》云：「願聞十二臟之相使，貴賤何如？……心者，君主之官，神明出焉。肺者，相傳之官，治節出焉，肝者，將軍之官，謀慮出焉。膽者，中正之官，決斷出焉。膻中者，臣使之官，喜樂出焉。脾胃者，倉廩之官，五味出焉。大腸者，傳道之官，變化出焉。小腸者，受盛之官，化物出焉。腎者，作強之官，技巧出焉。三焦者，決瀆之官，水道出焉。膀胱者，洲都之官，津液藏焉，氣化則能出矣。凡此十二官者，不得相失也。」五臟由於功能不同，所需營養也各異，因此對五味也各有所取。《素問‧宣明五氣》云：「五味所入：酸入肝，辛入肺，苦入心，鹹入腎，甘入脾，是謂五入。」五味入口各歸其所屬之臟，如此一來，飲食五味與人體五臟便有了對應關係，此不但指導著人們平日的飲食習慣，也為後世的養生思想提供了理論依據。

（一）肺　臟

　　《素問‧五臟生成篇》云：「諸氣也，皆屬於肺也。」氣皆統於肺，凡元氣、大氣、穀氣、邪正之氣的消長，營衛、臟腑、經絡之氣的活動，皆要通過肺才能發揮作用。肺開竅於鼻，上連喉嚨，肺如有病變，則可引起喉嚨腫痛及嘶啞等病變。肺主宣發，有推動衛氣、津液及水穀精微輸布全身，以溫潤肌腠皮毛的作用，如果肺氣虛弱，就可因衛外功能不足而易受外邪侵襲，甚而引起皮毛枯搞憔悴。肺臟五行屬金，因此八字五行若欠金，則可多食益肺食物如杏仁等。此外肺與各臟有生剋制化關係，若相生關係發病變，則當補母瀉子；相剋關係發生病變，則視其太過不及，或瀉本臟本腑，或瀉他臟他腑等以為調治。〔註10〕藥物舉例如下：〔註11〕

　　宣肺：如桔梗、荷葉、蔥白、淡豆豉等。

　　發表：如麻黃、蘇葉、白芷、荊芥、薄荷等。

〔註10〕其生剋變化病症，請見朱榮章：《易學入門──醫學篇》（臺北：臺灣實業漢湘文化公司，2001年6月初版），頁156～163。

〔註11〕朱榮章：《易學入門──醫學篇》，頁164。

清肺：如桑葉、黃岑、蘆根、知母、石膏等。

瀉肺：如桑白皮、西瓜皮等。

潤肺：如麥多、玉竹、百合、玄參等。

斂肺：如五味、烏梅等。

止咳：如馬兜鈴、款冬花等。

平喘：如杏仁、炙枇杷葉等。

利痰：如半夏、貝母、膽星等。

升肺氣：如人參等。

清腸：如黃柏、大黃、黃連、胖大海等。

潤腸：如當歸、瓜蔞仁等。

（二）心　臟

《素問・六節臟象論》云：「心者，生之本也，神之變也。」心藏神，肝藏魂，肺藏魄、脾藏意，腎藏志，五志分屬五臟，以維持人體一切生命活動和精神、思維活動，五志又統於心神，心神正常則五臟安和，心神失常則五志發生紊亂。心主血脈，脈為血之府，為血液運行之道，但全賴心氣推動血液在脈中的運行。其華在面，面部色澤可反應心血的盛衰，如心血旺盛，則面部血脈充盈，紅潤光澤。心之液為汗，心與小腸相表裡，開竅於舌，心的氣血變化可由舌本反應出來。心臟五行屬火，因此八字五行火若有欠缺，則可多食益心之食物如蓮子、蓮藕等，心與各臟有生剋制化關係，若相生關係發病變，則當補母瀉子；相剋關係發生病變，則視其太過不及，或瀉本臟本腑，或瀉他臟他腑等以為調治。〔註12〕藥物舉例如下：〔註13〕

瀉火：黃連、梔子等。

清心：蓮子心、犀角。

開竅：冰片、麝香、石菖蒲等。

豁痰：貝母、半夏、膽星、牛黃等。

重鎮：硃砂、龍骨、牡蠣等。

止血：三七、藕節等。

涼血：如丹皮、生地等。

活血：如桃仁、紅花、川芎、牛膝等。

〔註12〕其生剋變化病症，請見朱榮章：《易學入門——醫學篇》，頁 169～179。

〔註13〕參見朱榮章：《易學入門——醫學篇》，頁 179。

逐淤：如五靈脂、水蛭等。

軟堅：如穿山甲、鱉甲等。

斂陰：如五味子、白勺、烏梅等。

養血：如當歸、丹參、地黃等。

養心安神：棗仁、苻神、琥珀、柏子仁等。

補心益氣：遠志、龍眼肉、人參等。

溫陽益氣：肉桂等。

化痰寧心：茯苓、桂枝、木通等。

（三）脾　臟

胃為陽腑，主受納、腐熟水穀，本身性質偏於燥，屬陽明經；脾為陰臟，主運化水濕，輸布精微，性質偏於濕，屬太陰經。二者和衷共濟，以脾濕濟胃燥，以胃燥制脾濕，以維持生理的相對平衡。脾胃化生氣血，脾又統血，維持血液在脈中正常運行。脾胃氣機的升降，關係到整體氣機的升降。因為脾胃為後天之本，居於中焦，通連上下，是升降運動的樞紐。由於脾具有運化功能，將水穀精微輸送至全身肌肉，使之營養，豐滿，所以脾又主肌肉、四肢且開竅於口，其華在唇，因其氣通於五穀，所以口能知五穀。此外脾藏意，在志為思，因此意與思都與脾的生理病理有密切關係。脾在五行屬土，八字五行土如有欠缺，影響脾之運作，可多食開脾健胃之食物如米飯、蕃薯、捲心菜、木瓜、楊桃、香蕉、橄欖、四神等，此外脾與各臟有生剋制化關係，若相生關係發病變，則當補母瀉子；相剋關係發生病變，則視其太過不及，或瀉本臟本腑，或瀉他臟他腑；或補中益氣，升舉下陷之陽等以為調治。〔註14〕藥物舉例如下：〔註15〕

清胃熱：如石膏、黃柏等。

瀉胃火：如大黃、芒硝等。

養胃陰：如麥冬、石斛、天花粉、玉竹等。

健脾（運脾）：如蒼朮、厚朴、砂仁、白蔻等。

補脾（甘淡實脾）：如懷山藥、扁豆、蓮米、芡實、薏仁、茯苓。

溫脾（溫中、暖胃）：如乾薑、吳茱萸、胡椒、肉桂等。

益氣（補氣、建中、補中）：如黨參、黃耆、白朮、大棗等。

理氣（行氣、調中、沁脾）：如陳皮、藿香、丁香等。

〔註14〕其生剋變化病症，請見朱榮章：《易學入門──醫學篇》，頁185～197。

〔註15〕同上註，見頁197～198。

緩中：如甘草、大棗、蜂蜜等。

升陽舉陷：如升麻、葛根。

化痰：如陳皮、半夏、貝母等。

消導：如山渣、麥芽、雞內金、阿魏等。

制酸：如吳茱萸、貝母、黃連、砂仁等。

消導：如山渣、雞內金、麥芽等。

燥濕：如砂仁、半夏等。

滲濕：如薏仁、茯苓、冬瓜皮等。

利濕：如豬苓、木通、澤瀉、茵陳等。

和胃降逆：如生薑、藿香、枇杷葉等。

（四）肝　臟

肝臟具有儲藏血液和調節血量的功能。休息和睡眠時，機體的血液需要量減少，多餘的血即藏於肝；勞動和工作時，機體的血液需要量增加，肝即排出其儲藏的血液，以供應需要。肝主疏泄，疏泄即疏通暢達之意。唯有在肝的疏泄功能正常時，方能心情舒暢，氣血平和，也才可以調暢氣機，協調脾胃之氣的升降，將膽汁輸入腸中，幫助運化水穀精微，通利水液；肝氣失於調達，則會產生抑鬱亢盛之病變及影響腸胃運化機能。肝藏魂，屬肝臟功能範圍內的思維和意識活動。《靈樞・本神》云：「隨神往來謂之魂。」伴隨著心神活動的即稱為魂，如「肝主謀慮」、「肝主決斷」、「晝則魂遊於目而為視」、「夜則魂歸於肝而為夢」等。肝為女子先天，婦女以血為主，肝為藏血之臟，其氣又主疏泄，故肝之功能正常與否，與婦女月經關係密切。《素問・上古天真論》云：「女子二七而天癸至，任脈通，太沖脈盛，月事以時下，故有子。……七七任脈虛，太沖脈衰少，天癸竭，地道不通，故形壞而無子也。」肝之經脈與沖任二脈相通，沖為血海，任主胞胎，更直接關係至婦女生理，所以前人指出女子以肝為先天。肝主筋，其華在爪，凡四肢百骸之活動，主要依靠筋的收縮與弛張，筋膜有賴於肝血之濡養，肝血充足與否也影響到爪甲的榮枯，肝血充足則爪甲堅韌而有光澤，反之，則爪甲薄軟而有光澤。肝藏血，其經脈又上連於目系，所以肝開竅於目，《素問・五臟生成篇》云：「肝受血而能視。」《靈樞・脈度篇》云：「肝氣通於目，肝和則目能辨五色矣。」因此肝功能正常與否，均可反應於目。肝在五行屬木，八字五行木如有欠缺，則宜多食綠色蔬菜、藍藻、甘蔗、蛤蜊、飲菊花茶等，此外肝與各臟有生剋

制化關係，若相生關係發病變，則當補母瀉子；相剋關係發生病變，則視其太過不及，或瀉本臟本腑，或瀉他臟他腑。〔註16〕藥物舉例如下：〔註17〕

疏風：如薄荷、菊花、防風、羌活等。

清肝：如梔子、夏枯草、黃岑等。

瀉肝：如青黛、蘆薈等。

利膽：如茵陳、木通等。

涼肝：如丹皮、地榆等。

化肝（活血化瘀）：如桃仁、紅花、當歸、延胡索等。

疏肝（解鬱、理氣）：香附、柴胡、鬱金等。

搜肝（活絡搜風）：如天麻、白附子、白花蛇等。

溫肝（溫散肝經寒滯）：如艾葉、花椒、吳茱萸、小茴、荔核等。

平肝（抑肝）：如白芍、鉤藤等。

潛陽（鎮肝）：如牡蠣、鱉甲、龜板等。

熄風：如天麻、羚羊角等。

斂肝：如木瓜、烏梅、橘核等。

柔肝（補肝血）：如當歸、白芍、枸杞、阿膠、棗仁等。

滋肝（補肝陰）：如地黃、首烏、女貞子等。

（五）腎　臟

腎藏精，精是構成人體的基本物質，也是各種機能活動的基礎，精有先天之精及後天之精，先天之精為與生俱來，和人的生殖、生長、發育、衰老有關。後天之精乃由脾胃水穀所化生，以供應五臟六腑之需要，五臟六腑之精充盈，則藏於腎中。未生以前，先天之精為後天之精準備了物質基礎，出生後，後天之精不斷供養先天之精，二者相互依存，不可分割。腎之精氣包含腎陰與腎陽，腎陰為人體陰液根本，對各臟腑組織起著濡潤、滋養作用；腎陽則是人體陽氣的根本，對各臟腑組織起著溫煦生化作用。由於精屬陰，氣屬陽，所以腎精也稱腎陰，腎氣為腎陽，二者在人體內相互制約、相互依存以維持人體生理上之動態平衡。腎藏志，腎精充足，則意志堅強，記憶力好，反之，則意志衰退，遇事衰退。腎主水，因為水液自胃的收納，脾的傳輸，肺的通調下歸於腎以後，通過腎陽的氣化而分清濁，清者復歸於肺，輸

〔註16〕其生剋變化病症，請見朱榮章：《易學入門──醫學篇》，頁201～210。

〔註17〕參見朱榮章：《易學入門──醫學篇》，頁210～211。

布於個個臟器，以及化而爲涕、爲汗、爲淚、爲涎、爲唾，分屬於精、血、津、液之中；濁者注入膀胱，因腎的開闔作用，化而爲尿排除於體外，如此循環往復，以維持人體水液代謝的平衡。腎主骨、生髓，其華在髮，腎精能生髓以滋養骨骼，腎精充足則輕勁多力，精巧靈敏；腎精不足則骨軟無力，精神疲憊。腎既生髓又主生骨，齒爲骨之餘，故腎精充足則牙齒堅固，腎精不足則牙齒鬆動甚至脫落。髮雖附於頭皮爲肺所生，其滋養來源爲血，其生機則根源於腎氣。《素問‧上古天眞論》云：「女子七歲，腎氣甚，齒更髮長。」「丈夫八歲，腎氣實，髮長齒更。」因此，髮的生長脫落，潤澤與枯搞，都與腎的精氣盛衰有關。青壯年腎精充沛，毛髮潤澤；老年人腎氣虛弱，毛髮辮白而脫落。腎主納氣，呼吸雖爲肺所主，但吸入之氣必須下及於腎，由腎氣攝納，唯有腎氣充沛，攝納正常，方能使羊將肺之氣道通暢，呼吸均勻。如果腎虛，根本不固，吸入之氣不能歸納於腎，即會出現病變。腎合膀胱，與膀胱經絡脈屬互爲表裡。膀胱的氣化功能，取決於腎氣的盛衰，腎氣司膀胱開闔，如果腎氣充足，固攝有權，則膀胱開闔有度，水液代謝正常，《靈樞‧本輸篇》云：「腎合膀胱，膀胱者，津液之府也。」因此，尿液之貯存與代謝，除了膀胱外，多與腎臟有關。腎開竅於耳及二陰，中藏命門之火。腎之精氣充足，聽覺方能靈敏，老人耳聾失聰亦由於腎精不足所致；二陰乃指前陰外生殖器及後陰肛門。前陰有排尿及生殖功能；後陰肛門大便由此排出，二陰皆有賴於腎之氣化作用，始得正常運作。腎中藏有元陰（腎陰或腎水）、元陽（腎陽或命火），因此腎與命門是一整體，腎水中藏有命火，水火相濟，陰陽互根。《難經‧三十六難》云命門是：「諸精神之所舍，原氣之所繫。」「男子以藏精，女子以繫胞，其氣與腎通。」又爲「五臟六腑之本，十二經之根，呼吸之門，三焦之源」。除此，腎中所藏命火，還能溫暖脾土，腐熟水穀，攝納肺氣，爲聲音之根。腎合三焦以化氣行水，三焦主要作用是司人身氣化活動，有疏通水道功能，《靈樞‧營衛生會篇》云：「下焦如瀆。」因此三焦與腎同司行水功能。腎之五行屬水，八字五行缺水之人則可多食蝦、桑椹、枸杞、苦瓜、捲心菜、牛蒡、龍眼乾（冬天）、栗子、胡桃、芝麻等（仍須視個人體質及氣候決定）。此外腎與各臟有生剋制化關係，若相生關係發病變，則當補母瀉子；相剋關係發生病變，則視其太過不及，或瀉本臟本腑，或瀉他臟他腑。〔註18〕藥物舉例如下：〔註19〕

〔註18〕其生剋變化病症，請見朱榮章：《易學入門——醫學篇》，頁 218～226。

　　滋腎（滋陰、補腎陰）：如地黃、龜板、枸杞、桑椹、女貞子等。

　　溫腎（壯陽、補命火）：如肉桂、附片、蛇床子、鹿茸等。

　　固腎（澀精、止帶、收澀小便）：如蓮鬚、益智仁、五味子、桑螵蛸、覆盆子等。

　　填精補髓：如鹿茸、鹿膠、冬蟲夏草等。

　　納氣歸腎：如沈香、五味子、補骨脂等。

　　化膀胱氣：如肉桂、桂枝、小茴、木香、荔枝核等。

　　清腎熱（滋陰降火）：如知母、黃柏、地骨皮等。

　　泄腎火（鹹寒瀉火）：如童便、食鹽、寒水石等。

　　通利膀胱、三焦：如豬苓、澤瀉、苻苓、木通、通草、滑石等。

四、十二經脈飲食養生

　　關於十二經脈之內涵及養生之道，已於本章第四節論過，此處重點在十二經脈飲食養生之補充。以下主要參考自李政育醫師之《十二經脈飲食法》〔註20〕及個人體驗等。

（一）足少陽膽經

　　子夜十一時至凌晨一時，氣血循行於膽經，此為一日時辰之始，膽居五臟六腑之樞紐，有起承轉合之力，膽經暢旺，五臟六腑皆會強健。由心理而言，膽氣豪壯之人，較能承受劇烈刺激；反之，膽氣虛弱的人，受刺激即易壓抑而影響肝臟疏泄功能，使氣血阻滯，而易出現膽怯易驚，失眠、多夢等精神情志之病。在生理上，膽汁源自肝臟，進入膽腑收縮，通過膽管排泄於十二指腸，以促進食物，尤其是脂肪之消化。膽汁的分泌與排泄受阻，會直接影響脾胃的消化功能，而出現厭食、腹脹、腹瀉等消化不良之症狀。嚴重者膽汁浸漬肌膚，而出現目黃、身黃、小便黃等黃疸現象。接著出現典型膽經病症：口苦、常嘆息、脅脹痛、偏頭痛、臉色晦暗、昏眩、習慣性腹瀉、手小指、次指麻木，如為膽囊炎、膽結石等急性發病時，症狀見右上腹疼痛，並放設置右肩背部，甚至痛在地上打滾。飲食保健之道首重多吃菜及新鮮水果，少食肉，尤其是苦類蔬菜尤佳，少食肉類及脂肪類食物，保持排便通暢。

〔註19〕參見同上註，頁 227。

〔註20〕李政育：《十二經脈飲食法》（臺北：元氣齋出版社，2002 年 7 月初版），頁 90～219。

其他如乾果類之油脂、茶油、香蕉、竹筍、牛蒡、海帶或大柴胡湯、延年半夏湯、黃連解毒湯……等均適合。

　　葡萄：能改善黃疸，味甘酸，性平，無毒。入肝膽、肺、脾、心經。適合所有肝膽不佳者保養之用。還可解表透疹、利尿消腫、益氣補血、除煩解渴、健脾開胃、強壯筋骨、潤肺止渴、去風除濕、鎮靜安神、止痛止嘔、厚腸止瀉。其主要成分為葡萄糖，易為人體直接吸收，所以非常適合脾胃虛弱、咳喘、胃痛、貧血、肝炎病人及孕婦食用。葡萄汁能降血脂、降血壓、通經活絡、防治膽結石，還能防治動脈粥狀硬化或血栓（血管受傷，小碎片掉入血流中，造成血液流通不暢）沈積，也能促進抗凝血能力，消除血栓。紅葡萄能改善貧血，葡萄籽則能增強免疫力。

　　蘋果：味甘酸，性平，無毒。入肝、肺、脾、心經。功能補心益氣，生津止渴，健脾和胃，止瀉厚腸，養肝軟肝，潤肺止咳，解暑除煩，醒酒提神，可軟化血管，防止血管硬化，亦可降低血脂。幼兒、青少年及老弱者常食蘋果，有助於成長發育、補腦養神、增強智力。孕婦則可補充營養，防止嘔吐，促進胎兒發育，女性多食蘋果可使皮膚潤滑。最受肯定的是蘋果汁能有排除膽結石之效，且兼吃水煮蛋則有減肥功效。

（二）足厥陰肝經

　　凌晨一至三點為肝經循行時間。肝主藏血、疏泄，喜調達舒暢，惡抑鬱。足厥陰肝經除管心臟外，也包括消化系統及部分精神神經系統。由於肝經環繞生殖器，會產生生殖系統疾病如少女經痛、婦女卵巢功能病變、子宮肌瘤、不孕症、外陰紅腫、女性更年期鬱怒、發熱陰道各種寄生蟲或細菌感染，如滴蟲等，至中老年男性攝護腺肥大等，皆為肝所主疾病，遺尿也與肝之疏泄功能有關，肝經引起的病候尚有口乾舌燥、腰痛至無法彎腰或抬頭，或嚴重頭痛、高血壓、眩暈等，嚴重者有肝硬化、肝癌，面如蒙塵，晦暗。肝經除與下焦之生殖、泌尿系統關係密切外，亦與中焦之消化系統，上焦之其他症狀有關，如胃、十二指腸潰瘍、胃腸功能紊亂、禿髮、頭暈目眩、牙周病、青春痘等皆有關，因此將肝經顧好，是很重要的。

　　飲食保健之道，由於肝藏血，首要為營養充足，應常吃富含蛋白質、維生素和糖分之食品，如乳類、蛋類和各種魚類、豆製品（但因易產生氣體而腹脹，故不宜多食）；水果蔬菜亦以含維生素和糖分為主，如甘蔗、蜂蜜、葡萄、蘋果、蕃茄、南瓜、蓮子、蘿蔔等。肝炎還應忌食辛、辣食物如辣椒、

酒、煙等；如有腹水應採低鹽飲食，少食醃製物。治療肝病的食物一般以蜆汁、甘蔗汁或蛤蜊爲主。蛤蜊甘鹹入肝、胃經；甘蔗味甘，性平，無毒。歸脾、胃、大小腸經。雖不歸肝經，但可利肝、治肝炎，甘蔗下氣和中，助脾開胃，利大小腸，功能止渴生津、消痰止嗽，清虛熱，止嘔吐，解酒煩，適用病後體虛，胃腸虛弱者。

（三）手太陰肺經

　　清晨三點至五點爲手太陰肺經循行時間，詳細請參閱第四節經絡手太陰肺經之養生部分，以下爲其飲食保健之補充：

　　一般而言，風寒感冒宜食辛溫、發散類食物，如生薑、大蒜、蔥等，並多飲熱開水、稀飯。風熱感冒則食辛涼、發散、清淡類食物，如花茱、綠茶、菊花茶等，並多喝溫開水，吃稀粥、綠豆粥等；水果和疏茱可選擇西瓜、小黃瓜、梨、茄子、蕃茄、大白茱等。均不宜食油膩類食品和酒類；若有咳嗽或氣喘，則宜食止咳止嗽、補肺食物如生薑、梨、蕃茄、蔥、香茱、百合、豆腐、芝麻、花生、魚、核桃、葡萄等，患者宜禁忌太刺激性食物如大蒜、酒等。入肺經食物主食以米、糙米、糯米、薏仁、牛乳、綠豆、核桃爲最佳，一般而言肺經適合常吃帶有辛辣之食物，因可通竅，暢通肺氣。其中薏仁對可皮膚美白，且可治療妊娠水腫等，且可促進疤痕及傷口癒合，避免瘜肉及贅肉增生；也可有益於治療淋巴癌、胃癌、及皮膚癌，對男性攝護線肥大、女性白帶或產後尿失禁、膀胱下垂、腎炎患者水腫等亦有益。

（四）手陽明大腸經

　　早上五點至七點爲大腸經循行時刻，詳細請參閱此章第四節手陽明大腸經部分，以下爲其飲食保健之道之補充：

　　注意飲食原則爲腸道保健原則，以吃五穀雜糧爲佳，如米、玉米、糙米、黃豆、小米等，蔬茱及水果以富含纖維質爲主，如白茱、菠茱、高麗茱；香蕉、橘子等及可幫助排氣之豆類如豌豆四季豆等。大腸直腸常見異常不外腹瀉與便秘二種。腹瀉宜吃澀腸止痢食物，如番石榴、山藥、藕、蘋果、綠豆、牡蠣、麵食、蔥、蒜、薑、花椒等。急性期最好禁食或少食一至二次，接著再吃軟稀、纖維較少食品，以米粥和麥片爲宜，好轉後再恢復正常飲食。腸炎腹瀉時忌吃生冷不潔、不易消化之食物，也應避免滑腸通便食物如海帶、木瓜、芝麻、核桃及較油膩食物。便秘則相反，宜選擇滑腸通便食物如上述

外，尚有牛蒡、杏仁、香蕉及其他含纖維素較多、能防止大便乾結的食物，如青江菜、木耳等，中藥則可煮決明子茶飲。清早起床適當運動後，喝一大杯冷開水可促進腸胃蠕動，有助清腸胃及排便。

大蒜味辛，性溫，有強烈刺激氣味，入藥多歸脾、胃、肺、大腸經，有較強之殺菌抑菌作用，包括各種皮膚病菌、胃腸道細菌及流行性感冒病毒等，在防治腹瀉、感冒、及增強抵抗力等有其特殊效果，對腫瘤細胞亦有殺死及抑制作用，亦可防治高血壓、高血脂，也可鎮靜安神、止咳化痰，長期服用可強壯身體、延年益壽，是最平民化之抗氧化食物。核桃可滑腸健腦，核桃味甘，性溫。入肝、腎、肺、大腸經。功能潤腸通便，防治痔瘡，補氣養血，潤肺化痰，溫腎助陽，益精填髓，補腦益智，烏鬢黑髮，強筋壯骨，止咳平喘，行氣止痛，久服可延年悅顏。此外，核桃含胡桃油，可增加血清白蛋白，使血膽固醇不致升高；核桃葉提取物亦有抗菌、消炎作用。常用於腎虛、腰膝冷痛、頻尿、遺精、泌尿結石、哮喘日久症、便秘等。蜂蜜為大眾化潤腸劑，除潤腸通便外，也是夏日消暑良品。味甘，性平，歸大腸經、肺、脾、胃、肝經；其功能為潤腸通便、消暑解渴，清熱潤燥，補中益氣，療瘡解毒，和血止痛，生長肌肉，強壯身體，延年益智，美膚美髮，其糖分均為單糖，可直接被吸收，經人體利用後，可增加血紅蛋白，提高抵抗力，且其含有豐富維生素與天然抗生素、礦物質及對人體有益激素如腮腺素，是年老體弱、病後虛弱及懷孕、產後婦女、哺乳者之最佳營養品。

（五）足陽明胃經

每日早上七時至九時為辰時胃經循行時段，詳細請參閱此章第四節足陽明胃經部分，以下其為飲食保健之道之補充：

「早餐要吃飽，午餐宜吃好，晚餐則吃少」，脾胃功能若良好，供輸五臟六腑營養，使氣血充盛，中氣充足，早餐吃飽，一天都可精力充沛；反之，胃口不佳，消化不良，不僅中氣虛弱，也會連帶影響其他器官系統的健康。胃經若不暢，最明顯的表現是面黃、蒼白、精力不足，甚至頭髮枯搞，胃火大，嗜食易飢，或早晨起不來，前額頭痛，食慾不佳，甚至出現胃潰瘍及十二指腸潰瘍。此時應注意選擇食物，以能瀉胃經及肝膽之火為原則。足陽明胃經最常見疾病不外：胃炎（急慢性、萎縮性、淺表性胃炎、胃下垂、急性胃傷食）、胃潰瘍、十二指腸潰、胃擴張甚至癌症。其發病原因不外：飲食不潔或嗜食過辣、過燙或口味過重食物、精神壓力、環境污染、睡眠及運動不

足、過食菸酒及藥物，甚至臟腑疾病轉發，導致肝胃不和、脾胃不健、胃氣鬱滯。其表現症狀為：胃口不佳、消化不良、易飢、胃嘈雜、噯氣、吞酸吐酸、呃逆、痞悶、脹滿、胃痛、口臭、常想嘔吐等。如有上述現象可由日常生活保健做起，以改善或減緩不適程度，如：食物過飽、勿食過辣或刺激強之食物，盡量吃易消化食物，注意飲食衛生，三餐定時定量，避免飲酒及吸煙以利胃病恢復，肝胃不和者切忌情緒激動，用心咀嚼（每一口飯如能咀嚼三十下，還能促進腦內腮腺素，唾液腺中各種酵素蛋白分泌，使頭腦更聰明），宜多吞口水，或口含陳皮、佛手、無花果等，以為調理。現代人由於生活緊張、壓力大，得胃潰瘍、胃下垂、胃炎、消化不良及胃痛者頗多，因此更應注意飲食之道，以甘甜如紅棗，可安心凝神、鬆弛胃痙攣，如龍眼乾為主。脾胃虛寒者以溫中散寒止痛為主，表現症狀胃部有冷感、隱痛，喜暖喜按冷、痛處，空腹痛甚，食後減輕，大便溏泄，精神疲倦，舌苔淡白。宜選擇溫中、散寒、止痛類食物和調味料為主如九層塔、乾薑、胡椒、大小茴香、紫蘇、胡蘿蔔、包心菜、韭菜、生薑等。氣鬱滯引起之肝胃不和、口苦、胃口差，表現出之症狀為胃部脹痛不定，食後痛甚，胸悶，泛酸，噯氣，宜開胃理氣，可選擇米食、生薑、蘿蔔、山楂、橘子等食物，或喝些淡茶。反胃嘔吐以鎮靜下氣為先，少食油膩，也勿食重口味，適宜的如清涼爽口的梨子、甘蔗，有安定作用的百合、生薑，可下氣的蘿蔔，葷食則可選擇魚類。胃酸不足者則以軟食及易消化者為宜，如稀飯、湯麵、果汁等。消化不良除需軟食外，尚需兼顧營養均衡，如馬鈴薯、山藥、蓮藕、蘋果、香菜、麵食、山楂、釋迦等。輕微胃出血則由止血、消食、補血著手，忌食辣椒、大蒜等刺激性湯水及食物，適宜的食物如：馬鈴薯、山藥、豆腐、南瓜、茄子、白菜、豆花、仙草、荸薺、稀飯、蓮藕、牛蒡等。以下介紹幾種代表性食物：

山藥：為薯科植物，其味甘，性溫，無毒，歸脾、腎、胃、肺經，既能美白、補鈣，也能減肥、益胃，增加血中蛋白濃度，合成各種荷爾蒙，治五臟六腑久治不癒之疾或水腫，增強免疫力及抗癌，補肺斂陰止汗，固腎益精，滋補脾胃，強壯筋骨，還能緩解泄瀉、遺精、遺尿、尿頻、帶下、多汗。本品生食有黏液，能促進孩童發育生長；熟食可促進胃潰瘍之傷口癒合。

馬鈴薯：味甘，性平。歸脾、胃經，健脾和胃，調中益氣，利腸通便，消腫消炎，含鉀豐富，蛋白質較少，不僅可充饑，對腎病患者，能利尿且能中和、排除體內過多酸性廢物；此外還能舒張血管、降低血壓，緩解痙攣、

減少胃液分泌，若只食馬鈴薯，不吃含脂肪食物或肉類，還能減肥。

蘿蔔：味辛甘，性涼，無毒，歸脾、胃、大腸、小腸、肝、肺等。健胃消食，行滯止血，利尿消腫，生津止渴，降逆止嘔，止痢止瀉，療瘡止痛，清熱解毒，止咳平喘化痰，順氣消脹除積，生食略帶辛辣，能抗菌消炎，蘿蔔絲色白，故能潤肺通竅，對腸胃、肝膽疾病或咽喉，氣管皆有改善作用。取生蘿蔔適量，加一點點水稀釋後漱口，可消除鵝口瘡或虛火上炎所致嘴破疼痛。但身體虛弱者禁服，因甚消伐。〔註21〕

捲心菜：又名洋白菜，性平，味甘。清熱散結，解毒利尿，補腎壯骨，健胃通絡。適應於胃及十二指腸潰瘍、膽囊炎、關節不利、腎虛腰痛。

（六）足太陰脾經

巳時即早上九時至十一時爲脾經循行時間，詳細請參閱此章第四節足太陰脾經部分，以下爲其飲食保健之道之補充：

脾主甘味，開竅於口，一旦脾經有病，氣血失調，舌頭會首先出現狀況，僵痛、轉動不利，繼之胃痛，甚至嘔吐，感覺身體沈重，不想活動。胃口差，最後拉肚子、出現黃疸，無法安眠，若不善加治療則會形成糖尿病、中風及一切消化系統疾病。因此脾氣虛、脾經弱時，宜多食甘味（糖尿病患者例外）、具滋陰、清熱、止渴的食物，如苦瓜、木瓜、綠豆、豆腐、蓮藕，以及高纖、低糖、高蛋白食物如魚、肉、蛋、豆類（以大豆及黑豆爲最佳）、山藥、胡蘿蔔、海帶、花生、楊桃等。忌食含糖分過高或過於辛辣食物，如蛋糕、飲料、甘蔗、哈密瓜、麻辣火鍋等。

花生：味甘，性平，無毒，入脾、心、肝、腎、胃、肺經。健脾開胃，潤肺化痰，和血止血，滋腎養肝，鎮靜安神，調氣止痛，催乳增乳，明目益智，美髮美容，延年益壽。花生衣與花生根具止血與抗凝血功能。

黃豆：富含蛋白質及卵磷脂、植物性激素及大豆異黃酮，富含豐富蛋白質，可取代肉類，乃食物極品。味甘，性溫，無毒。入心、肝、腎、脾、胃、大腸經。健脾胃、寬中下氣、利大腸，補腎填精、養血平肝，養心安神、利水消腫、滋陰補虛安胎，利濕調經，膽固醇含量低，可消除血管中有害膽固醇，可抗老防衰，增強體力，補益虛損，無論高血壓、糖尿病、動脈硬化、糖尿病、冠心病患者都可安心食用。與牛肉燉煮，可補脾壯骨，且可防治冠心病、低蛋白浮

〔註21〕個人經驗及參見嚴星喬重校：《增註本草重新》（臺南：西北出版社，1978年出版），頁170。

腫及高脂血症。豆腐爲大豆加工製品，味甘性涼，有清熱解毒作用，由於是用石膏或鹵水點成，含鈣及鎂較多，有助小兒發育及牙齒生長，鎂鹽對心肌有益。

楊桃：其味酸、甘，性寒，可調中下氣，生津潤燥，解熱除煩，散瘀利尿，降低三酸甘油脂及血膽固醇。適應於高血壓、心血管疾病、尿道炎、失眠、脾葬腫大、黃疸、痔瘡、嘔吐等。

（七）手少陰心經

午時，即中午十一時至下午一時爲心經循行路線。有益心經飲食可分強化心經作用及減輕心臟負擔二大部分。避免心臟過勞的食物如木耳、魚、黃豆、綠豆、花生、蜂蜜、蕃茄、蘋果、葡萄、冬瓜、黃瓜、菠菜、櫻桃、莧菜。西瓜水分較多反會增加心臟負擔；可增加心肺功能之食物有：山楂、草莓、蘿蔔、黃豆等，刺激性食物如茶、酒、咖啡等應適可而止，肥胖與有高血壓之人應少攝取高糖、鹽、肉類及點心。

蓮藕：通竅入心經，可增強理解力與記憶力，避免老人痴呆。蓮子滋陰清熱、鎮靜安神；蓮心平肝潛陽，清心火；藕生吃時能涼血、止血、消瘀血，煮熟食則能滋陰養血，補益脾肺。

香菜：味辛，性溫，入胃、肺、脾、和心。能發汗解表，透疹驅風，芳香開胃，健脾化濁，消食通便，通經活絡，解毒止痛，對有外感症候或食慾不振，腸胃虛弱者宜多食，但氣虛體弱者不宜多吃，以免誘發疾病。其他如九層塔、紫蘇、茴香亦具有香辛味。

（八）手太陽小腸經

下午一至三時未時爲手太陽小腸經的循行時間，小腸經如有病，則其經過路線皆可能有問題，如眼睛黃、酸澀、耳朵聽不清楚，甚至耳鳴、耳聾；續接臉頰腫大、肩部、臀部或手肘之處疼痛、轉動不利，繼之出現嚴重之扁桃腺發炎、淋巴腺腫大等。

飲食保健之道：手太陽小腸經不適，出現咽喉腫痛症狀時，宜選擇質軟、便於吞嚥及清熱瀉火、解毒消腫作用食物如西瓜、蘋果、蕃茄、綠豆、稀飯、牛奶、湯麵等。

雞肉：味甘，入十二經，最利小腸。性溫，補五臟，安六腑，療虛損，健脾胃，強筋骨，活氣血，調月經、止帶下，安心神，補腦隨，可補益各種虛熱體質。雞蛋中富含之卵磷脂，能緩解怔忡，有健腦益智、預防老人痴呆

作用；和卵黃蛋白、卵球蛋白及卵白蛋白可有助於發育及生長。「雞內金」是雞胃裡的一層金黃色硬膜，可健胃助消化，治療食積、消化不良；雞肝可補血，養肝、明目；雞膽可清肝瀉火，雞骨可熬湯補鈣、防治骨折。

綠豆：清熱解毒，幫助小腸吸收。味甘，性寒，無毒。入小腸經及心、肺、脾、膀胱、肝、膽經。清熱解毒，降血壓，消暑止渴，利尿消腫，清心涼肝，和胃止嘔，利膽利腸，利濕療瘡，促進血液凝固，強化骨骼及牙齒，富含蛋白質及碳水化合物，可促進發育。

（九）足太陽膀胱經

下午申時三點至五點是足太陽膀胱經循行時間。膀胱與腎相表裡，主一身水氣的通調，水分不足或過剩皆可能致病，如小孩尿床，大人頻尿或尿道炎等，又因腎主骨五行屬水，肝主筋五行屬木，水少則木枯，水虧則筋病，因此凡頭項、腰背筋骨常酸疼，可能與膀胱經有關。

飲食保健之道：足太陽膀胱經主一身水氣的通調，水液不足可能致血液濃稠，無法將體內毒素完全排出體外而致水腫，因此誘發許多疾病，引此其保健之道重點在通調水道、調節一身水液，勿使太過或不及。食物最有效的為多瓜及西瓜。

冬瓜：葫蘆科植物，味甘淡，性微寒，歸膀胱、腎、脾、肺經。能利尿消腫，清熱解毒，生津止渴、化痰鎮咳、益氣補虛、延年耐老，除煩渴。冬瓜皮兼湯飲用，亦很有利尿效果。因含有多種維生素、蛋白質及礦物質，故可補充營養，健美減肥，且可治療動脈硬化，高血壓，改善冠狀動脈心臟病，且含鈉量低，腎臟病及水腫病人可安心食用。

西瓜：味甘、性涼、無毒，歸膀胱經、肺、腎、肝經。主要功能為利尿消腫，利咽止痛、潤肺化痰，潛陰滋陽，生津止渴，清熱解毒，消炎降壓，因此高血壓、糖尿病、腎炎、肝炎、膽囊炎、黃疸等患者均可適量食用，最有利的功能為膀胱經及腎經。但因脾胃虛寒而致泄瀉或營養不良的水腫病人，則宜少食西瓜。

葫蘆：性涼，味甘、淡。清熱利水，止渴除煩。適應於腹脹，腹水，尿少，水腫，暑熱，煩渴，腎炎等症。

（十）足少陰腎經

循行時刻在下午五時至七時酉時，中醫之腎非僅單純之腎臟，尚包括輸

尿管等泌尿系統及生殖系統，腎精所過之處，關係到生殖、生長、發育、生髓、主骨、化血、納氣等。腎屬水，喜溫潤而不喜極端寒與燥，因此需注意使腎水充足，不可過勞或熬夜、縱慾等，方能維持生理機能正常及皮膚、毛髮有光澤。腎藏精爲男性精力來源，女性則與生殖系統關係密切。經常口乾舌燥，失眠盜汗，頻尿，腰膝酸軟爲腎陰不足，虛火上亢，性機能不足，力不從心則爲腎陽虛虧所致；一動即喘，一咳嗽則尿失禁，爲腎虛所致的腎不納氣，經常失眠多夢，健忘，心悸怔忡則爲「心腎不交」。

飲食保健之道：腎水不足即可能手足心熱，口乾咽燥，虛火上亢，因此應以利水、少刺激的蔬菜、水果爲主，魚及豆類製品亦適宜。當令蔬果最適宜如：絲瓜、空心菜、捲心菜、蓮藕、蕃茄、葡萄、蘋果、蜂蜜、黃瓜、梨子、哈密瓜等，辛辣食物則不宜。

絲瓜：利水補腎氣虛，味甘、性平、無毒，入腎、肺、肝、脾經，可鎮咳化痰，祛風止癢，涼血解毒，活血止血，通經活絡，消瘀痕，通便、治癰腫，養顏美容等。

空心菜：微寒，味甘，無毒，歸腎、肺、脾經，有利尿消腫、利濕止帶、清熱解毒、涼血止血、利通關節，去瘀血，止咳化痰、生津止渴等作用。

（十一）手厥陰心包經

循行時間爲每日下午七時至九時戌時，詳細請參閱此章第四節手厥陰心包經部分，飲食保健之道如下：

黑豆：補腎，含有微量元素硒、磷、鈣等，可預防腦力退化，避免老年痴呆，抗老、防治四肢關節疼痛及筋攣拘急、伸縮不利等症。

牛肉：富含人體必須之氨基酸，可補中益氣、強健心包，補腎壯骨，補血厚腸，味甘、性溫、無毒，入心、肝、脾、腎、胃經，此外牛乳生津止渴，養心肺、潤皮膚；牛黃（牛膽中之結晶）能鎮驚，清心熱，退熱解毒，醒腦開竅；牛角清熱毒，鎮驚癇，涼血止血，治諸血熱病。羊肉味甘，安心止驚，皆爲有益心包經的食物。

（十二）手少陽三焦經

循行時間爲夜間九時至十一時之亥時。已爲最後一站，過了此刻即爲另一天之開始，因此三焦經爲六氣運轉的終點，三焦經通暢即水火交融，陰陽調和，身體健康，否則氣亂水虧，可能出現多汗，水腫，耳背，喉嚨不舒服

等非特定疾病。以西醫學觀點而言，人體沒有三焦此器官，此為中醫專有名詞。《類經》云：「三焦者，確有一腑，蓋臟腑之外，軀殼之內，包羅臟腑，一腔之大腑也。」所謂包羅臟腑，即包覆各臟腑的外膜，為油肢體膜，所以稱為「焦」。「三焦」包括上、中、下三部分，上焦指胸腔，負責的是「氣化」功能；中焦指腹腔，責任為消化吸收食物之前，先將食物乳糜化；下焦指小腹、下腹腔，其功能維將代謝、過濾出來之液狀廢物由前面通道排出體外，固狀殘渣由後門排出。平時，元氣充滿於三焦之中，呈真空狀態，一旦因故氣動氣亂，破壞了真空狀態，氣機逆亂則可能百病叢生。三焦經循行若不暢，則可能出現不適，如咽喉腫大、呼吸不暢、腹脹、尿床或小便不利、耳鳴、眼外眥痛，肩背及肘外疼痛等。

飲食保健之道如下：適合所有臟腑的食物方才適合三焦，因此只有作為三餐主食的米、麵最適合。米飯，味甘、性平，無毒。除了入脾、胃、大小腸、膀胱經外，也入其他各經，包括三焦經。常吃米飯可補中益氣，厚腸止瀉，清肺養陰，健脾養胃，止渴除煩，和中止嘔，補虛健體等，尤其病後體虛或腸炎時，吃稀米粥有補氣、開胃、厚腸作用。還可與其他食物、藥物搭配，以獲另一功效。如綠豆稀飯既可飽腹，亦可解毒清熱、除煩渴；紅豆飯則可利尿、消水腫；與乾薑同煮則可溫中去寒、緩解女性經痛，與治小感冒。麵食由小麥磨成，中性，味甘性平，入脾、胃、心、腎、大腸經、三焦經等，含有維生素 B1，可治療腳氣病、末稍神經炎，其他營養素，可健脾豐肌，健脾養胃，厚腸止瀉，和胃制酸，除煩止渴，消腫止痛，益腎補陽，也可緩解失眠、腹瀉、腰腿疼痛。

五、四季飲食之養生

逆春氣則少陽不生，肝氣內變；逆夏氣則太陽不長，心氣內洞；逆秋氣則太陰不收，肺氣焦滿；逆冬氣則少陰不藏，腎氣獨沈。

夫四時陰陽者，萬物之根本也。所以聖人春夏養陽，秋冬養陰，已從其根。故與萬物沈浮於生長之門。逆其根，則伐其本，壞其真矣。故陰陽四時者，萬物之終始也，死生之本也，逆之則災害生，從之則苛疾不起，是謂得道。道者，聖人行之，愚者佩之。(《素問‧四氣調神大論》)

此段提出四時陰陽是萬物的根本，從之則生，逆之則死，由於四季氣候變化對人體生理、病理都會產生影響，因此在養生方面亦有不同調理方式。

以下為四季飲食之養生說明：〔註22〕

（一）春季飲食之養生

> 春三月，此為發陳，天地俱生，萬物以榮。夜臥早起，廣步於庭，
> 被髮緩形，以使志生。生而勿殺，予而勿奪，賞而勿罰。此春氣之
> 應，養生之道也。逆之則傷肝，夏為寒變，奉長者少。（《素問·四
> 氣調神大論》）

春季人們應當晚睡早起，以適應春天陽生陰退之象，並舒適自在的闊步於庭院，無論思想、精神與意志都能活潑的充滿生機，若逆春時養生之氣，至夏時則供給長氣的力量便不足。春天正為草木滋長發榮的季節，在五行屬木，在五臟相應為肝，在六邪之淫屬風。因陽氣生發，人體新陳代謝開始旺盛，所以飲食應以平肝熄風、滋養肝陰為主，應選用扶助正氣的補品，同時宜食清淡食物如新鮮蔬果及豆腐、綠豆芽等，嚴禁熱補以助陽，如高熱量、高蛋白的豬頭皮，海鮮蝦蟹類及韭菜和酒類，以免生火助陽，誘發病情。春季主《肝》，除包括現代醫學的肝臟及神經系統外，尚有自主神經及運動系統、血液循環、內分泌系統和視覺器官等部分功能。因此治療保養之道包括疏肝、清肝、瀉肝、平肝、鎮肝、養肝、柔肝、溫肝等，若肝臟所控管的系統發生疾病時，除注意生活起居，避免過勞，保持心情愉快，減少各種病毒及細菌的感染，戒食辛辣、油炸及酒等刺激性食物外，平時宜攝取充足且適量的營養，多吃含有豐富葉綠素、維他命與礦物質及牛磺酸的新鮮蔬菜如蓮藕、馬鈴薯、青椒、菠菜、海帶、紫菜、胡蘿蔔、花椰菜等；另外香菇、木耳均含有多醣體物質，可促進干擾素的抗體釋出，對 B 型肝炎或 C 型肝炎有效；此外，飲食當中最好有適量的大豆、穀類、魚貝類及肉類，除可攝取高蛋白及高熱量外，黃豆富含膽鹼，可預防脂肪肝，魚貝類含有豐富的核酸，可增強肝細胞活力，修復損傷肝細胞。如果再加「經穴按摩健康法」則更能發揮具體效果。其最有效穴位為拇指的少商、手掌的魚際、手腕的太淵或食指的太陽穴，無名指的肺穴及肝穴。可於此些穴位以側拇指突或筆尖、牙籤加以刺激，除可減輕疾病症狀外，亦可調節人體機能狀態，發揮抗病力量，以祛毒除病。

〔註22〕參見《四季與時辰，中醫養生保健手冊》（臺北：中華民國中醫師公會全國聯
合會），頁 3～30。

（二）夏季飲食之養生

> 夏三月，此謂蕃秀，天地氣交，萬物華實。夜臥早起，無厭於日，
> 也。逆之則傷心，秋為痎瘧，奉收者少，冬至重病。（《素問・四氣
> 調神大論》）

萬物得夏長之氣，生長茂盛、開花結果，宜晚睡早起；夏主長氣，人氣不宜惰，精神應旺盛，，意志舒暢，心懷暢達，氣機宣通而不抑鬱，如花朵般美麗。如果逆長夏之氣，則會心傷而為暑氣乘虛入侵，到秋天金氣收斂，陰邪進入而為陽氣排拒，火欲出而陰束之，寒熱往來而為瘧疾。夏季炎熱，五行屬火，五臟應心，在六邪之淫多暑病，心主「神明」，負責人體一切高級複雜的精神活動及正常意識思維。主「血脈」，由血脈向全身各組織輸送養料以維持正常機能。夏季氣候炎熱而多雨，熱傷陰、耗氣，飲食應以補氣養陰、清熱祛暑為主，可多吃西瓜、甘蔗、冬瓜、黃瓜、綠豆、荸薺、烏梅湯、椰子汁、靈芝洋參茶等，不可過食肥葷厚味，以免損傷脾胃功能；夏季氣溫高易流汗，要即時補充水分，但不可一次飲過多冰涼飲料而損傷脾胃、引起脾胃虛寒。心臟所掌管系統出現狀況時，除要有適當的輕鬆運動，以增強體力、強化心臟外，應保持樂觀態度，戒食刺激性食物，飲食宜清淡，選擇易於消化且富有營養的食物。夏日除食療外，平日可按壓下列幾個經穴：

1. 中指中央線往下延長與生命的交叉點，即所謂「胃腸點」處。
2. 「胃腸點」附近區域「調理三針區」。
3. 靠近生命線的拇指丘，即所謂之「脾胃大腸區」。

不僅能調理人體機能發揮身體抗病力，也有消暑、祛毒、除病效果。

（三）秋季飲食之養生

> 秋三月，此謂容平，天氣以急，地氣以明。早臥早起，與雞俱興；
> 使志安寧，以緩秋刑；收斂神氣，使秋氣平；無外其志，使肺氣清。
> 使秋氣之應，養收之道也。逆之則傷肺，冬為飧泄，奉藏者少。（《素
> 問・四氣調神大論》）

秋天六個節氣的季節，秋風勁急，物色清明，宜早臥早起。秋季肅殺，萬物凋謝，應讓肺氣清肅，得到調養收納，勿使意志外馳。否則秋季陽氣未收，冬天陽虛則會泄瀉。秋季五行屬金，五臟應肺，此時最適宜養肺。肺司呼吸，「主氣」，輔助心臟維持血液正常循環；「主肅降」參與體內水液的代謝。由於六邪之淫多燥病，燥能傷津而引起口渴鼻乾、皮膚乾燥，加上寒熱多變，

天氣轉涼，極易傷肺，而生感冒、咳嗽等症，因此秋季養生重在養肺。飲食應以滋陰潤燥爲原則，如山楂、烏梅等酸性食品，於飯後食用又可助消化。平時多食梨、甘蔗、豆腐、芝麻、銀耳、黑木耳、鮮藕、山藥、枸杞、百合、紅棗、麥芽糖、羅漢果、桃菱角等。注意氣候變化，避免著涼，注意飲食衛生，避免病菌感染；忌食炒、炸、辛辣、菸酒之類，以免再耗津傷陰。宜養護脾胃，注重情緒平和。秋季最佳穴位在手背的合谷穴；手腕的太淵穴及神門穴，無名指的肺穴，食指的大腸穴，及魚際處的呼吸治療區，可於此些穴位經常揉、捏、按、壓，即能強化肺的功能，提高抗病能力。

（四）冬季飲食之養生

> 冬三月，此謂閉藏。水冰地坼，無擾乎陽。早臥晚起，必待日光；
> 使志若伏若匿，若有私意，若有已得；去寒就溫，無泄皮膚，使氣
> 亟奪。此冬處之應，養藏之道也。逆之則傷腎，春爲痿厥，奉生者
> 少。（《素問・四氣調神大論》）

冬季氣候嚴寒，萬物生機潛伏，一片閉藏，宜早睡晚起，使人意志內藏而不外露，應避寒保溫，勿使皮膚出汗過度而致陽氣耗傷，若逆冬藏之氣則傷腎，使肝失其所生，筋失養而四肢萎弱。冬季五行屬水，五臟相應爲腎，腎爲維持體內水液平衡的主要器官，包括泌尿、生殖、內分泌及腦之部分功能。六邪之淫多寒症，在養生方面應避寒就溫，勿使陽氣外泄，平時注意保暖，經常活動，以增強抵抗力，飲食宜多汲取補腎及高熱量食品如：核桃、栗子及火鍋等以驅寒補腎。除此可多做「經穴按摩法」：

1. 位於小指遠側指關節第一橫紋中點的「腎穴」及小指第二指關橫紋中點的「命門穴」。
2. 位於生命線下緣的「腎臟反射區」、「副腎反射區」，或肚臍下三寸（四指橫寬）的「關元穴」。
3. 可用指腹、指尖、縮入式筆尖、鈍物在以上穴位做上下的按摩刺激或揉、搓、捏，或輕緩按摩，即能使衰弱的腎臟或副腎之機能活性化，而能發揮調節人體機能及發揮抗病能力。

第三節　運動養生

依據《周易》，陰屬靜，陽屬動。凡事有陰陽的地方，即有運動有生化。

陰陽不息，運動不止。乾剛坤柔，乾動坤靜，但乾坤又各有剛柔動靜，陰陽相互結合，相互滲透、轉化，乃是宇宙萬物生生不息，恰如〈序卦〉云：「物不可窮也，故受之以未濟終焉。」《呂氏春秋・盡數》云：「流水不腐，戶樞不蠹，動也。形氣亦然，形不動則精不流，精不流則氣鬱」，人必須做適度運動，運動可促進體內氣血的循行，增強生命活力，開發人體潛能，防止精氣鬱結不通，而產生疾病。

中國國術淵遠留長，講究天人與身心合一，與西方注重力與剛的外在表現與身心二元論，自有所不同。東西方由於不同的哲學思維，而影響其運動的發展。在西方邏輯思維模式思維上，動的即為動的，靜的即為靜的，因此其運動型式乃是絕對的外向性運動。反觀太極拳與氣功等則是建立在東方辯證思維模式上，動中有靜，靜中有動，如導引術要求形體運動，但心裡卻要求至虛至靜，凝神於中，反觀於心。因此東西方在各自不同思維下，所追求之目標便迥然有異：東方運動追求的乃是精神健旺、神氣充足、身心平衡等，洋溢著內在的生命力；西方運動則追求肌肉發達、肌腱凸隆、充滿外在的力與美。因此提倡中國之運動如氣功、太極拳等，正可彌補西方運動的身體、心靈之二元論及其產生之運動傷害。

本節將以氣功與太極拳為本章養生論述範圍，關於實際練功動作仍請實際向老師學習，不在本章節論述範圍內。

一、氣　功

在鄭明育之《氣功身體觀對現代運動意義之研究》〔註23〕中，對氣功之定義是：「氣功是人體運用意識，通過調身、調息、調心之手段，進入靜的狀態（氣功態），使身體機能自我調整治療，提高人體潛能，並使心身高度和諧的一種鍛鍊方法。」他並將氣功身體觀之思想內容歸納為：（一）精氣神學說（二）氣化論思想（三）身心一如的整體觀。他將此三種和諧統一相互滲透之終極意義歸於"天人合一"之思想範疇。以下將根據其內容就（一）之精氣神學說統貫其他二者闡述之：〔註24〕

（一）精氣神與天人合一之理論

〔註23〕參見鄭明育：《氣功身體觀對現代運動意義之研究》（臺北：國立體育學院體育研究所碩士論文，1997年），頁6。

〔註24〕同上，頁19～50。

1. 精

醫家經典所言之"精"專指構成人體生命和維繫生命活動的各種精微物質，包括精、血、津液、腦髓及臟腑之精華等。如《內經·素問·金匱眞言論》說：「夫精者，身之本也。」《內經·靈樞·經脈》云：「人始生，先成精，精成而腦髓生。」《靈樞·大惑論》言：「五臟六腑之精氣，皆上注于目而爲之精。」道家以爲若能將精固密養護，留之於己以"生身"，則是追求仙道的重要手段。道家道教及醫家皆認爲精具有先天和後天的區別。先天之精又稱爲"元精"、"眞精"，藏之於腎，是氣化狀態、不可見之物質，秉受於父母之"結胎受氣"，具有先天遺傳性生命物質，能決定生命發展和生殖繁衍，此精即爲先天之「元精」；而後天之精又名"生殖精"，是在先天之精的基礎上，加上後天水穀等營養，由脾胃運化而成，其功能一方面表現爲性與生殖的能量物質，另一方面也維持生命活動和機體代謝的能力。先天之精和後天之精相互依存、相互促進。精作爲人身之根本，可說是人體的生命能量，因此氣功家十分重視煉精、養精和保精的鍛鍊活動。

2. 氣

中醫理論所指之氣主要是眞氣，而眞氣在全身流動的部位又有穀氣、宗氣、衛氣、營氣、經絡之氣、臟腑之氣的名稱等。所謂「眞氣」，《靈樞·刺節眞邪》說：「眞氣者，所受於天，與穀氣並而充身者也。」所受於天是指秉受於父母先天之精氣和天地輕靈之氣，因此眞氣是由腎中之精氣、脾胃吸收運化而來的水穀之氣（人吃進去的營養物質所化生）和呼吸之氣三部分結合而成，又名「元氣」。《靈樞·營衛生會》說：「人受氣於穀，穀入於胃，以傳與肺，五臟六腑，皆以受氣，其清者爲營，濁者爲衛，營在脈中，衛在脈外。」此說明當食物入胃，經消化吸收而化生之氣傳至肺時，由於各條經脈都交會於肺，因而五臟六腑都能由肺此處得到氣，其中清的成爲營氣，濁者成爲衛氣。至於「宗氣」是指積於胸中，直接與呼吸功能相關的氣，是積存於胸中的氣海，其功能爲"貫心脈而呼吸"。因此我們可知關於「氣」醫家論述爲：眞氣具有先天和後天的特徵。腎精元氣和天地輕靈之氣代表著先天之氣，而穀氣、呼吸之氣等人體內的氣則爲後天之氣。練氣功主要即在鍛鍊、培補、增強人體先天元氣，使其產生氣化人體的特殊運動效果，從而達到強身健體、延年益壽的目的。

《靈樞·脈度》中說：「氣之不得無行也，如水之流，如日月之行不休，

故陰脈榮其臟，陽脈榮其腑，如環之無端，莫知其紀，終而復始。其流溢之氣，內藏臟腑，外濡腠理。」人體內的眞氣無論白晝黑夜都循著經絡不停運行。經過氣功鍛鍊，內氣運轉，周流不息，從而加強能量，提升氣感，即能從不自覺到自覺地發現貫通內外的經絡通道了。經由氣功修煉之「氣化」轉化過程，能體現人與宇宙的和諧，亦即對「道」的體知。

3. 神

醫家認爲「形」是指可感知的物質肉體，而「神」是寄居於形體內的精神、意識、思維、情感、感覺、知覺等，也是體內臟腑精氣盛衰的外在表現。《靈樞‧本神》中說：「故生來謂之精，兩精相摶謂之神。」《靈樞‧平人絕穀》說：「故神者，水穀之精氣也。」此說明神本於先天之精與後天水穀之精而生。《靈樞‧本神》中指出：

> 隨神往來者謂之魂，並精而出入者謂之魄，所以任物者謂之心，心
> 有所憶謂之意，意之所存謂之志，因志而存變謂之思，因思而遠慕
> 謂之慮，因慮而處物謂之智。

「魂魄」隨精神而能在人體出入往來，「心」能感知身外之物，「意」是有所打算但尚未去做，「志」是決定此種打算並決心去做。從人的行爲來看，意是行爲的前一階段，即思考、計畫，志則是要將意完成的心念。此二者相合即如《靈樞‧本臟》云：「志意者，所以御精神，收魂魄，適寒溫，和喜怒也」之作用，能控制支配精神，將魂魄收聚身體之內，調節身體寒溫，調和喜怒等感情，如無意、志的作用，魂魄可能常離開身體之靈魂。「思」是爲達到志向而調整改變的思想過程，「慮」是高級的邏輯思維，而「智」則是經深思熟慮、妥當處理事物之智慧。可見醫家將廣義的「神」視爲人之精神思維感知等生命活動現象的總稱，而其狹義之意則指人的意識活動，即"心、意、志、思、慮、智"等心理活動，世人對客觀事物的反應。

此外醫家還認爲「神」分藏於五臟中，如《靈樞‧本神》云：「「肝藏血，血舍魂……脾藏營，營舍意……心藏脈，脈舍神……肺藏氣，氣舍魄……腎藏精，精舍志。」《靈樞‧本臟》云：「五臟者，所以藏精神血氣魂魄者也。」因此臟腑精氣盛衰，實可由精神狀態呈現出來；相對的，精神情志的異常狀態也會傷及所屬臟器，如「喜傷心，怒傷肝，思傷脾，悲傷肺，恐傷腎」等，因此若能使體內陰陽平和，則「精神專直，魂魄不散，悔怒不起，五臟不受邪矣。」(《靈樞‧本臟》)此也是醫家提出氣功養生，特別注重"調神"、"養

神"的原因。

　　道家道教所指之神有先天與後天之分。先天之神又稱「元神」、「眞神」，具有先天性思維物質本體和潛意識心理能量。元神在一般狀況並不顯露出來，只有在清靜無爲的高度入靜下，方會顯露出來。後天之神稱爲「識神」，是人出生以後在客觀世界和主觀世界過程中逐漸形成的，包括知、情、意等醫家所謂的精神意識心理活動。對道家道教而言，如何深入先天元神層次，開發人體巨大的心理潛能和生命能量，從而使人的生命向更高層次和境界躍升，是一個終極意義的目標。身體各器官組織都有神的存在，這些元神喜靜怕擾，在安寧清靜狀態下，保護各臟腑組織器官發揮正常功能，如果被七情六欲或各種內外在因素干擾，將無法發揮功能，人也將因此病弱早夭。此種觀念因此產生了道教氣功「存神」「存思」「守一」等的重要功法。道教煉養家因此種認識論，而主張節慾，清靜自處，經由入靜凝想，以意安神，存神內照，達到道教養生學特有的生命理論，對後代氣功理論具有一定建樹。

　　4. 精、氣、神三者的關係與天人合一境界

　　《素問・上古天眞論》說：「虛邪賊風，避之有時，恬淡虛無，眞氣從之，精神內守，病安從來！」即是強調養精、煉氣、守神的重要性。道家道教和醫家對精、氣、神的認識和理解，成爲氣功的基礎理論。元精、元氣、元神是氣功鍛練的重點，但也不可忽視後天精、氣、神的作用，必須借"後天返回先天"，才能"神轉爲明"，到達最高超的境界。因此，對氣功而言，唯有掌握自身的精、氣、神三者，才有敲開自我生命潛能之門的機會，也方能深入身體奧妙的靈山寶地，而達到天人合一的身心和諧境界。

　　（二）內氣之養生與治療 〔註25〕

　　1.「內氣」之實質

　　「內氣」又稱內效應，它是練功者在練功過程中所表現出來的一種生理變化。意識、呼吸、姿勢直接影響著內氣的產生和運轉，尤其是意識的影響，對內氣的「聚積」有著決定性作用。呼吸作爲調節控制的工具，而姿勢則起著配合作用。在氣功訓練中，對意識進行調整的目的，主要在於排除雜念對入靜的干擾，引導內氣循一定經絡線路運行，即以意領氣。氣感有一顯著的

〔註25〕參見沈福道、張德福：《氣功健身指南》（台南：西北出版社，1994 年 3 月出版），頁 2～22，125～128。

特點，即在不同層次上，具有不同表現形式。氣功的層次一般分為初、中、高三個階段。在初、中階段氣功者的自我感受表現為潛意識和情感二種形勢，即從內心清除諸如食慾、性慾等感覺及「七情」對大腦的纏繞。氣功自我感受在高級層次上，大腦已具備較強的條件反射功能，即人們常說之「恬淡虛無」的高深境界。此時只要一念清靜即能氣貫全身，不需意識領導，內氣即會在周身流動。

氣功的作用機制在於通過訓練激發和調動人體的元氣。《素問·上古天眞論》指出：「恬淡虛無，眞氣從之，精神內守，病安從來。」辨識對氣功培補元氣的機理和作用的高度概括。元氣的壯益充沛，可有力地推動和激發臟腑之氣的正常運行，此時人體外形即會生機勃勃，精神煥發，此即為氣功「練氣化神」過程。此時功者已收到明顯效果。精氣充足的人，神采一定旺盛；反之，精神萎靡的人，其精氣必然匱乏。

氣功鍛鍊中之氣是如何產生呢？在體內又是如何運行呢？這是練功者必須瞭解的基本問題。

（1）以**姿勢調節元氣**

氣功學根據練功的姿勢不同，將功法分為靜式和動式二種。其中靜式包括有站功、坐功、臥功，動式包括動功，這些功法都能對眞氣的產生和運行，收其推動和調節作用。如站椿功主要是通過收縮和擠壓血管、神經、皮膚、肌肉、關節和骨骼來激發眞氣。兩手抬舉越高、膝關節彎曲程度越大，下肢興奮程度越高，產生的氣感即愈強。反之，兩手抬舉越低、膝關節彎曲程度越小，下肢興奮程度就低，產生的氣感就較弱。動功是一套有節奏的快慢運動，通過上下肢的開合，左右推收而對眞氣的產生進行調節。

（2）以**呼吸控制元氣**：

以呼吸調節元氣有三種形式

a、以吸為主，以呼為輔。

b、以呼為主，以吸為輔。

c、停閉呼吸。

其中又分三種形式：一是吸——停——呼；二是吸——呼——停；三是呼——停——吸。

不論何種呼吸，其目的無非是加強吸氣或加強呼氣的生理作用。呼吸的節奏變化，可使五臟六腑有規律的收縮和舒張，從而產生眞氣。長吸主要是

興奮交感神經，產生以應激效應爲主的臟腑之氣；長呼主要是興奮副交感神經，產生以鬆弛效應爲主的臟腑之氣。眞氣的產生靠呼吸的調節，眞氣的運行也靠呼吸的頻率快慢、氣流量的大小、速度的快慢來調節。頻率大、流量大，眞氣產生就快；反之，眞氣產生就慢。

（３）以意識引氣運行

意識對元氣的控制可根據不同的姿勢，而分爲動態意守和靜態意守二種。靜態意守的特點是意識集中在某一事物上。此類功法的目地在於以意念作爲衝動信號。激發特定的部位，假如能使經絡興奮便產生經氣，使臟腑興奮便產生臟腑之氣等。再如默唸法，以默唸的衝動信息，興奮了大腦中樞的相關部位，其中意守強度的大小、時間的長短與眞氣的產生和運行是呈正向關係的。

（４）元氣的作用

首先，氣是人體生長發育，各臟腑組織，經脈的生理活動及血液運行、津液輸送的動力。其次，氣使人體能保持正常體溫以禦寒。由於氣的溫煦作用，可使機體抵禦外邪侵入。最後，氣具有生化作用，它是臟腑活動的能力，又爲精、血、津液之間互相作用的動力。氣功的調節作用是在運動中進行，是通過氣機的升降、開合運動實現的。在進行調節運動中，其方式是經常變化的，它可以在個體中間進行，也可在與外界交換能量、物質、信息的開放條件下進行，「氣」它可在經絡中運行，也可作爲媒介促進機體的調節運動。總而言之，氣在人體內部（內氣）運行中，對人體起調節和溝通作用，將營養物質運送到人體各部分中去。

（三）氣功與陰陽五行學說〔註26〕

1. 氣功與陰陽學說

《素問‧四氣調神大論》中說：「陰陽四時者，萬物之終始也，死生之本也，逆之則災害生，從之則苛疾不起。」人體各部分功能、作用如同一小天地，互相聯繫而構成一不可分割的大系統。人體必須與此天地大系統處於同步化，方能健康長壽，否則便會發生多種疾病。所以《素問‧生氣通天論》說：「陰平陽秘，精神乃治；陰陽離決，精氣乃絕。」說明健康的身體是陰陽平衡的狀態，而死亡則是陰陽離散的結果。陰陽代表著事物的兩個不同方面，

〔註26〕同上註，參見沈福道、張德福：《氣功健身指南》，頁 69～82，117，299～301。

它們既對立又統一，相互依存，互相消長，且只有保持陰陽平衡時，人才能健康長壽。這些基本法則也成功地指導著氣功的理論及實踐活動。

（1）循時間節律變化而練功

以中醫陰陽學說來衡量自然界四季氣候變化規律，則春夏爲陽，秋冬爲陰。所以《素問‧四氣調神大論》中說：「春夏養陽，秋冬養陰。」只有使陰陽無損，才能相生相長。爲治療疾病而練功者，也應遵循此原則來選擇功法。如陽虛病人宜在春夏之季練功，以採天地陽和之氣，以補虧虛的陽氣；而陰虛病人，在秋冬之季練採氣功法，可獲滋陰潛陽的效果。按照季節選擇功法的原則，即在於補其不足，瀉其有餘。

在一個晝夜時間內練功，一般應安排在六陽時（子——巳時）爲宜，而很少安排在六陰時內（午——亥），因清氣爲陽時所主，濁氣爲陰時所主。行納氣法時多在六陽時，因爲早上空氣較新鮮，很少環境污染。而六陽時納氣又多以寅卯二時最好，但仍應結合人體生理變化與病情而論。一般情況下，肺經有病者以寅時練功較好，因寅時係肺之主時，其經氣最旺盛，對驅邪外出有利，且肺主一身之氣而與大腸相表裡，其氣互通，肺氣爲太陰主氣，功能主收斂，可緩慢地吸收外界能量，而清晨 3～5 時是自然之氣，正是少陽初昇的狀態，此時練功有利於氣的攝取和積蓄，肺金充足，有利於腎水的生成，除對練功有利外，更可充分地調動人體元氣。由季節而言，春夏調陰爲宜，肺爲臟屬陰，寅時可調「陰分」；秋冬屬陰，以調陽爲宜，大腸爲腑屬陽，在卯時練功能調「陽分」。

古人將練功最佳時間訂在子時是有科學道理的，此時「地氣」可由直線從腳下或會陰直接往上衝過百會穴，對人體內磁場的有序化鍛鍊極爲有利，所以練功要多採用坐或站式，有利於吸收地氣和加強人體場的有序化。練功應在土地上，不應在水泥地上，同時要穿布鞋或打赤腳練功，否則不利於磁力線的垂直穿過，氣感產生慢且作用差。相反的午時地球表面磁場強度達到最高點，但由於受太陽粒子流的衝擊，使其處於無序狀況，此時就不練功。子時開始點火生陽，此時卦象爲復卦，係「子時一陽生」，此時練靜功亦容易生效，且夜深人靜，噪音干擾、環境污染相對減少，行深呼吸對人體最有利，但動功則不宜。氣功家多認爲「六陽時」易使眞氣積聚於丹田部位，一旦丹田之氣充盈，就易使氣機發動而運行於任督。然而「六陽時」只佔一晝夜之一半時間，且子時是睡眠最好時光，且對工作、勞動和學習的人十分不便，

故提出「活子時」、「活午時」的練功法。即練功不必拘泥晝夜時辰，只要功後出現氣感，即可作爲「活子時」而「引氣」、「行氣」以通「周天」。但「活子時」的練功效果與子時練功效果比較仍要差些。

（2）練功需按疾病陰陽屬性進行

一般認爲動功屬陽，靜功屬陰。中老年人進入衰老期後，各臟器組織多發生實質性的變化，加上體力衰退，多表現腎氣衰敗的陰虛症，所以多練偏靜的內功。中醫認爲人類的疾病表現形式是多種多樣的，但均可以八綱加以概括。八綱爲：陰陽、表裡、寒熱、虛實，均可以陰陽加以概括。其中表、實、熱屬陽，裏、虛、寒屬陰。依據此一理論，練功者必本「寒者熱之，熱者寒之，虛者補之，實者瀉之」的原則進行。「調息」是氣功學中的基本方法。中醫理論說，濁氣爲陰，清氣爲陽。而氣功理論也認爲「鼻吸清氣爲陽，口吐濁氣爲陰」吐濁納清的交替進行，使得陰陽升降出入有序，從而使臟腑、經絡、榮衛之氣的運行合乎生理之要求，使疾病祛除。由整體觀考慮，氣功的陰陽屬性，涉及到調節人體功能和構成形體的功能、代謝的同化和異化過程，以及調節神經系統、內分泌系統和免疫系統的各種活動，所以練功必循陰陽學說方能收效。

作爲一種醫療方法，氣功是根據人體生理、病理，結合中醫辯證論治進行的。同一種功法中，不僅男女有別，在不同生理、病理狀態下，其作用也不同。對於虛證而言，應以「內視」爲主，固密心志，神不亂泄；對於實證病人而言，宜採用氣功按摩或導引，以散發之動功以瀉之。通常手心向上爲補，手心向下爲瀉。俯爲陰勢而入陽氣，仰爲陽勢而入陰氣。

（3）氣功與五行學說

五行學說認爲，任何一個臟器組織的生理活動，都是整體生理活動的一個組成部分，它既影響其他藏器組織，而其他臟器組織的變化也必然影響到它。它們間無不存在著相互資生和相互制約的關係，同時任何一個臟器組織的活動，都與外界環境有著一定的聯繫。從陰陽學說與五行學說的作用而言，在對人體的生理、病理、診斷、治療的闡述中，陰陽學說的概括性較高，原則性較強，而五行學說的概括性較具體，個別性較大。

「三調」是練功基本原則，其中也融匯了大量的五行學說內容。在調意方面，古人用五行屬性比較五臟的屬性指導氣功鍛鍊，如「六字訣」中的呬屬肺金（金生水），吹屬腎水（水生木），噓屬肝木（木生火），呵屬心火（火生土），呼屬脾土（土生金），嘻屬三焦而調達氣脈。在調身方面，如五禽戲

用五行學說指導姿勢的鍛鍊，如虎練骨，腎主骨，生髓，健骨益腎；鹿練筋，肝主筋，能增進運動機能，舒肝理氣；熊練肌肉，脾主肌肉，可改進脾胃運動功能，營養臟腑，增強肌力；猿練神，心主血脈，藏神，能疏通血脈，提神氣；鶴練氣，肺主氣，外合皮毛，有提高肺呼吸功能，固肌表的作用。在姿勢的編排和功理的闡述中，無不與五行學說緊密聯繫。

依五行學說進行辨症認治，是一項重要原則。如肝鬱脾虛症，可選擇養氣健脾的功能，使脾旺自不被肝所乘。肝陽上亢，可選擇意守湧泉的功法以滋水潛陽，湧泉為足少陰腎經上的穴道，腎主水，水生木，木屬肝，水足則肝陽自然平抑。另外，五行與武術之動作：木為伸展，火為向上，土為持平，金為收斂，水為向下。

（四）「內氣」的作用機制與治療作用

氣功的醫療健身作用，已為無數的事實所證明。其作用機制的揭示，將為氣功治病防衰、延年益壽提供科學的根據，為人們由實際需要出發，因人選功提供了條件。

1. 對大腦中樞的作用與治療

練功能改善大腦中樞的機能狀態，它可使腦電波的頻率減慢、波幅增大、節律穩定。由於大腦皮層的主動抑制，使腦功能得到調整，所以練功後精神穩定集中，工作效率提高。練功可提高人體抗高血壓的妨礙所導致的許多疾病，如不良精神情緒的干擾，腦血管狹窄，血氧通道障礙而致供血和供氧減少，甚至出現缺氧現象，此種現象會使大腦有序化程度降低。通過對練功者進行生物電測試，練功對神經系統有較強的調節作用，通過「三調」的鍛鍊，可使肌肉、關節、組織放鬆，呼吸勻細深柔。意識單一化，心平如鏡，精神恬靜，唯存真氣。此時可使交感神經興奮性減弱，副交感神經興奮性得到加強，心率變慢、血壓下降、耗氧減少，血中氧含量升高，體內儲能性的生理活動加強，機體的血液循環改善，經絡暢通，營養物質能源源不絕輸送至身體所需部位，使病變部位或組織能得到調整。全身機能的改變又可反作用於大腦，而使其更能發揮調節全身之作用。這些是使許多中老年人記憶不衰的重要原因，對學生而言，練功後學習成績明顯提高。

2. 對呼吸系統的作用與治療

練功者的肺泡通氣量、氣流成份發生變化，膈肌的活動幅度增加，吸氣

時胸膜腔的負壓加大，從而對肺、心起了良好的按摩作用，且使肺活量增大
而有效改善氣喘、支氣管炎、肺氣腫的呼吸道疾病，亦可改善由冠狀動脈粥
樣硬化而產生的冠心病之症狀。（冠心並可致血管狹窄或閉塞而引起之心肌缺
血、缺氧）

3. 對消化系統的作用與治療

中醫認爲脾胃爲後天之本，脾胃的功能強弱與人體的體質、疾病的預防
關係十分密切。練功中經呼吸的調節，使膈肌的活動幅度加大，對胃腸擠壓
作用加強。由於有節律的呼吸運動，使膈肌的活動幅度也呈一定的節律性，
對胃腸的擠壓作用類似於良好的按摩。對胃腸蠕動波形的加大，腸鳴音的加
強，肌張力的提高，使胃腸的排空功能加強，有利於飲食物的消化和吸收，
使胃腸功能紊亂、便秘、消化不良症者得到有效的治療。此外練功還可改變
消化系統的生化物質。通過呼吸的調節，還可改變交感和副交感神經的興奮
性，對疾病起了有效地治療作用。當副交感神經興奮時，唾液的分泌量大增，
而意守丹田又可使迷走神經的作用得到增強，作用於肝細胞後可使膽汁分泌
量增加。膽紅素有利於飲食物的消化和吸收，練功可使膽紅素的分泌增加。
同時亦可使血液中的紅細胞和血紅蛋白數有增加，有補氣健脾作用。氣功特
定的呼吸運動，有補益肝腎，調和氣血，補氣健脾的作用，脾旺則不受肝之
邪，則肝病自癒。肝鬱血瘀是肝病本質，活血化瘀是其治療大法，如此可改
善肝內血液循環，抑制炎症，促進結締組織的吸收，可消除病因及誘發惡化
的因素，並減輕肝臟負擔。練功由於飲食的增加、吸收能力的加強，有機體
的營養和免疫力得到提高，中老年練功後，可使退化或已退化的消化功能得
到恢復，從而提高其抵禦疾病的能力。

4. 對免疫系統的作用與治療

對於癌症的防治，是當前醫學界的艱鉅任務，每年死於癌症的人愈來愈多，
儘管醫學技術有了發展，但對此病的治療，目前仍主要依賴於外科手術和放射
線治療等，各國開始紛紛嘗試免疫療法，而氣功鍛鍊可提高機體的免疫力，有
效防癌及抗癌。練功可增強自然細胞與吞噬細胞的活力，使細菌病毒的感染受
到限制，可使未成熟的細胞得到正常發育而減少致癌因素。由臨床觀察看，氣
功還可使癌症患者的食慾增強，睡眠改善，對正進行放射、化療的病人，其症
狀的改善尤其明顯。由於長時期的放射或化療會使病人的白細胞和血小板減
少，而通過一定時期的氣功治療以後，可使其逐漸恢復到正常。

5. 對機體生化物質的作用

通過耐糖量的實驗測定還發現，練功者在服糖以後便進入氣功狀態，此時血糖含量的峰值低於非氣功態，其血糖曲線的恢復時間也縮短，這些很可能與肝糖元合成加速、分解減少有關，提示氣功有興奮迷走神經——胰島素系統，而抑制交感神經——腎上腺和垂體——腎上腺系統的作用，而能防治糖尿病。研究還證實練功後唾液中鉀、鈉離子含量，均顯著低於生理狀態時含量。由於氣功「內氣」可推動氣血在經絡中迅速更新，所以使各臟腑組織的需差量及時得到補充，促進了脾、胃生津化液的能力，這有利於機體提高防禦外邪侵襲的能力。

6. 其　他

練靜功中由於耳不外聽而精歸於腎，兩目垂簾，不運視而魂歸肝，如此可使精足而肝目得到滋養。加之全身的放鬆和運氣致目，可收到疏通經絡，使晶狀形體發生形變，促使視器官內部的血液循環，改善其內部功能，使視力得到恢復和調整。除此，氣功對許多中老年疾病都有一定預防與治療作用。如對運動系統的肩周炎、腰腿痛、痺症以及對更年期綜合症、臟器下垂，血液系統疾病，內外婦科疾病等均有一定預防與治療作用。

二、太極拳

武術在我國有著非常悠久的歷史，並產生了很多著名的武術家，創造了各式各樣不同的拳術種類，而太極拳就是其中之一。早期稱"長拳"、"綿拳"、"十三勢"、"軟手"等。"太極"一詞源出《周易‧繫辭》：「易有太極，是生兩儀。」含有至高、至極、絕對、唯一之意。兩儀，即陰陽，太極之理即陰陽相互對立、相互統一、相互轉換之理。太極拳即以此解析拳理。關於太極拳的起源，眾說紛紜，有幾種不同說法：（一）唐朝許宣平或李道子所傳（二）宋朝武當道士張三豐所傳（三）明朝張三豐所傳（四）明初河南溫縣陳家溝陳氏始祖陳卜所創（五）清乾隆年間王宗岳所創（六）太極拳為明末清初河南縣陳家溝陳氏九世陳王廷所創。此拳主要來源有三：1. 吸收明朝流行拳法和戚繼光的三十二式長拳 2. 融合古代道家養生修煉術和經絡學說 3. 結合古代的陰陽五行學說等創編而成。

太極拳在陳家溝世代相傳，陳氏子孫婦孺皆知，老幼皆練。傳至陳氏十四世陳長興時（1771～1853）時，始傳外姓楊露禪。此後，太極拳從陳家溝

一地一族的小範圍傳向各地，演變出許多與陳氏太極拳特色有異的流派，主要有楊氏、武氏、孫氏、吳氏等多種。在詹明樹之《武術太極拳》碩士論文中，〔註27〕將現今之太極拳分五個主要內容，其中太極拳之原理已於前簡述及，以下分別再根據其論文闡述其他四者：

（一）太極拳內功

所謂"內功"泛指注重於人體內部機能（意念、氣息、臟腑、經絡、血脈等）鍛鍊，以求"內壯"為主要目地的功法。太極拳結合古代的導引（以意導氣，俯仰屈伸以運功肢體）和吐納（腹式深呼吸運動），在鍛鍊時要求意識、呼吸和動作三者密切結合為整體，達到"以意導氣，以氣運形"內外一致的協調行動，促使體質增強，勁力漸長的目的，可謂之"內功拳"。一般太極拳內功鍛鍊，可由靜坐、站樁或盤架入手。

（二）太極拳架勢（套路）

武術中所有手法、手型、步法、步型以及腿法，總稱為"架勢"，也就是姿勢和動作的意思。演練架勢可說是武術運功的重要形式，目的是將基本綜合於人體做整體的技術表現，一般也稱為"套子"或"套路"。以太極拳套路而言，例如有陳氏太極拳的炮捶、趙堡架、楊氏老架108式、吳氏快拳、鄭子37式、競賽套路42式等，有很多各流派傳習的太極拳套路或太極拳架勢。

（三）太極拳推手

推手是雙人徒手練習或對抗的太極拳運動。其主要是透過兩人的相互搭手，根據「連、黏、隨」、「不丟不頂」、「無過無及」、「隨屈就伸」的原則，既要化解對方的推逼，保持自身穩定，又要乘勢破壞對方的平衡，使其傾倒或將其推出。而推手的練習可加深對拳法的領會，提高人體的靈敏、速度和力量等素質。並有助於鍛鍊皮膚觸覺，提高皮膚的感知能力，特別能訓練中樞神經系統的綜合分析，判斷能力及應變能力，既可將練拳時得來的勁力認真地運用在推手之中，同時又可檢驗拳架的正確程度，便於改正、充實打拳之架勢。〔註28〕因此對拳架的鍛鍊和研究是提高推手技術的基礎和前提，也才符合"拳架為體、推手為用"的練拳原則。

〔註27〕 參見詹明樹：《武術太極拳》（臺北：國立體育學院教練研究所，1990年碩士論文）頁6～9。

〔註28〕 參見康戈武：《中國武術大全》（臺北：五洲出版社1991年出版），頁675。

（四）太極拳器械

　　器械也就是手的延伸，也就是器械的技術要建立在拳術的基礎上。目前太極拳的器械有太極劍、太極刀、太極槍、太極扇、太極棍、太極棒等。

　　關於太極拳的特性，詹明樹以太極拳總會（民 73）編纂《太極拳圖解》中所提最為完整而詳盡，其歸納如下：〔註29〕

　　第一個特性：心靜神怡的意氣運動。

　　第二個特性：身肢放長的鬆柔運動。

　　第三個特性：順逆纏絲的螺旋運動。

　　第四個特性：立身中正的虛實運動。

　　第五個特性：腰脊領先的整體運動。

　　第六個特性：一氣呵成的連貫運動。

　　第七個特性：能柔能剛的特性運動。

　　第八個特性：可快可慢的對應動作。

　　第九個特性：以輕制動的槓桿運動。

　　第十個特性：自體如一的和諧運動。

（五）太極拳內容豐富，其功效呈多元性

　　詹明樹在《武術太極拳》碩士論文中根據各家說法整理如下：〔註30〕

1. 太極拳對人體各器官系統的生理作用有

　　（1）鍛鍊神經系統，提高感官功能。

　　（2）有助於心臟、血管和淋巴系統的健康。

　　（3）增強呼吸機能、擴大肺活量。

　　（4）促進消化功能和體內物質代謝。

　　（5）加強肌肉、骨骼和關節的活動。

　　（6）暢通經絡。

　　太極拳對心臟、精神、體力、睡眠與食慾都具有顯著療效，太極拳有助於體液免疫水平之提高，促進免疫功能正常化。

2. 增進體能

　　太極拳可促進心肺功能、肺活量及身體柔軟度，也可降低脂肪比率及改

〔註29〕參見詹明樹：《武術太極拳》，頁 11。
〔註30〕註同上，頁 13。

善體組成，太極拳訓練可增加在最大運動時的攝氧量、工作率，且可降低次最大運動時之心率。

3. 健康心理

太極拳蘊含中國傳統哲學中的養生思想、倫理觀念，注意內外兼修，融健身與修性於一體。研究顯示太極權具有促進放鬆，減低心裡焦慮的效果，對減低「攻擊性敵意」方面及壓力知覺之「特質生氣」方面具有顯著效果。對終日處於忙碌、緊張、壓力生活下，極須身心疏解的現代人而言，太極拳無疑是一帖良藥。

4. 禦災防身

打太極全能協助老年人保持平衡，減少跌倒的危險，而不致於讓脆弱的骨骼骨折。太極拳由於經常意識性的拳式訓練，可養成快速感應與反射，身手靈活一欲外力襲擊或其他意外危險發生，即可自動避重就輕而免去災害。太極拳之身手變化莫測，其剋敵制寇，貴在智取，不用力敵。

《太極圖》以黑爲陰，以白爲陽，黑白環依，相抱不離。所謂"孤陰不生，孤陽不長"。太極由陰陽二氣相合而成，卻又相互消長，相互轉化，萬物都包含此理。在太極拳中，表現爲動靜、剛柔、虛實、開合等對立統一狀態，如太極陰陽之循環不息，深具意義。另《太極圖》外呈環狀，此環置於平面爲圓形，運轉於空間則成球體，呈環形無端之像，意指圓滿。在太極拳中體現爲動作圓活，著著不離弧形，勢勢都呈圓像，使整套動作圓轉連貫，一氣呵成。而且，《太極圖》雙魚環依之像，恰如練習太極拳推手時，兩人雙搭手之形。練習中雙方臂膀組成環狀不斷變化，彼進我退，彼伸我屈，正符合太極陰陽相互消長，交替變化之理。

中國武術是中華民族身體文化的一個突出表現，而太極拳又爲武術中一門內涵極爲豐富的學問。它由強身、體健、祛病、延年，逐步過渡到防身、應敵、制人、取勝，最後上昇至修心、養性、怡情、悟道，它融會了中國的哲學、醫學、兵法、技擊、教育、美學等等，充分展現了人體文化中獨特的民族文化特徵。

第四節　情緒養生

首先先談情緒與五臟及氣、血之關係，次談心主神明，最後方及情緒養

生之方法。

一、情緒與五臟及氣、血之關係

　　《素問‧天元紀大論》：「天有五行禦五位，以生寒暑燥濕風；人有五臟化五氣，以生喜怒思憂恐。」《素問‧靈臺祕典論》云：「心者，君主之官也，神明出焉。肺者，相傅之官，治節出焉，肝者，將軍之官，謀慮出焉。膽者，中正之官，決斷出焉。……。脾胃者，倉廩之官，五味出焉。……。腎者，作強之官，伎巧出焉。」五臟各有所思，《素問‧陰陽應象大論》云：

　　　　肝……在志爲怒；心……在志爲喜；脾……在志爲思；肺……在志爲憂；腎……在志爲恐。

情緒失常便會影響五臟運作而生病，《靈樞‧本神》云：「是故怵惕思慮者則傷神，神傷則恐懼，流淫而不止。因悲哀動中者，竭絕而失生；喜樂者，神憚散而不藏；愁憂者，氣閉塞而不行；盛怒者迷惑而不治；恐懼者，神蕩憚而不收。」《素問‧陰陽應象大全》云：「人有五臟化五氣，以生喜、怒、悲、憂、恐。」因此情緒與五臟之氣有密切關係，《素問‧舉痛論》又云：「百病生於氣也，怒則氣上，喜則氣緩，悲則氣消，恐則氣下……驚則氣亂……思則氣結。」血氣相互資生，互相影響，《素問‧調經論》：「血氣不和，百病乃變化而生……血有餘則怒，不足則恐……。」氣血爲情緒變化的基礎，血氣調和，情緒即能保持穩定，也就不易生病了。因此氣血、五臟與情緒彼此之關係是相互影響、系聯的。

（一）心主神明

　　《素問‧宣明五氣篇》云：「五臟所藏，心藏神……」，《素問‧靈蘭祕典論》云：「心者，君主之官，神明出焉。」所謂「神」在《內經》中有三種涵義：〔註31〕

　　1. 是指人之精神意識活動：包含神、魂、魄、意、志、思、慮、智等，《靈樞‧本神》云：「故生之來謂之精，兩精相搏謂之神，隨神往來者謂之魂，並精而出入者謂之魄，所以任物者謂之心，心有所憶謂之意，意之所存謂之志，因志而存變謂之思，因思而遠慕謂之慮，因慮而處物謂之智。」且分藏於五

〔註31〕　參見張德湖：《黃帝內經——養生全書》十冊之一，《君主之官——心的保健》冊，頁8～14。

臟，《靈樞·本神》云：「肝藏血，血舍魂……脾藏營，營舍意……心藏脈，脈舍神……肺藏氣，氣舍魄……腎藏精，精舍志。」而其所有精神意思思維活動，又統屬於心，由神支配。

2. 是指人之情志活動：即《內經》所指之喜、怒、憂、思、悲、恐、驚七情，七情又分屬五臟，心在志為喜，肝在志為怒，肺在志為悲、憂，脾在志為思，腎在志為驚、恐。情志活動雖分屬五臟，但統於心，因此心在七情致病過程為主導，故《靈樞·口問》云：「心者，五臟六府之主也……故悲哀愁憂則心動，心動則五臟六府皆搖。」

3. 指神情氣色：《素問·六節藏象論》云：「心者，生之本，神之變也，其華在面，其充在血脈。」指出心與面部神情氣色之關係。神氣衰弱則外表精神萎靡不振，兩眼無神；神氣充沛則精神振奮，氣色佳，兩眼有神。

二、情緒養生之方法

因此如何保持心情愉快穩定，不為七情所傷，亦為養生之重要一環。以下提出幾點情緒養生之方法：

1. 寡欲虛靜，順應四時

過多的慾望會影響心情，唯有少私寡欲，方能保持心靈的清明澄澈；且應順應四時以調養情志。

2. 休閒娛樂，調劑身心

工商業社會，忙碌緊張，因而產生許多身心疾病，甚至免疫失調引發癌症。唯有適時放鬆，安排適當休閒娛樂，運動如打球、跑步、游泳、打羽球、網球等或瑜珈、氣功、太極拳、舞蹈等，其他如獨自或找三五好友、或與家人結伴看電影、郊遊、飲下午茶等，或看電視、聽音樂、泡溫泉，點精油、指壓等亦可適時舒緩調劑精神。獨處能使心思清明，不受干擾；與家人或好友則能吐露心事，分享情緒或增加彼此交流與親密，以滿足人際同屬或親蜜之需求。

3. 樂觀積極，知所進退

培養樂觀積極之正確人生態度，順應天地，合於數術，知所進退。

4. 人際和諧，正確兩性

應培養開朗的人生觀與心胸，懂得為他人著想，不孤獨自閉，唯有良好

的人際關係，方能保持愉快情緒，二者互爲關連，也才能擁有健康的身心；培養正確兩性觀念，知道與異性相處之道，不爲情感所傷，掌握命中正確有益桃花，才能擁有美麗的愛情，帶來幸福美麗愉悅的人生，而美滿的婚姻生活，更能促進健全的身心。

第五節　小　結

　　吾師賴貴三教授於《孔孟月刊》第四十卷第五期〈孔子的《易》教（一）—孔子與《周易》關係的歷史說明〉中，歸結認爲「孔子的《易》學觀，由早期的卜筮政教，轉變成德義哲學。君子既要守道，又必須溝通天人；既要修德，還得明數」，而按象數學的說法，理與氣需透過象數，藉由可知可感的形象與度量，把握抽象之理。易學中本有象數之說，而中國醫學理論亦得象數學的滋潤，豐厚其理論體系。在人體科學中，對於人之各種信息的預測，無論是用四柱預測法，抑是八卦預測等方法，皆是以陰陽變化爲原皆是以陰陽變化爲原理，五行生剋制化爲法則。本章將象數學以經絡、穴道，飲食與運動、情緒來表達其養生之道。至於術數部分之養生則置於此章附錄。

附錄壹：前　導

　　本附錄壹分爲二部分，一爲數術與方技，二爲河洛理數。

一、數術與方技

　　古代數術方技之學都是以天學爲背景，其中又以數術與天文曆算之關係最直接，李零將數術視爲「對大宇宙（macro-cosmos），即天道或天地之道的認識」；方技則是「對小宇宙（micro-cosmos），即生命、性命或人道的認識」，而方技可視爲是對數術的複製，〔註32〕人體內陰陽二氣的調和相同於天地間的陰陽消長，由此可見，掌握了數術之學，方技之學也可依樣畫蘆。伏羲觀天地、山川、鳥獸之文，近取諸身，遠取諸物，畫陰陽兩儀，兩儀生四象，四象生八卦。八卦原本即用以占卜定吉凶，以爲決疑，趨吉避凶。兩儀即爲陰陽思想。關於五行來源必以洪範五行爲最先，惟據史記五帝本紀云：「炎帝欲侵陵諸侯，諸侯咸

〔註32〕參見李零《中國方術考》（北京：東方出版社，2000 修訂本），頁 19。

歸軒轅。軒轅乃修德振兵，治五氣……。」王肅曰：「五氣，五行之氣。」可知黃帝之世已有五行觀念，褚少孫補史記曆書曰：「黃帝考定星曆，建立五行，起消息。」又史記天官書：「天有五星，地有五行。」至尙書洪範篇首次出現水、火、木、金、土五行名稱之記載。至戰國時，鄒衍將陰陽與五行二種觀念合而為一，以五行相勝論創造五德終始，自此陰陽五行成為一種正式學說，後世因而稱鄒氏為陰陽家之祖。〔註33〕「數術」一般又稱「術數」二者可通用。西漢成帝河平三年（26B.C）校理國家圖書，召由光祿大夫劉向校「經傳、諸子、詩賦」、步兵校衛任宏校「兵書」，太史令尹咸校「數術」、侍醫李柱國校「方技」，並由劉向總其成。每成一書，劉向輒條其篇目，撮其要旨，作〈敘錄〉一篇以進。此為「數術」一詞做為圖書分類的濫觴。然向未完成而卒，哀帝使其子歆承續父業，總理群書而奏《七略》，其中即有「數術略」一目。《七略》雖已佚，班固刪其要以成《漢書・藝文志》，於「數術」下分列「天文、曆譜、五行、蓍龜、雜占、形法」六子類。其中「天文」與今日自然科學之「天文學」不可等同，而近於「占星」之學，而「曆譜」也非今日所通稱的「曆法」一詞可概括。於其六類書目後所下之跋語，如「天文二十一家」後，班固云：「天文者，序二十八宿，步五星日月，以紀吉凶之象，聖王所以參政也。」；於「曆譜十八家」後，班固云：「曆譜者，序四時之序，正分至之節，會日月五星之辰，以考寒暑殺生之實。故聖王必正曆數，以定三統服色之制，又以探知五星日月之會。凶阨之患，吉隆之喜，其術皆出焉。此聖人知命之術也。」可知其具有推測吉凶禍福之旨趣。《四庫》列數學、占候、相宅相墓、占卜、命書相書、陰陽五行六類，已不見與天學相關之「天文、曆譜」去掉天文曆法後，術數範圍縮小許多，但相對於術數，五行範圍則放大許多。《隋書・經籍志》下列天文、曆數、五行、醫方，其中五行之範圍已擴大至除了五行本身外，尚包括卜筮、形法、雜占等其他內容。至《宋史・藝文志》五行隨著式占、雜占、風水、命書、相書而大增，此處之式占與戰國時期真有操作物不同，起天盤、定地盤在干支五行體系中即可完成。〔註34〕至《通志・藝文略》五行類內容更趨瑣碎駁雜，如相字、相印、勘輿、登壇、宅經、葬書等，此時五行其實即為今日吾人所認知中術數內容。〔註35〕由前述演變過程可見，術數與五行越至後，逐漸淪為民間「奇技

〔註33〕 參見羅桂成：《唐宋陰陽五行論集》（臺北：文源出版社，1992年。）頁4～7。
〔註34〕 其法參見《御定六壬直指》（海口：海南出版社，2002年）。
〔註35〕 參見宋會群《中國術數文化史》（開封：河南大學出版社，1999），頁19～22。

淫巧」之小道，與天學漸行漸遠，古代陰陽家直承天學之本質逐漸消亡。「術」、「數」此二字在早期數術與晚期數術中也有很大不同，「術」原本指觀象後的步天術、曆術、算術，後專指一般之占卜術；「數」原指戰國時期，天文曆數，後則演變爲命理中之氣數與命數。戰國時期一方面因戰事之頻繁，對占星擇日之數術需求益大；一方面因爲隨著天學的日益發展，由實際天象的觀測轉至虛擬天象的封閉演算，是必然趨勢，系統化、精密化的數術之學由此產生，此時的方技之學也吸收了數術之宇宙論，並藉著模仿數術而使得方技自身也得以建立其自身的系統性，天道與人體的同構感應在此完成。

二、河洛理數

　　包括河圖、洛書，六十甲子、六十甲子納音表，《內經‧素問》之「五運六氣」年上起月表，日上起時法，十天干生旺死絕表，神殺。

（一）河圖、洛書

　　關於「河圖」、「洛書」有種種神奇傳說。《水經河‧水注》：「粵在伏羲，受龍馬圖於河，八卦是也。……後堯壇於河，受《龍圖》，作《握河記》，逮虞、舜、夏、商咸亦受焉。」《尙書‧帝命驗》：「河龍圖出，洛龜書感，赤文篆字，以授軒轅。」相傳我國原始社會氏族部落領袖伏羲時代，有龍馬出自黃河，背負「河圖」；有神龜出自洛水，背負「洛書」，伏羲得到後，即根據「河圖」、「洛書」上之陰陽點而畫八卦。所以有《易經‧繫辭上傳‧第十章》：「河出圖，洛出書，聖人則之。」在宋以前，很少《易》家談及「河圖」、「洛書」之事，其風潮起於宋朝。〈第九章〉：「天一，地二、天三、地四、天五、地六、天七、地八、天九、地十。天數五、地數五，五位相得而各有合。天數五、地數五，五位相得而各有合。天數二十有五，地數三十。凡天地之數五十有五，此所以成變化而行鬼神也。」此言河圖之象與數。「河圖」中之白點代表陽，黑點代表陰。即一、三、五、七、九是奇數爲陽，稱天之象；二、四、六、八、十是偶數爲陰，稱地之象。此天地之數各自相合，正是五十有五。天地之數五十有五，不僅是八卦的大衍之數，而且也是合爲五行之數。及一六合，居北爲水；二七合，居南爲火；三八合，居東爲木；四九合，居西爲金；五十合，居中爲土。本陰陽二氣之交感鼓盪，化生天地萬物分屬五行而化育萬物。王德薰於《山水發微》一書中言：「河圖之數，爲何以一數代水？二數代火？三數代木？四數代金？五

數代土？此亦五行之理。蓋水火皆爲氣，木金土皆爲質也。水最清而內明，故居於一。火次清而外明，故居於二。木柔而體清，故居於三。金堅而體重，故居於四。土則最廣大，故居於五。五者有生有成，生者在前，成者在後。故自五以後，一得五成六，二得五成七，三得五成八，四得五成九，五得五成十。而六七八九十又回復成水火木金土矣…。」〔註36〕

至於「洛書」，宋人其「其四十五個黑白圓圈的出處」，無非是按照鄭玄之《乾鑿度》「戴九履一，左三右七，二四爲肩，六八爲足」造出的，也與後天八卦相合。

以下分別介紹五行學說、十天干及十二地支：

1. 五行學說

（1）五行學說起源、特性與生剋

五行學說認爲，採取取象類比之方法，將需要說明的事物或現象，分爲五類，將具有相似屬性的事物或現象，分別歸屬於五行之中，並在五行屬性基礎上，運用五行規律解釋和說明事物或現象的聯繫與變化。

「木」具有生發，條達的特性；「火」具有炎熱，向上的特性；「土」具有長養，化育的特性；「金」具有堅硬，收殺的特性；水具有寒冷，向下的特性。五行學說最早見於《尚書‧洪範》：「水曰潤下，火曰炎上，木曰曲直，金曰從革，土愛稼穡。」五行之間存在著相生相剋的規律，因此生剋即爲五行學說用以概括和說明事物聯繫和發展變化的基本觀點。相生，含有互相滋生，促進助長之意；相剋，含有互相制約、克制，抑制之意。五行相生：木生火，火生土，土生金，金生水，水生木。五行相剋：木剋土，土剋水，水剋火，火剋金，金剋木。在相生的關係中，都有生我，我生兩個方面之聯繫及陰陽之分，生我者爲父母，爲印；異性相生爲正印，陽生陰，陰生陽是也，如讀書、教學、官印等，同性相生爲偏印如才藝等、技術等；我生者爲子孫，爲食神；異性相生爲傷官，同性相生爲食神；剋我者爲官鬼，異性相剋爲正官，同性相剋爲偏官，正官主循規蹈矩，偏官主橫衝莽撞，不守法紀，對女性而言，既是官星又是丈夫；我剋者爲妻財，異性相剋爲正財，同性相剋爲偏財，對男性而言，既代表錢財，也代表妻子；比肩爲兄弟，爲同學、同事，異性相剋爲劫財，爲年少之弟妹，異性相剋爲比肩，爲年長之兄姊。相生相

〔註36〕王德薰：《山水發微》（臺北：文武有限公司，1976年再版），頁52。

剋，像陰陽一樣，是事物不可分割的二個方面，沒有生就沒有事物的發生和成長；沒有剋，就不能維持事物在發展和變化中的平衡和協調。所以沒有相生就沒有相剋，沒有相剋即無相生。此種生中有剋，剋中有生，相反相成，互相為用的關係，推動和維持事物正常生長、發展與變化。五行如太過，往往易折；生剋中不只存著順逆，如旺剋衰，強剋弱，有時也會出現逆剋，衰剋旺，弱剋強之現象，如土旺木衰，木受土剋等。

（2）五行長生帝旺、旺相休囚

木長生在亥，帝旺在卯，死在午，墓在未。火長生在寅，帝旺在午，死在酉，墓在戌。金長生在巳，帝旺在酉，死在子，墓在丑。水土長生在申，帝旺在子，死在卯，墓在辰。運到長生帝旺之地，主人創新，旺盛，有進財生子升官之慶；運至死庫之地，主人骨肉分離，身經禍患。

春木旺，火相，土死，金囚，水休。夏火旺，土相，金死，水囚，木休。秋金旺，水相，木死，火囚，土休。冬水旺，木相，火死，土囚，金休。如春季起得震卦，震為木，卦旺為吉；起得坤卦，坤為土，為死地，不吉。

2. 十天干

（1）十天干與其陰陽五行、方位、季節

甲、乙、丙、丁、戊、己、庚、辛、壬、癸。先言者為剛為陽，奇數為陽，故甲、丙、戊、庚、壬為陽，乙、丁、己、辛、癸為陰。甲乙同屬春、東方木，甲為陽木，乙為陰木；丙丁同屬夏、南方火，丙為陽火，丁為陰火；戊己同屬長夏、中央土，戊為陽土，己為陰土；庚辛同屬秋、西方金，庚為陽金，辛為陰金；壬癸同屬冬、北方水，壬為陽水，癸為陰水。

（2）十干配外五行內五行

十干配身體、臟腑：甲為頭、為膽，乙為肩、為肝，丙為額、為小腸，丁為齒舌、為心，戊己鼻面、戊胃，己脾，庚為筋、為大腸，辛為胸、為肺，壬為脛、為膀胱，癸為足、為腎。前為身體，後為臟腑，後者單數為腑，雙數為臟。

（3）十天干化合

甲己合化土，乙庚合化金，丙辛合化水，丁壬合化木，戊癸合化火。在《山水發微》中，提及：「此十干化合之理，說者認為各以本干起子，從辰而化。甲己起甲子，順數至辰，得戊辰，戊為土，故甲己化土。乙庚起丙子，順數至辰，得庚辰，庚為金，故乙庚化金。丙辛起戊子，順數至辰，得壬辰，

壬爲水，故丙辛化水。丁壬起庚子，順數至辰，得甲辰，甲爲木，故丁壬化木。戊癸起壬子，順數至辰，得丙辰，丙爲火，故戊癸化火。其所以從辰之天干而化者，因辰屬龍，龍善變，所以馮辰則化。此說固有理，但非其根源。十干化合，乃因河圖變體而來之理數。河圖之數，水土本同根，天地與人身，其初本是水，漸凝成土，前已言之矣。水土既同根，則有易位之理，一六易五十居中宮，而五十居一六之位，於是河圖一六壬癸水，變爲五十坤艮土，由是南北相對合成二十四點，東西相對亦合成二十四點。此二十四之數，不止應一年有二十四節氣，地有二十四方向，人身左右有二十四經脈，背脊並項共有二十四骨節，一日有二十四小時，而且十干化合之理數，亦因此而定。試將十天干以流行之序，配河圖變體之數，則甲一、乙二、丙三、丁四、戊五、己六、庚七、辛八、壬九、癸十。於是甲一己六居中宮，得中央五十合成之數，減十得五，五爲土，所以甲己化土。戊五癸十居北，得北方一與六合成之七數，七爲火，所以戊癸化火。丙三辛七在東，得東方三八合成之十一數，減十得一，一爲水，所以丙辛化水。丁四壬九居西，得西方四九合成十三之數減十爲三，三爲木，所以丁壬化木。乙二庚七在南，得南方二七合成之九數，九是金，所以乙庚化金。假如水土不易位，則甲一己六在北，當化爲火，而其何以化土？則因水土易位之理也。」〔註37〕滴天髓先賢任鐵樵註：「十干合則化，化必得五土而後成，五土者辰也（由子至辰爲第五位屬土），辰居春（夏曆三月），春在三陽，生物之體，氣闢而動，動則變，變則化矣。且十干之合，至五辰之位，則化氣之元神發露。故甲己起甲子，至五位逢戊辰而化土；乙庚起丙子，至五位逢庚辰而化金，……。此相合相化之眞源，近世得傳者少，只知道馮龍而化，不知道逢五而化。」〔註38〕此說亦可引爲參考。

3. 十二地支

五行從八卦淵生，干支自五行變成，五行分爲陰陽而形成十天干，十天干再經脫遁潛藏之關係而形成十二地支，干本爲幹，如木之有幹，有幹則必有枝，故十二枝，則由幹而生也。其中變化複雜奧妙，但有其規則可循。

十二地支名爲月，故《爾雅釋天》中有：「歲陰者，子、丑、寅、卯、辰巳、午、未、申、酉、戌、亥。」

〔註37〕王德薰：《山水發微》，頁56～58。
〔註38〕見吳俊民：《命理新論》上冊（臺北：新店自印，1997年10月16版），頁17。

（1）十二支之陰陽及配五行、方位、四季、臟腑

子、寅、辰、午、申、戌爲陽，丑、卯、巳、未、申、酉、亥爲陰。寅卯爲東方木，寅爲陽木，卯爲陰木，以下同，單爲陽、雙陰爲；巳午爲南方火，亥子爲北方水，辰戌丑未四季土。辰、戌、丑、未在每一季度之最後一月，固爲四季月。寅卯辰爲春，巳午未爲夏，申酉戌爲秋，亥子丑爲冬。寅爲膽，卯爲肝，巳爲心，午爲小腸，戌辰胃，丑未脾，申大腸，酉肺，亥腎，子膀胱。

（2）十二地支代表之支數、生肖、月份、時辰

子——鼠 1、農曆十一月、23～1 時

丑——牛 2、農曆十二月、1～3 時

寅——虎 3、農曆一月、3～5 時

卯——兔 4、農曆二月、5～7 時

辰——龍 5、農曆三月、7～9 時

巳——蛇 6、農曆四月、9～11 時

午——馬 7、農曆五月、11～13 時

未——羊 8、農曆六月、13～15 時

申——猴 9、農曆七月、15～17 時

酉——雞 10、農曆八月、17～19 時

戌——狗 11、農曆九月、19～21 時

亥——豬 12、農曆十月、21～23 時

因北斗星斗柄指在寅位，所以正月建寅。

（3）十二地支化合

子丑合化土，寅亥合化木，卯戌合化火，辰酉合化金，巳申合化水，午未合化土。王德薰在《山水發微》中說：〔註39〕「地球自轉，且循一定之軌道，向東繞太陽旋轉。自轉一周爲一晝夜，繞太陽旋轉一周則爲一年。若循地球運行之軌跡，等分爲十二，以子丑寅卯辰巳午未申酉戌亥十二支代之，並以子始於北，其節氣爲冬至，則丑爲大寒，寅爲雨水，卯爲春分，辰爲穀雨，巳爲小滿，午爲夏至，未爲大暑，申爲處暑，酉爲秋分，戌爲霜降，亥爲小雪。其每運行一等分則爲一月，十二等分運行周遍，則爲一年矣。又以北極星爲之 A 爲圓心，其衛星 B 爲半徑作一圓形，仍以十二等分以十二支代之，則地球向東運行至丑位，其太陽所示之節氣爲冬至，而北極星之 AB 線，其時則正止於北方

───────────

〔註39〕 王德薰：《山水發微》，頁 58～65。

之子，於是丑子交會而合矣。地球運行至寅位，其時為雨水，北極星之 AB 線則指於亥，於是寅亥交會而合矣。地球運行至卯，其時為春分，北極星之 AB 線則指於戌，於是卯戌交會而合矣。地球運行至辰位，其實為谷雨，……，於是辰酉交會而合矣。……是丑子交會而合矣。至此地球已運行一周，是一年之告終也。……。蓋天地交會，其五星七政之序，為土木火金水，故子丑交會屬土，寅亥交會屬木，卯戌交會屬火，辰酉交會屬金，巳申交會屬水。其序正如五星之序，午屬日，未屬月，則為太陽太陰二天之自相配也。」

（4）十二支三合局、三會方

申子辰合化水局，亥卯未合化木局，寅午戌合化火局，巳酉丑合化金局。關於「三合局」之說，如《淮南子・天文訓》所云：「木生於亥，壯於卯，死於未，三辰皆木也。火生於寅，壯於午，死於戌，三辰皆火也。土生於午，壯於戌，死於寅，三辰皆土也。金生於巳，壯於酉，死於丑，三辰皆金也。水生於申，壯於子，死於辰，三辰皆水也。故五勝一，壯五，終九。」三合之成局，是以五行所壯之辰為基準，往後推四，各得所生與所終之辰。如將十二支周流為一圓形，取任一五行相應之生、壯、終，連合其點，即成一三角形，後世言「三合」者即指此。

關於「三會方」，則係將十二支依所屬四季畫出四等分，對應之四季屬性即是。

冬：北方，水，亥、子、丑。春：東方：木，寅、卯、辰。
夏：南方，火，巳、午、未。秋：西方：金，申、酉、戌。

（5）十二支相衝、相害、相刑

子午相沖，丑未相沖，寅申相沖，卯酉相沖，辰戌相沖，巳亥相沖，相沖實為對沖。在八卦圖上是處互對位置，如卯木在東，酉金在西，卯酉沖等。

子未相害，丑午相害，寅巳相害，卯辰相害，申亥相害，酉戌相害。其原理是由「六沖」與「六合」而來，「沖」我「合」者，即謂之穿害。

子刑卯，卯刑子，為無禮之刑；寅刑巳，巳刑申，申刑寅，為恃勢之刑；丑刑未，未刑戌，戌刑丑，為無恩之刑；辰午酉亥為自刑。

（二）六十甲子、六十甲子納音表（見附表 5-6-1，六十甲子納音表）

1. 六十甲子〔註40〕

〔註40〕以下資料參見鄺芷人：《陰陽五行及其體系》（臺北：文津出版社，1998 年），

天干（幹）地支（枝）相傳是四千六百餘年前黃帝時代所創。陰陽五行作爲一種系統性的思想，在利用干支紀年後更具規模。最先創十干以記日，如甲日、乙日、丙日等，十二地支以記月，例如子月、丑月、寅月等。單憑天干、地支無法分辨時日，因此將天干地支配合而成六十甲子，逐日按照「六十甲子」順序更番循環使用，至今已歷數千年，歷代均由欽天監從時推定，頒佈曆書，以爲根據。現行萬年曆即是繼承此種傳統而來。我們欲知每日屬何干支，最簡便的方法，就是查萬年曆。商代已使用六十甲子紀日，由商代卜辭可見，如己酉卜，桼年，有足雨（前 4.40.1）。關於天干地支之意義，史記中之律書及白虎通等均有記載。史記律書從曆法的角度論將十二支視爲一年十二個月中植物發展的一般情形，將這些規律又建立在地球繞太陽的運行而產生的四季氣候。寅月植物芽經上引，卯月冒土而出，辰月由萌芽而振發，由初苗而至青苗，巳月萬物完全長成，午月逐漸開花，未月結出果實而有滋味，申月的果實逐漸發育完備，酉月則果實成熟，戌月果實熟而掉落，亥月則萬物活力雖然衰弱，但生機蘊藏於內，子月表示生機重新活動，丑月嫩芽已藏在種子殼中，等待破殼而出。

2. 六十甲子納音

陳搏曰：「天干始於甲而終於癸，河圖生成之數也；地支起於子而終於亥，洛書奇偶之數也。陽自復始，六變而乾陽備，陰自姤始，六變而坤陰成，合二六之數而爲十二辰也。夫甲丙戊庚壬陽幹也，子寅辰午申戌陽支也；乙丁己辛癸陰幹也，丑卯巳未酉亥陰支也。法以陽幹配陽支，陰幹配陰支，猶木之有幹而有枝，自甲子爲首，以六甲五子次第推排，而盡於癸亥。仍以幹支本數而計其成數，總其成數幹枝若干，然後以五數除之，遇其有剩者約之，以生五行之音，是爲六甲納音。聖人推之以入用，以分金六十位，定布於二十四位。以正五行爲各宮之主。以六甲大五行爲緯，察其分金胎養衰死之氣，定其孤虛旺相之卦。內有戊己爲龜甲空亡，甲乙爲補接之空，以是消息陰陽，凡立葬乘氣，定命納音，皆宗乎此。」〔註41〕

明‧萬民英在《三命通會》云「甲子乙丑，何以取象爲海中之金，蓋氣在包藏，有名無形，猶人之在母腹也。壬寅癸卯，絕地存金氣，氣尚柔弱，

頁 191～197。

〔註41〕 明‧萬民英：《三命通會》（臺北：武陵出版社，2004 年四版三刷），頁 29～30。

薄若繒縞，故曰金箔金。庚辰辛巳，以金居火土之地，金尚在鑛，寄形生養之鄉，受西方之正色，乃曰白臘金。甲午乙未，則氣已成物，質自堅實，混於沙而別於沙，居於火而煉於火，乃曰沙中金也。壬申癸酉，氣盛物極，當施收斂之功，穎脫鋒銳之刃，蓋申酉金之正位，干值壬癸，金水淬礪，故取象劍鋒，而金之功用極矣。至戌亥則金氣藏伏，形體已殘，鍛煉首飾，已成其狀，藏之閨閣，無所施為，而金之功用畢，故曰庚戌辛亥釵釧金。壬子癸丑，何以取象桑拓木，蓋氣居盤屈，形狀未伸，居於水地，蠶衰之月，桑枳受氣，取其時之生也。庚寅辛卯，則氣已乘陽，得栽培之勢力，其為狀也，奈居金下，凡金與霜素堅，木居下得其旺，歲寒後凋，取其性之堅也，故曰松柏木。戊辰己巳，則氣不成量，物已及時，枝葉茂，鬱然成林，取木之盛也，故曰大林木。壬午癸未，木至午而死，至未而墓，故楊柳盛夏葉凋，枝幹微弱，取其性之柔也，故曰楊柳木。庚申辛酉，五行屬金，而納音屬木，以相剋取之，蓋木性辛者，唯石榴木，觀他木至午而死，惟此木至午而旺，取其性之偏也。戊戌己亥，氣歸藏伏，陰陽閉塞，木氣歸根，伏乎土中，故曰平地木也。丙子丁丑，何以取象澗下水，蓋氣未通濟，高斷非水流之所，卑濕乃水就之鄉，由地中行，故曰澗下水。甲寅乙卯，氣出陽明，水勢恃源，東流滔注，其勢浸天，故曰大溪水。壬辰癸巳，勢極東南，氣傍離宮，火明勢盛，水得歸庫，盈科後進，乃曰長流水也。丙午丁未氣當升降，在高明火位，有水沛然作霖，以濟火中之水，惟天上乃有，故曰天河水。甲申乙酉，氣息安靜，子母同位，出而不窮，汲而不竭，乃曰井泉水。壬戌癸亥，天門之地，氣歸閉塞，水歷遍而不趨，勢歸乎寧謐之位，來之不窮，納之不溢，乃曰大海水也。戊子己丑，何以取象霹靂火，蓋氣在一陽，形居水位，水中之火，非神龍則無，故曰霹靂火。丙寅丁卯氣漸發輝，因薪而顯，陰陽為冶，天地為爐，乃曰爐中火也。甲辰乙巳氣形盛地，勢定高岡，傳明繼晦，子母相承，乃曰覆燈火也。戊午己未，氣過陽剛，重離相會，炳靈交光，發輝炎上，乃曰天上火也。丙申丁酉氣息形藏，勢力韜光，龜縮兌位，力微體弱，明不及遠，乃曰山下火也。甲戌乙亥，謂之山頭火也，山乃藏形，頭乃投光，內明外暗，隱而不顯，飛光投乾，歸於休息之中，故曰山頭火也。庚子辛丑，何以取象壁上土，氣居閉塞，物尚包藏，掩形遮體，內外不交，故曰壁上土。戊寅己卯，氣能成物，功以育物，發於根荄，壯於萼蕊，乃曰城頭土也。丙辰丁巳，氣已承陽，發生已過，承其未來，乃曰沙中土也。庚午辛未，氣當

承形，物以路彰，有形可質，有物可彰，乃曰路傍土也。戊申己酉，氣已歸息，物當收斂，歸縮退閑，美而無事，乃曰大驛土也。丙戌丁亥，氣成物府，事以美圓，陰陽歷遍，勢得其間，乃曰屋上土也。……。」〔註42〕六十花甲子表，它既是人體陰陽五行之氣，又是時間、空間方位的信息號誌；同時亦為人身體好壞、命運好壞的信息號誌；既是人體陰陽五行之氣旺弱，又為陰陽五行生剋制化的信息號誌。總之，人的一生中，各種信息都儲存在人出生時間的天干地支中。六十花甲子表用途很廣，人的出生年、月、日、時中天干地支排列，就是由表中查出。（見附表 5-6-1）表中分為水、火、木、金、土五行，即是將在六十年中出生的人，按水火木金土分為五種類型的命。表內每兩年為一個年命。如一九二四年、一九八四年（甲子年），一九二五年、一九八五年（乙丑年）生的人，皆為「海中金」命，簡稱「金命」之人。其他命如表所示，六十年一周期，周而復始。

我們考察五行之間的生剋關係，特別對相剋，一定得具體分析、對待與釐清。如火剋金，但「海中金」在海底，「沙中金」在沙裡，火即不易剋金。有的金不但不怕火剋，反而喜火；如「劍鋒金」即喜火煉之，因為其唯有透過火的熔煉才能成為利劍。「白臘金」是蠟燭上的金，最易被火剋之。「海中金」、「沙中金」雖不易被火剋，但其也怕「霹靂火」，因「霹靂火」可打入很深的海底。金剋木，但柱中木多反喜金來制，又衰金無法剋旺木。木若逢旺金則為不利。在一般情況下，「大林木」、「平地木」不易受金剋之，但木最怕「劍鋒金」，因「劍鋒金」是成器的金。

木剋土，柱中土多土旺，喜木疏洩，否則無法育穡，但木衰土旺，不能剋土；木旺土衰，則必受其剋。在一般情況下，土最易受「大林木」、「平地木」剋，「壁上土」、「大驛土」不易受木剋。

土可以剋水，水多土旺喜土圍堵，可以灌溉良田，滋潤萬物，但衰土難剋旺水。若水衰土旺，必受其剋。水怕土剋，「天河水」、「大海水」不但不怕土剋，土還難以剋住，因水在天上，土在地下，「大海水」水大而猛，土難以剋住。

水可以剋火，火多火旺喜水剋制，火旺水衰，不怕水剋，水旺火衰，必受其剋。在一般情況下，「天上火」、「霹靂火」不易受水剋制。「霹靂火」不但不怕水剋，反而在雨天更旺更厲害，還可潛入海底行剋。

〔註42〕註同上，頁 35～37。

　　陰陽五行相生相剋，對人之一生當然有重大決定之影響，生多者為吉，剋多者為不利。但在處理人與人之間的關係時，當然是年命相生為佳，若二人遇年命相剋時，既要看其剋性大小和能剋住，還要視雙方四柱排列組合，相生相制和相合等，不能一見年相剋即視為不合。

　　六十花甲子表，不僅是人體信息的號誌，也是自然界萬物萬事興衰的信息標誌，對一個國家來說也是如此。像一九九一年是「路旁土」年，其年命是土命，其年干支辛未是金土，土剋年干上的金，但金生水，路旁土又無法剋住金水，所以一九九一年夏季，金剋木，森林遭到濫墾濫伐，水土不調，發生了嚴重水災。像一九八八年是「大林木」年，年命是木命，其年干支戊辰是土，是木剋土，此為年命自行相剋，所以一九八八年各種天災人禍較多，這是因為木命之年，自剋戊辰太歲之土，土受傷，如母有病而無法生育一樣。又土受剋而傷，水無制。因此形成莊稼長不好，或被水淹，糧食收成欠佳。根據「地母經」中記載情形來看，國運的好壞，有一定的循環規律，有些災害屆時會重演，只不過性質不同而已，因此國家的運氣也和個人一樣，也有好有壞，而且有一定規律。據此，我們對六十年花甲子表若能進行深入研究，特別是每年的自然災害等災情提前測出，若有水災，提前做好防洪準備，有旱災提前修好水庫，有地震提前作好防震安全措施，便能大大減少人力物力的損失。〔註43〕

（三）《內經‧素問》之「五運六氣」〔註44〕

　　「五運六氣」是一種從氣象而建立的一套醫學病理的理論，此為中醫的理論基礎。「五運六氣」論認為氣候變化會直接影響至人體健康。漢代的人以為氣象的變化是有規律性的，且能藉著建立一種「氣象曆」而申明此種規律性。「氣象曆」的建立一方面是與天文學不可分（因為天體的運行會影響氣象），另一方面，「氣象曆」是採用干支及干支紀年法作為推論氣象變化的符號語言。《黃帝內經》裡有下列七篇文章，其主題是涉及五運六氣說的：天元紀大論、五運行大論、六微旨大論、氣交變大論、五常政大論、六元正紀大

〔註43〕以上舉例及原則來自劉瀚平：《生活易經》（臺北：希代出版社 1995 年），181～190。

〔註44〕以下資料來源見鄺芷人：《陰陽五行及其體系》（臺北：文津出版社，1998 年），頁 277～333。關於其驗證實例請參閱黃惠棻：《內經運氣醫學現代觀的研究》（臺中：私立中國醫藥學院中國醫學研究所，1990 年碩士論文），頁 24～29。但個人之實證則尚在進行中。

－264－

論、至眞要大論。此七篇大論，可言爲陰陽五行思想在醫學氣象方面的應用，其中是非曲直頗值得現代人由現代的觀點加以徹底研究，進而評估其得失。

1. 五運：從天干分析一年氣候之特徵

關於一年氣候之特徵，不妨名之爲「歲運」，內經素問認爲「歲運」可從干支紀年的天干所屬之五運來分析。〈天元紀大論〉篇謂：「帝曰『願聞五運之主時也何如？』鬼臾區曰『五氣運行，各終朞日，非獨主時也』。……臣聞之：甲己之歲，土運統之；乙庚之歲，金運統之；丙辛之歲，水運統之；丁壬之歲，木運統之；戊癸之歲，火運統之」「五氣運行」簡稱「五運」。「朞日」指一年三百六十五日，「各終朞日」謂每一主歲之運（歲運）影響一年之氣象。五運以五行之木火，各運依其五行屬性而表現一年氣象的總特徵。例如 2003 年歲次癸未，則其歲運爲火；2004 年歲次爲甲申，歲運屬土；2005 年歲次乙酉，歲運屬金。於是此三年氣象之主要特徵便可由其五行屬性來確定。關於此問題，可見於「金匱眞言論」、「陰陽應象大論」、「六節藏象論」、「藏氣法時論」等篇，其主要關係或從屬可見〔見附表 5-6-3〕。《素問》在討論氣象特徵時，是由五運的「太過」與「不及」來分析，並指出這些氣候與疾病之關係。其論點主要見於「五常政大論」、「六元正紀大論」及「氣交變大論」三篇。

（1）歲運過於旺盛的年份及其現象

五運過於旺盛的年份稱之爲「太過」，此是指干支紀年中，其年干屬爲陽干，即甲、丙、戊、庚、壬五天干的值年干而言。關於五運值年天干屬陽之種種現象，〈素問〉之「氣交變大論」篇有詳細論述。現舉木火二運來說明其要義：

（a）木運過於旺盛的年份

《內經》將此種情形稱爲「歲木太過」。其現象是：「帝曰：『五運之化，太過何如？』歧伯曰：「歲木太過，風氣流行，脾土受邪。民病飧泄、食減、體重、煩冤、腸鳴、腹支滿，上應歲星。甚則忽忽善怒，眩冒巓疾。化氣不政，生氣獨治，雲物飛動，草木不寧，甚而搖落，反脅痛而吐甚。衝陽絕者，死不致，上應太白星」由〔附表 5-6-2 五行及其從屬〕可知木運太過之年爲「壬」年，五行屬木，其在五氣之從屬爲風，因而壬年爲風氣太過之年，其結果是：「歲木太過，風氣流行」。由於五行有相剋的關係，木剋土，土受強木所剋，而土於五臟爲脾，故「脾土受邪」，病患有食慾不振，身體活動欠靈活，心煩燥，腸鳴腹脹等現象。歲木過旺，相應於五星的天文現象爲木星特別明亮，地上的草木也會因強風而搖落。盛極必衰，強金便會出現。

（b）火運過於旺盛的年份

〈素問〉說：「歲火太過，炎暑流行，肺金受邪。民病虐，少氣咳喘，血溢血泄注下，嗌燥耳聾，中熱肩背熱，上應熒惑星。……收氣不行，長氣獨明。雨水霜寒，上應辰星」依照五運原則，火運過旺年份乃陽火之年，即戊年，其結果是：在氣候方面炎熱；在人體方面，由於火剋金，強火剋伐金氣，而金氣於五臟為「肺」，「肺」受強金所剋，故謂「肺金受邪」，人體便亦患呼吸困難，咳嗽，氣喘等與呼吸系統有關之疾病。此外由於暑氣流行，也會使咽喉乾燥、吐血、耳聾、胸熱、肩背發熱等。在天象方面，熒惑星為火星，故為「歲火太過」之年，火星特別明亮。火氣盛極必反，水能制火，於世有雨水霜寒的現象出現；在天象則水星顯得特別明亮。例如戊子、戊午、戊寅、戊申等年份均為「歲火太過」之年。

（3）其　他

除了木火二運太過外，其他土、金、水的「歲運太過」之年份也可同理來做推演。土運過旺之年，在氣候方面便表現出多雨水而且潮濕（土的氣候屬性為濕，故稱濕土）。在五行關係上，土剋伐水，而水於五臟為腎。強土伐腎水，故於「土運太過」之年份，易患與腎水有關之疾病。

「金旺太過」之年（庚），由於金氣於氣候方面屬燥，故於此時氣候乾燥。在五行上金剋伐木，而五臟肝屬木，因此人們易患脇痛及腹痛。在五臟方面，目從屬於木，故「金運太過」之年人們易患眼疾。同理，水運過旺年份（丙），寒氣特別顯著。由於水剋火，五行的火於五臟為心，雇水運太過之年，人們易患心疾，如心煩躁、心悸、心痛等。在天象方面，水運太過，上應水星特別明亮。水運太過而衰，因土運而制之，於是大雨霧濃，土星明亮等現象便相繼出現。

（2）歲運不及的年份及其現象

「歲運不及」乃只值年的天干為陰干，也就是具有乙、丁、己、辛、癸五個天干的年份。「不及」相對於「太過」而言。故若以「歲氣旺盛」來解釋歲運「太過」，則歲運「不及」當指「歲氣過弱」，也就是在干支紀年的系統中，由陰干所表示的不足之五行屬性，來判斷該年的氣候特徵及由此而引起的一些疾病情形：

（a）木運不足的年份

所謂木運不足的年份乃只天干為「丁」的年份。「氣交變大論」謂：「歲

木不及，燥乃大行，生氣失應，草木晚榮。肅殺而甚，則剛辟著，柔萎蒼乾，上應太白星。民病中清，胠脅痛，少腹痛，腹鳴溏泄。涼雨時至，上應太白星，其穀蒼……」「木運不足，金氣大行」由於金（尅）勝木，當木氣衰弱之際，金氣便不必消耗力量，因此可制勝木氣，金氣無所洩，故金氣乃大行。另一方面由於木氣不相應於時節，農作物該生長而不生長，該成熟而不成熟。金氣表示肅殺，柔嫩的幼芽枯萎，青綠的枝乾毀。在天象方面，金星特別明亮；在疾病方面，人們易患胠脅與腹痛腸鳴等疾。

（b）火運不足的年份

不足的火運之年是天干屬「癸」的年份。「氣交變大論」篇謂：「歲火不及，寒迺大行，長政不用，物榮而下，凝慘而甚，則陽氣不化，迺折榮美，上應辰星。民病胸中痛，脅支滿，兩脇痛，膺背肩胛間及兩臂內痛，鬱冒矇昧，心痛暴瘖……。」火氣不足則尅火的水氣可保其元氣，故寒（水）乃大行。火氣代表溫熱，火氣不及故溫軟暖不足，無發用功能，因而植物不茂盛。在天象方面水星特別明亮。如此歲氣，人們易患胸痛，脇痛、背、肩胛肩痛、臂痛、心痛、聲音沙啞等現象。

（c）其　他

五運中之土運、金運及水運不及時，也可依照同樣道理。就「歲土不及」的年份來說，由於木尅土，而木於氣候爲「風」，因而「歲土不及，風迺大行」，結果植物枝葉雖華貌，卻秀而不實，不結果實。人們易患霍亂、腹痛、筋骨肌肉酸痛，情緒易怒等疾病。「歲金不及」的年份，由於火勝金，故火氣盛行，全年氣溫較常態時爲炎熱。溫熱使植物生長繁茂。在天象則火星（熒惑星）特別明亮。人們易患感冒，大便下血等疾病。「歲水不及」則尅水的土氣流行，土氣在天氣方面之屬性爲「濕」。水氣屬寒，「歲水不及」則全年氣溫不寒冷，但卻潮濕（土）。因此植物生長快速，溫熱多雨。在此種情形下，人們易患風濕、瘡瘍等疾。

2.　六　氣

（1）六氣的意義

《內經‧素問》的氣象理論，除了上述之五運系統之外，尚有六氣的系統。六氣是指風、寒、暑、濕、燥、火。狹義的六氣乃指大氣的六種性質，廣義則可指六種氣象。五運六氣的理論是建立氣候變化與病理的關係，故《內經‧五運行大論》也探討此方面之關係：「帝曰：『寒、暑、燥、濕、風、火，

在人合之奈何？其餘萬物何以生化？」歧伯曰：「東方生風，風生木，木生酸，酸生肝，肝生筋，筋生心。……」帝曰：『病生之變何如？』歧伯曰：『氣相得則微，不相得則甚』歧伯以爲「氣相得」之時，人雖病，也只是輕微而已，若「不相得」，則其疾會重。

（2）六氣與地支

爲了要從干支紀年的地支推算氣象，遂配以氣象屬性。由於地支之數十二，故每二支配六氣中之一氣。「五運行大論」謂：「子午之上，少陰主之；丑未之上，太陰主之；寅申之上，少陽主之；卯酉之上，陽明主之；辰戌之上，太陽主之；巳亥之上，厥陰主之」厥陰少陰及太陰合稱三陰，而少陽、陽明及太陽合稱三陽。至於三陰三陽與六氣的關係，則見於「天元紀大論」：「厥陰之上，風氣主之；少陰之上，熱氣主之；太陰之上，濕氣主之；少陽之上，相火主之；陽明之上，燥氣主之；太陽之上，寒氣主之。所謂本也，是謂六元。」關於地支與三陰三陽及六氣間的組合，見〔附表 5-6-3〕，由此可見六氣配地支所表示的五行關係與一般情形有顯著之不同。

（3）各季節的常態規律

「六氣系統」也包含對每年各季節的氣候變化之一般規律，一般將此種規律稱爲「主氣」，此乃相應於「五運系統」中的「主運」。將一年分爲六季，也可名爲「六氣」，即初氣、二氣、三氣等，每步爲六十日又八十七刻半。由於一年有二十四個節氣，即合四個節氣爲一步。初氣由大寒經立春、雨水、驚蟄到春分。二氣由春分經清明、穀雨、立夏到小滿。三氣由小滿經芒種、夏至、小暑到大暑。四氣由大暑經立秋、處暑、白露到秋分。五氣由秋分經寒露、霜降、立冬到小雪。終氣由小雪經大雪、冬至、小寒到大寒。此即爲「六微旨大論」篇所謂：「六十度而有奇，故二十四步積盈百刻而成日也」二十四步就是四年，由於每年日行三百六十五‧二五度，即盈二十五刻，四年共盈百刻爲一日。因此若依刻度計算，六氣從一刻開始，要經過四年的終氣才止於百刻，顧若以刻度計算，六氣的百刻循環以四年爲週期。

由〔附表 5-6-4，六步的時節及其概況〕可見在六氣系統中，將一年分爲六個時段，稱爲六氣。初氣爲厥陰風木，這是說以其氣候的特色風（木）來表示。二氣爲少陰君火，氣候溫暖爲其特色。三氣爲少陽相火，天氣酷熱。四氣爲太陰濕土，濕氣盛行。五氣爲陽明燥金，氣候乾爽。終氣爲太陽寒水，冰雪嚴寒。

（4）年氣候的循環

由〔附表 5-6-3，地支，三陰三陽及六氣之關係〕可知「六氣」原理的第一種規則，即是氣候每年一大變，六年爲此種變化的週期。此種變化的規律若由亥年起算，則每逢亥年（乙亥、丁亥、己亥、辛亥、癸亥）便是厥陰風木之年。每逢子年（甲子、丙子、戊子、庚子、壬子）爲少陰君火之年。丑年（乙丑、……）爲太陰濕土之年。其餘可依〔附表 5-6-3〕類推。到巳年爲另一循環的開始，爲厥陰風木之年。在此規律下，六氣變成爲六年一循環的各年候之特徵。例如二○○一年爲壬午年，其年氣後特徵可用少陰君火來表示，氣候較爲溫熱；二○○二年爲癸未年，太陰濕土爲整年氣候的特徵，整年氣候較濕潤，雨量較其他年爲多份，二○○三年爲甲申年則以少陽相火爲該年氣候的特徵，該年氣候較其他年爲酷熱，年平均溫度較高。在此種情形，疾病亦依照其所屬的五行而受到影響，此種主歲之氣稱爲「歲氣」。〔附表 5-6-3〕所列出有關各年氣候之特徵，在六年一循環的週期中，是依照三陰三陽的屬性變動的。陰氣分爲厥陰、少陰及太陰，其中厥陰謂陰氣在三陰中爲最弱，太陰則陰氣最強。陽氣的強弱依太陽、陽明、少陽排列。

（5）季節氣候的變異性

《內經·素問》從六氣原理分析季節氣後的變化時，另提出三個概念來強調六氣間之差別，即所謂「司天」、「在泉」及「左右間氣」。「司天」一詞有三義，其一是「司天」之氣指一年氣候的總特徵。其二是就半年氣候之特徵來說，當「司天之氣」與「在泉之氣」並列時，前者表示上半年氣候之特徵，後者爲下半年氣後之特徵。「司天」、與「在泉」之氣是陰陽對應的。也就是說，若司天爲一陰（厥陰），則在泉爲一陽（少陽）；同理，若司天之氣爲二陽（陽明），則「在泉之氣」爲二陰（少陰），其餘類推。「司天之氣」的第三個意議事作爲一年六步之一，六步中各有所司令的氣（六氣），即所謂司天、在泉及左右寺間氣。「五運行大論」篇謂：「歧伯曰：『所謂上下者，歲上下見陰陽之所在也。左右者，諸上見厥陰，左少陰右太陽。見少陰，左太陰又厥陰。見太陰，左少陽又少陰。見少陽，左陽明又太陰。見陽明，左太陽右少陽。見太陽，左厥陰右陽明，所謂面北而命其位，言其見也』」此處「上下」乃指「司天之氣」及「在泉之氣」，司天之氣有左右二間氣，在泉之氣也有左右之間氣。例如，若厥陰爲司天之氣，則其左方爲少陰，右方爲太陽。若少陰司天，則其左方爲太陰，右方爲厥陰。同理，若少陽司天，則其左爲

陽明，其右爲陽明等，此爲面向北方而定位左右方的。此是說明司天之氣與左右二方的六氣關係。又說：「歧伯曰：『厥陰左上則少陽在下；左陽明右太陰。少陰在上則陽明在下，左太陽又少陽……所謂南而命其位，言其見也』」。這裡一方面指出「司天之氣」及「在泉之氣」的位置，另一方面又指出「在泉之氣」與左右間氣的情形。例如，若厥陰司天則少陽在泉，而「在泉」的左方爲陽明，右方爲太陰。司天，左泉及其左右間氣的位置關係可見〔附圖5-6-1〕。六氣原理中對年氣候的變異性稱爲「客氣」，每年亦分六步。客氣六步的初氣爲在泉的左間，二氣爲司天的右間，三氣爲司天，四氣爲司天的左間，武器爲在泉的右間，終氣爲在泉。然而由於司天之氣在六年的循環運行中每年不同，所以每年的初氣在此循環中也有不同，其他二氣與在泉之氣亦因而有變異。亦即客氣之六氣於六年循環中，每年的六步中都有變化。

（6）主氣與客氣的相互關係

若要分析六氣對人體的影響，必須先將主氣（即年氣候的一般常態變化）及客氣（年氣候每六年一週次的異常變化）二者加以綜合和比較，方能對六氣之變化作適當的判斷。首先，由於主氣總是始於厥陰風木而終於太陽寒水，客氣的初氣則危在泉的左間氣，也就是司天的前二氣（亦即以司天爲客運的三氣）。又由於司天之氣是按照子午少陰司天，丑未太陰司天，寅申少陽司天，酉卯陽明司天，辰戌太陽司天及巳亥厥陰司天爲原則，於是每年客氣之司天在泉及四間氣皆可確定。然後再以客氣之在泉的左間氣爲初氣，再依次列出客氣的六氣，便能以此之與主氣之六步之氣加以綜合比較。現在以庚午及辛未爲例：

例一：庚午年的主客之氣於六步中的關係〔附圖5-6-2〕：

庚午年爲少陰君火司天，故可知在泉之氣爲陽明燥金（二陰對應二陽）。故可得下列關係：

例二：辛未年主客之氣於六步中的關係〔圖5-6-3〕：

辛未年爲太陰司天，因司天相對在泉，故太陽在泉，其他四間氣可依次列出來，因而可知客氣的初氣爲厥陰風木。

〈五運行大論〉篇謂：「上下相遘，寒暑相臨，氣相得則和，不相得則病」「上下相遘」上指客氣，下指主氣，謂客氣與主氣相互作用，若客氣生主氣則和順、協調。反之，若不協調則有病。〈至眞要大論〉謂：「主勝逆，客勝從，天之道也」，認爲主氣剋勝客氣爲逆，而客氣剋制主氣則爲和順。至於主

氣爲相火，客氣爲君火，依〈六微旨大論〉：「君位臣則順，臣位君則逆。逆則其病近，其害速。順則其病遠，其害微，所謂二火也。這是說少陰軍火之客氣綜合少陽相火，則爲順，病疾之危害輕。但若少陽相火綜合於少陰君火，則爲逆，其病較速，非常危險。若主客二氣之五行相同，則其「氣」過於旺盛，氣候變化自然強烈，對人體影響也顯著。

3. 五運六氣之化合

（1）運氣合順之年

內經零散地講到運與氣的和順之年，和順之年氣候平和。現分別列舉如下：

（a）歲運與歲氣一致

素問將歲運之氣與司天之氣相符合的情形稱之爲「天符」，〈六元紀大論〉謂：「戊子戊午太徵，上臨少陰。戊寅戊申太徵，上臨少陽。丙辰丙戌太羽，上臨太陽，如是者三。丁巳丁亥少角，上臨厥陰。乙卯乙酉少商，上臨陽明。己丑己未少宮，上臨太陰。如是者三」由〔附表 5-6-5，五音太少相生表〕可看到戊爲太徵陽火，而從〔表 5-6-3，地支，三陰三陽及六氣之關係〕則可見子午爲少陰君火；同樣地，寅申爲少陽相火。丙爲陽水太羽，辰戌爲太陽寒水。丁爲陰木少角，而巳亥則爲厥陰風木。乙年爲陰金少商，卯酉爲陽明燥金。己爲陰土少宮，而丑未則爲太陰濕土。干支紀年中，「天符」的年份可用〔附表 5-6-6，歲次天符表〕來說明。可見所謂天符的年乃指歲運之氣與地支的司天之氣相符合而言，共十二年，此即戊子、戊午、戊寅、戊申、丙辰、丙戌、丁巳、丁亥、乙卯、乙酉、己丑及己未年。

（b）歲運之氣太過而與在泉之氣相同者

在歲運中，有些年份是屬陽年（太過）的，而且又與在泉之氣相同，內經將此類的歲次稱之爲「同天符」，此種情形共有六種，見〔表 5-6-7，同天符歲次表〕。歲運甲爲陽土太陽宮，而歲支辰的客氣在泉之氣爲太陰濕土，因而歲運與在泉之氣的五行屬性相同，而且歲干爲陽，陽性又稱太過。其餘五個歲次的情形與甲辰相若，故同爲「同天符」。

（c）歲運之氣與歲支五行之屬性一致者

內經在談及平和之氣時，有所謂「歲會」之說，這是指歲運之氣與歲支五行之屬性相同而言。「六微指大論」謂：「歧伯曰：『木運臨卯，火運臨午，土運臨四季，金運臨酉，水運臨子。所謂運會，氣之平也』，合乎「歲會」條件的年份有甲戌、甲辰、乙酉、丙子、丁卯、戊午、己丑、及己未八個年

份。其情形可用〔附表 5-6-8，歲會年份表〕展示之。此八年是平和之氣，在氣候上不會有特異的變化。

（d）歲運不及而與在泉之氣相同者：

歲運不及的陰年，但其歲運之氣又與在泉之氣一致的年份，內經稱之為「同歲會」。「六元正紀論」謂：「不及而同地化者亦三。……癸巳、癸亥、少徵下加少陽。辛丑、辛未、少羽下加太陽。癸卯、癸酉、下加少陰。如是者三。……不及而加同歲會」癸辛均為陰干，故為不及，而其歲運之氣與在泉之氣又相同者，此種情形有六，如〔附表 5-6-9，同歲會之年份〕。此是指歲運與其歲支的五行屬性相同而言。「同歲會」並非歲會之子集合，因為後者是從歲運與在泉之氣的一致性來考慮的。其考慮的理由可能是不及的均衡：歲運之氣雖有所不及，但其在泉之氣因與歲運相同而獲得補充，遂使運與氣達到均衡。

（e）既具歲會條件又屬天符的年份

內經中提及既具歲會條件，又屬天符此集合的年份，稱之為「太乙天符」或「太一天符」。「六微旨大論」篇：「『天符歲會何如？』歧伯曰『太一天符之會也』」，太乙天符是指歲運之氣與司天之氣及歲支所屬的五行屬性相同而言。滿足此些條件的年份有四：即：乙酉、戊午、己丑、及己未。在「六微旨大論」篇講及天符歲會與大一天符對疾病之影響各有不同：「帝曰：『其貴賤合如？』歧伯曰：『天符為執法，歲位（會）為行令，太一天符為貴人』。帝曰：『邪之中也奈何』？歧伯曰：『中執法者，其病速而危。中行令者，其病徐而持。中貴人者，其病暴而死』」這裡指出，在天符之年患相關之病疾，則「其病速而危」。歲會之年患相關之疾病，則「其病徐而持」。太乙天符之年患相關之疾，則「其病暴而死」

4. 運氣的生剋

歲運與歲氣之間在原則上有相生相剋及比和之關係，這包括：

（1）歲運生歲氣：如己卯、己酉，己為陰土，卯酉為燥金，土生金，故己生卯酉。而庚辰、庚戌、辛巳、辛亥、壬子、壬寅、壬午、壬申、癸未、癸丑亦然。

（2）歲氣生歲運：例如甲子、甲午。甲為陽，子午為君火。由於火生土，故子午君火生陽土，是為歲氣生歲運。此外，甲寅、甲申；乙丑、乙未（土生金）；辛卯、辛酉（金生水）；壬辰、壬戌（水生木）亦然。

（3）歲運剋伐歲氣：例如甲辰、甲戌。甲年歲運陽土、辰戌年歲氣爲太陽寒水，因土剋水，故甲土剋辰戌水。同理，乙巳、乙亥（歲運金剋歲氣木）；丙子、丙寅、丙午、丙申（歲運水剋歲氣火）；丁丑、丁未（歲運木剋歲氣土）；癸卯、癸酉（歲運火剋歲運金）等亦然。

（4）歲氣剋歲運：例如丁卯、丁酉，丁年歲運爲陰木，卯酉年歲金爲燥金。金剋木，故卯酉剋丁木。其他如戊辰、戊戌（歲氣水剋歲運火）；己巳、己亥、庚子、庚寅、庚申等亦然。

以上四種關係中，內經較注重（2）和（3）兩項，此大概即「五運行大論」篇所謂：「上下相遘，寒暑相臨，氣相得則和，不相得則病」之意。

5. 運氣的均衡

內經將運氣的均衡稱爲「平氣」，在〈氣交變大論〉、〈五常政大論〉及〈六元紀大論〉三篇中皆有論述。〈五常政大論〉篇是討論運與氣在均衡時的自然現象：「黃帝問曰：『太虛寥廓，五運迴薄，衰盛不同，損益相從，願聞平氣何如得名？何如而紀也』歧伯對曰：『昭乎哉問也，木曰敷和，火曰升明，土曰備化，金曰審平，水曰靜順』」。此處說明「平氣」一名之意義，並從五行的屬性說明在均衡條件係的情形。並以「敷和」、「升明」、「備化」、「審平」及「靜順」來形容木、火土、金、水之均衡。「氣交變大論」篇提及由五運之氣來權衡「平氣」之原則：「夫五運之政，猶權衡也。高者抑之，下者舉之，化者應之，變者復之，此生、長、化、成、收藏之理。氣之常也，失常則天地四塞矣」此處主要提出三種衡量是否均衡的狀態，不過這些方法實亦可運用於有關運與氣得均衡上。此三種權衡的方法是：

（1）「高者抑之」：此可名之爲「抑制原則」。這是說，若歲運太過，便要檢查司天之氣能否對之有抑制作用。如果有，運與氣之間便可達到均衡。例如「六元正紀」大論以庚寅、庚申爲「正商」，「商」於五行屬金，「正」當指均衡之意。庚爲陽屬金，故爲「金運太過」然庚寅或庚申年皆以少陽相火司天。由於歲氣相火剋伐歲運過旺的燥金，從而使過於旺盛的金氣達到中和或均衡。

（2）「下者舉之」：此可明知爲扶助原則。意謂倘若歲運不及，但若得到歲氣的扶助，則「不及」的歲氣便達至「平氣」。扶助原則可使歲氣生歲運，也可使歲氣比和歲運。例如癸巳年，天干癸之歲運乃少徵陰火，是屬不及。但巳年的歲氣厥陰風木，因爲木生火，故歲氣

（司天）可補充歲運陰火之不足。又例如歲次己丑，己年之歲運為陰土少宮，而其歲氣（丑）為太陰濕土，故歲運不足的陰土可因歲氣濕土的援助而獲得均衡。

（3）「變者復之」：此可稱之為勝復原則。例如己卯，己酉年，己為少宮陰土，屬於土氣不足。依照內經所謂「勝氣」原則，土運既為不及，則剋土之風木稱為「勝氣」。然而土生金，金為土之子，子報父仇，故金可克制勝氣之木。金氣在此種情形下稱為「復氣」。己卯、己酉年中，卯酉之歲氣為陽明燥金，因而歲氣金為歲運陰土之「復氣」。「復氣」金因能克制勝氣木，從而使不及之歲運達至相衡。

（四）年上起月法

甲己之年丙作首，乙庚之歲戊為頭。丙辛之歲尋庚上，丁壬壬寅順水流。
若問戊癸何處起，甲寅之上好追求。

年上起月法，就是查每一年十二個月是甚麼名稱，知道每個月的名字，即能知道每個月的月令。此為排四柱中八卦預測中的起月之法。「甲己之年丙作首」，就是逢甲年和己年時，正月的月干支是「丙寅」，二月「丁卯」，順排十二個月（見年上起月表附表 5-6-9）。如一九八四年是甲子年，一九八九年是己巳年，其年干是甲和己，故此二年之正月皆是「丙寅」月。「乙庚之歲戊為頭」，就是乙年和庚年的正月之干支是「戊寅」，二月是「己卯」，……。現排一例如下：

一九三二年二月八日寅時　壬申　癸卯　甲戌　丙寅　其年為壬申年按「丁壬壬寅順水流」，丁、壬年正月起的是「壬寅」，二月是「癸卯」，……。因為二千年來採用「正月建寅」的夏曆，所以凡甲、己之年各月必從甲子算起，以舊曆計算，則其正月必從丙加寅上算起，依序二月為丁卯，三月為庚辰，……。

（五）日上起時法

甲己還加甲，乙庚丙作初。丙辛從戊起，丁壬庚子居。
戊癸何方發，壬子是真途。

甲日或己日之名稱是由萬年曆查到，然後按查至之日子，再根據其日干來查時上之名稱。如甲、己日的子時起「甲子」即為其子時之名稱，丑時則為「乙丑」，……。「乙庚丙作初」，即為「乙日、庚日」的子時起「丙子」，

丑時是「丁丑」，……。現舉同例如下：

一九三二年二月八日寅時　壬申　癸卯　甲戌　丙寅　根據壬年，查出二月爲「癸卯」，根據萬年曆查二月初八爲「甲戌」日，根據甲日干查到子時爲「甲子」時。此日之十二個時辰名稱，即可如此順下來，或查「日上起時表」查出。

（六）十天干生旺死絕表

「十天干生旺死絕表」是以十干之時令衰旺來說明事物由生長、興旺到衰，至病死如此發展變化之全過程。此過程是事物發展的必然規律。人之出生年月日時有十天干的排列，可從十天干節令興衰的信息標誌看到和測出人之命運興衰和自然事物的興衰信息。「長生」猶如人剛出生於世，或降生階段，「沐浴」爲嬰兒降生後洗浴階段，「冠帶」爲小兒可穿衣戴帽了，「臨官」也稱「進祿」與「帝旺」都爲身旺、運氣旺之階段。事物旺後必有「衰敗」階段，故由衰至絕都爲敗地。「胎」「養」於運上多稱爲「平運」，因爲「胎」爲懷胎，「養」又稱爲「休養」。由事物發展、變化規律而言，即爲事物由生到成長、壯大，到衰敗死亡，接著又有生此一循環不已、生生不息的過程。

表中十干是指日干爲主，即本人出生之日。如甲木遇亥爲長生，遇子爲沐浴，遇丑爲冠帶……，欲辰爲衰，遇巳爲病……。也就是說甲木遇亥年、亥月、亥日、亥時都爲「長生」。相反的，甲木遇到午年、午月、午日、午時，都爲遇死地。死地多主運氣不順，或有凶災。然仍需視四柱而定。甲帝旺於卯，卯亦代表方位爲東方。甲墓在未，墓即庫，爲不吉。所以有利之事，要在有利的時間到有利的方位去辦。不利的事，在不利的時間不要辦，不要去不利的方向，即可免去意想不到的災禍。所以十天干生旺死絕表，是一趨吉避凶的信息標誌表和時間表。

（七）神　殺 [註45]

神者，吉兆也；殺者，凶惡之事。茲分別介紹於下

1. 天乙貴人

天乙貴人就是一個人出生的年月日時支中有貴人。貴人爲吉星，爲解厄、救助之星，爲吉祥之詞。四柱中有貴人吉星，遇事有人幫忙，遇危難之事有

〔註45〕以下資料參見吳俊民：《命理新論》上冊（臺北：自印，1997 年 16 版），頁109～138。

人解危，爲逢凶化吉之星。

　　甲戊並牛羊，乙己鼠猴鄉，丙丁豬雞位，壬癸兔蛇藏，庚辛逢虎馬，此是貴人方。

　　「甲戊並牛羊」，「甲」是甲年的年干，「戊」是戊年的年干，即此二年中生之人，四柱中漸有「牛、羊」即丑未，即是四柱中有貴人。丑未二字同時有，爲四柱中有二個貴人，只有其中一個，則有一個貴人。

　　2. 馬　星

　　馬星，主健跑、遷移之象。故四柱及卦爻中有馬星者，主好動、遷移之象。四柱中之馬星如落於時上，爲馬逢邊塞，軍人和經常出差者多有馬星；鎮守邊疆的將士，其馬星多落在時上。馬星不能太多，多則主奔波勞苦之象。婦女馬星多，更是身心欠安，居無定所。申子辰馬在寅，寅午戌馬在申。巳酉丑馬在亥，亥卯未馬在巳。「申子辰馬在寅」一只申、子、辰年生的人，四柱中見「寅」字爲有馬星；二指申、子、辰三日中生的人，四柱中見有「寅」字，爲有馬星。四柱中馬星又分有合有沖二種，馬星被合者，爲馬被拴住，想走走不了，此馬星有而則無；馬星如果被沖，此馬跑得更快，好像人受了刺激，不辭而別。

　　3. 咸池（桃花煞）

　　桃花主人漂亮，聰明好學，慷慨大方，風流。

　　寅午戌見卯，巳酉丑見午，申子辰見酉，亥卯未見子。以年支及日支爲主。即寅午戌年或寅午戌日生之人，四柱中見「卯」字者爲有桃花。

　　桃花又分牆內桃花，牆外桃花。年柱、月柱爲牆內桃花，日柱、時柱圍牆外桃花。牆內桃花不易被折，牆外桃花則多惹事非。

　　4. 羊　刃

　　羊刃者，爲劫殺也。羊刃劫殺，強旺太過，多主災星；但日主弱，羊刃則能幫身而重權在握。

　　甲羊刃在卯，乙羊刃在寅，丙戊羊刃在午，丁己羊刃在巳，庚羊刃在酉，辛羊刃在申，壬羊刃在子，癸羊刃在亥。以日干爲主，如甲日生人，四柱中有「卯」字者爲「羊刃」。

　　5. 十干祿

　　甲祿在寅，乙祿在卯，丙戊祿在巳，丁己祿在午，庚祿在申，辛祿在酉，壬祿在亥，癸祿在子。祿者，福祿也，食祿也。有祿者，福之徵也。祿以日

干爲主。

6. 華　蓋

即「華蓋星」，主聰明好學，多才多藝，氣傲性孤。或信佛、道等教，喜卜觀象學之類；但若四柱組合欠佳如刑沖剋害等，則主出家。

寅午戌見戌，巳酉丑見丑，申子辰見辰，亥卯未見未。「寅午戌見戌」即寅年、午年、戌年三年中生的人，四柱中又建「戌」字者，爲有華蓋。或寅、午、戌三日中生的人，柱中又見「戌」者，爲有華蓋。

7. 六甲空亡

甲子旬中戌亥空，甲戌旬中申酉空，甲申旬中午未空，甲午旬中辰巳空，甲辰旬中寅卯空，甲寅旬中子丑空。

「六甲空亡」就是六十甲表中由六旬組成，旬，爲十天一旬，也就是由甲子日，到癸酉日此十天中，日支中沒有「戌」或「亥」二字，如在此十天中生的人，如果四柱中有「戌」或「亥」二字，就爲空。如在此十天中起得卦，爻中有「戌」或「亥」就爲空。四柱命局所忌地支，如帶空亡反爲吉，所喜地支如帶空亡反爲凶。年、月、日、時地支所主人事，如帶空亡，必不得力或難成。

其他詳細及圖表同樣請參閱吳俊民：《命理新探》上冊頁 109～138。

附錄貳：命理養生

本附錄貳包括一爲子平養生，二爲河洛紫微斗數。以下分述之：

一、子平養生

八字論命乃以日干爲主。當實際八字推論之時，必先視其日干爲何干，包括此日干之屬陰、屬陽和五行。然後以此日干爲主角，推論其與其其他干支間之生剋制化關係等等，即所謂八字論命。

關於子平學歷代著作，近代吳俊民之《命理新論》〔註46〕有言：「子平之學爲我國國粹之一，歷代賢哲一再闡發，早已躋於學術之林。自唐以來，較有價值之著作：有唐殿中侍郎御史李虛中所注之鬼谷子，五代名士徐子平所

〔註46〕吳俊民：《命理新論》上冊（臺北：新店，自印，1997 年 16 版），頁 1。

著之命理歌賦，宋名士徐大升所集之淵海子平，明誠意伯劉基（伯溫）所註之滴天髓，進士萬育吾所著之三命通會，名士張楠所著之神峰闢謬命理正宗，清內閣大學士陳素庵所著之子平約言，進士沈孝瞻所著之子平眞詮，名士任鐵樵所注之滴天髓；清袁樹珊所著之命理探微，民國初年韋千里所著之命學講義，徐樂吾所著之滴天髓及子平眞詮，李叔同所著之實用命理學等。至於專論五行陰陽之說者，亦有呂不韋所集之呂氏春秋，董仲舒所著之春秋繁露，淮南王所集之淮南子，葛洪所著之抱樸子，邵康節所著之皇極經世書，紀曉嵐所著之閱微草堂筆記等；陳果夫所著苦口談醫藥，首篇即爲「八字先天體格檢查」；國學大師錢穆先生及哲學家唐君毅先生概述陰陽五行之義，亦甚中肯綮。其他散見於各種名著，實不勝枚舉。」而晚近去逝的吳俊民所著之《命理新論》，更集古今命理的大成，本治學精神，旁徵博引許多科學知識及諸家學說，爲當今四柱之重要著作。

　　關於其重要性，孟浮生於吳俊民之《命理新論》〔註47〕言：「命理之學乃集哲學、邏輯學、科學於一爐，較之哲學之探求宇宙本體及科學之研究事物現象，實過之而無不及。有人強將哲學與科學劃一鴻溝，識者認爲未當，而命理合而冶之，故不失爲一種「有完整理論體系及確切可行的辦法」之學問。例如四柱之記序，六神之運用等，乃數學中之排列組合；陰陽五行之交感，乃天地自然之現象；生剋制化，盈虛消長，乃事物共存相互之關係；先天時空及後天時空，乃事物存在發展必有之因素。再運用理則學之分析推理，及科學之驗証而得出之結論，對人一生之禍福得失，便可得其梗概矣！蓋人生於世，無一不受天然環境的影響與支配，其所造成的個性型態與家庭境遇前途事業等，莫不與此相應，你能說此不科學嗎？」方重審於《子平眞詮評註》序言中言：「不過古代士大夫階級，目醫卜星相爲九流之學，多恥道之，而發明諸大師，又故爲惝恍迷離之辭，以待後人探索。間有一二賢者有所發明，亦祕莫如深，既恐洩天地之祕，復恐被譏爲旁門左道，始終不肯公開研究，成立一有系統詳明之書籍，遺之後世，故居今日而欲研究此種學術，實一極大困難之事。按命理始於五星，一變而爲子平，五星稍完備者，首推果老星宗一書，然自民國以來，欽天監改爲中央觀象台，七政四餘台歷以及量天尺，無人推算。此道根本無從著手，恐將就湮滅，所餘子平一派，尚有線索可尋。」因爲諸大師的不肯公開研究，以致被譏爲旁門左道。其實命理之學是有其科

〔註47〕吳俊民：《命理新論》上冊（臺北：新店，自印，1997年16版），頁6。

學根據及人生哲理，吾輩當將此珍貴學問作有系統研究與整理及應用與發揚
光大。

　　以下分爲二部分論述之，一爲四柱八字之應用，二爲四柱八字之養生，
關於其詳細則可參閱吳俊民之《命理新論》：

（一）四柱八字之應用

　　四柱分爲年柱、月柱、日柱及時柱，年柱代表祖先；月柱代表父母、兄
弟、長官、事業或疾厄，月干爲母親、月支爲父親；日柱爲自己，日干代表
自己，日支則代表夫妻；時柱代表子女或晚輩。以日主之五行，綜合四柱來
判斷日主之強弱，喜忌，以月支來判斷格局。格局通常分爲二大類，第一類
爲普通格局，分別有正官格、七殺格，正印格、偏印格，正財格、偏財格，
食神格、傷官格。第二類爲特別格局分別有從格（從財格、從官格、從兒格、
從旺、從強、從勢格）、建祿格、一行得氣格（專旺格如曲直、炎上、從革、
潤下、稼穡）等，有化格（如甲己合化土，乙庚合化金、丙辛合化水、丁壬
合化木、戊癸合化火）等。如爲正官格的人即可考公家機關，七殺格的人可
從事武職，如爲正印格可選擇教書、編輯或往學術路線等，偏印格則可選擇
特殊技術等，如爲正財格之人應安分上班，偏財格之人應視日主強弱、行運
吉凶等以爲經營、投資事業，食神格的人可經營餐飲，或與傷官格同從事藝
術或表演等，……。由格局可看出個人性情，並可由格局以爲人生職業選擇
參考，由四柱、行運以爲人生得失、進退之參考，亦可看出疾病與養生之道。
天干地支於人體各有所屬，身體健康首在五行中和，先賢萬育吾於三命通會
云：「夫疾病皆因五行不和，即人身五臟不和也。蓋五行通於五臟六腑，通於
九竅。凡十干受病屬六腑，十二支受病屬五臟。丙丁巳午火局南離，主病在
上。壬癸子水局北坎，主病在下。甲乙寅卯屬震，主病在左，庚辛申酉屬兌，
主病在右。戊己辰戌丑未屬坤艮，主病在脾胃及中脘。諸風暈掉，目光日昏，
血不調暢，早年落髮，筋青爪枯，屬肝家。甲乙寅卯木受虧，主病故也。諸
痛膿血瘡疥、舌苦瘖啞者屬心家，丙丁巳午火受虧，主病故也。浮腫腳氣，
黃腫口臭，翻胃脾寒膈熱者，屬脾家。戊己辰戌丑未土受虧，主病故也。鼻
塞酒齄，咳嗽喊者，屬肺家，庚辛申酉受虧，主病故也。白濁白帶，霍亂瀉
痢，疝氣小腸，主腎家，壬癸亥子受虧，主病故也。」又言：「甲乙見庚辛申
酉多者，內主肝膽驚悸勞瘵，手足頑麻，筋骨疼痛，外主頭目眩暈，口眼歪
斜，左癱又瘓，跌撲損傷。遇丙丁火多，無水相繼，則痰喘喀血，中風不語，

皮膚乾燥，內熱口乾，女人主血氣欠調，有孕者墮胎，小兒急慢驚風，夜啼咳嗽，面色青黯是也。丙丁見壬癸亥子多者，內主心氣疼痛，癲癇舌強，口痛咽啞，急慢驚風，語言蹇澀，外主潮熱發狂，眼暗失明，小腸疝氣，瘡痍膿血，小便淋濁，婦女主乾血癆，經脈不調，小兒主痘疹疥癬，面紅赤是也。戊己見甲乙寅卯多者，內主脾胃不和，翻胃膈食，氣噎蠱脹，泄瀉黃腫，擇揀飲食，嘔吐噁心，外主右手沈重，濕毒流注，胸腹痞塞；婦人主飲食不甘，吞酸虛弱，呵欠困倦；小兒主五疳五軟，內熱好唾，面色痿黃是也。

　　庚辛見丙丁巳午多者，內主腸風痔漏，糞後下血，痰火咳嗽，氣喘吐血，魍魎失魂，虛煩勞症，外主皮膚枯燥，肺風鼻赤，疽腫發背，膿血無力，婦女主痰嗽血產，小兒主膿血痢疾，面色黃白是也。壬癸見戊己辰戌丑未多者，內主遺精盜汗，夜夢鬼交，白濁虛損，寒戰咬牙，耳聾精盲，傷寒感冒，外主風邪牙痛，偏墜腎氣，腰痛膝痛，淋瀝吐瀉，怕冷惡寒，女人白帶鬼胎，經水不調，小兒主耳終生瘡，小腸疼痛，夜間作吵，面色黧黑是也。」又云：「人之生也，受氣於父，成胎於母。五臟和平者無疾，剋戰太過不及者，主疾。」又《內經》云：『東方實西方虛，瀉南方，補北方。』東方實者，木太過也；西方虛者，金不及也；瀉南方者，火太過也，補北方者，水不及也。是以五行太過不及，皆主疾也。」此言五行太過或不及分別所犯之病症，如甲乙木屬肝膽，所犯病症為筋青爪枯；丙丁巳火屬心家，所犯病症為舌苦瘖啞等；戊己辰戌丑未土屬脾家，所犯病症為黃腫口臭，翻胃脾寒膈熱等；庚辛申酉屬肺家，所犯病症為咳嗽鼻塞等；壬癸亥子屬腎家，所犯病症為白濁白帶等。若火太過則補北方水，……，以為五行均衡。

（二）四柱八字之養生（趨吉避凶）

　　一般人均謂命理所談者，盡是「宿命論」，所謂「宿命」者，乃出自佛家之說，佛謂世人於過去世，皆有生命，或為天為人，或為惡鬼、畜生，輾轉輪迴謂之宿命；但可借修持成佛，而不墮入三惡道，此為宗教上承認後天可補足先天的。先聖孔子說：「人有三死，而非其命也，人自取之。寢處不時，飲食不節，勞佚過度者，疾共殺之；居下位而好干上，嗜欲無厭，求索不止者，刑共殺之；少以犯眾，弱以侮強，忿不量力者，兵共殺之。此三死者，非其命也，人自取之。」漢儒荀悅說：「或問曰：養有性乎？曰養性秉中和，守之以生而已。愛親、愛德、愛力、愛神之謂嗇，否則不宜，過則不澹；故君子節宣其氣，勿始有所壅閉滯底。昏亂無度，則生疾，故喜怒哀樂思慮，必得其中，所以養神也。寒

暄盈虛消息必得其中，所以養神也。善治氣者，若禹之治水也。若夫導引蓄氣，歷藏內視，過則失中；可以治疾，皆養性之非聖術也。夫屈者以乎申也，蓄者以乎虛也，內者以乎外也；氣宜宣而遏之，體宜調而矯之，神宜平而抑之，必有失和者矣！夫善養性者無常術，得其和而以矣！」又說：「或問仁者壽，何謂也？曰：仁者內不傷性，外不傷物，上不違天（自然規律），下不違人（人群社會的生活規範）處正居中，形神以和，故咎徵不至，而修嘉集之，壽之術也。」人命的生存發展，乃由於先天時空及後天時空諸種關係，交互影響的結果，其發展固然有其必經途徑，如衰老病死，但人身為萬物之靈，確實有若干可利用自然、控制自然的辦法，不但人類個體可得其利，即人類集體亦可得其福。所謂造命者，即世之所謂趨吉避凶，其所論皆屬後天範疇。其立論基礎為後天可補救先天。其方法則在後天環境的自我改善，就其內在而言，大概分為生理心理二種；就其外在而言，則舉凡方位、播遷、起居、行為、飲食、藥物、婚姻、名號、親友、同僚、顏色、職業或事業及五行屬性等均屬之。生理心理方面已於前述及，生理方面並將於飲食與運動章節繼續闡述，外在而言，可就八字喜忌以為趨吉避凶。如八字喜金水，則在方位、方向選擇上朝向西或北，或西北；金顏色屬藍或白，水顏色屬黑或灰，可多選此種顏色，無論衣著或家庭佈置等；金又主肺，水主腎，可多食利肺、腎之食物、藥物；親友、同僚宜多多與八字金水多之人親近來往；職業宜選擇屬金水方面。（宜以月柱及紫微、河洛等綜合判斷）……。

二、河洛紫微斗數養生

　　紫微斗數是中國一種傳統之算命學術，是利用一百十五顆星曜不同之意義，闡釋人生命運之萬千現象，紫微星為諸星之首，故稱為「紫微斗數」。其推算以人之農曆生年、月、日、時為基本因子，依固定公式排列命盤，命盤是以八卦之太極為中心，分列十二宮位，並將諸星曜分列各宮位，用以推衍人生造化。

　　慧心齋主在《紫微斗數新詮》中說：「紫微斗數是我國命理學之一種，流傳已經千餘年，它可以上溯到古老深奧之《易經》，在這十幾個世紀的綿延過程中，曾由歷代潛心「究天人之際」的積學之士增益修訂，使其理論基礎日益健全，可惜是前人遺產，屢經翻印和傳抄，已有若干訛誤，而紫微斗數之精細度，恰如精密的科學程式，差之毫釐，便謬以千里，若是未加詳細研究，

輕率判斷，不但將褻瀆此門學問，也易遭人誤解。命理之學的基本架構，都是從統計得來，絕非出於臆造，紫微斗數亦不例外，中外各種命理學差別，只在於運作方法和使用術語不同而已，而和紫微斗數較接近的，是迄今流行於歐美之占星學，但外國占星學只使用十二星座，我國的紫微斗數則使用一百餘顆星曜；外國占星學基本資料，僅用生年、月、日，我國紫微斗數等命理之學則從生年、月、日更下推及生時，而於作綜合判斷時，尚要兼及出生地區，相形之下，紫微斗數之精密程度，則非占星學所能望其項背。」〔註48〕明白說明紫微斗數歷史悠久，可上溯至古老之《易經》，且其精密處非外國之占星學所能項背。

吳豐隆在《紫微新探》序言中對紫微斗數有十分精髓的介紹：「邵子言：『觀天斗數以知天文，斗之所建，天之行也』紫微斗數，指的是中樞「紫微」垣之「星斗」的天體運行，及其象、數、理之法則，依其法則、定律為依據做基礎理論，借星辰設「象」而有其「數」，並寓之於「理」。衍生為人事上的推命根據。研習紫微斗數者，除了要了解星辰的組合意義，更應該探討易象與易數之典範，合乎陳希夷創立斯學之宋朝理學與象數之哲學背景。陳希夷創演紫微斗數，緣自仰觀天文，俯察地理而來，紫微斗數之學涵蓋天地之學，應有其「大用」，絕非僅為一小小方術而已。

人命來自天地，不通易，難究命理之奧，不通數，又難通命理之根。天地者陰陽之主宰，法象莫大乎天地，是故有言：「人法地，地法天，天法道，道法自然」，人之異於禽獸，即是人獨有的能覺，雖言宇宙萬物難逃「氣數」兩字。但人貴能覺其生滅過程，知命順時，趨吉避凶，效天行健君子，自強不息，並能『通變』『精進』、『提升』、臻於『生生之為易』。

星辰不是固定不變，因『生生之為易』所以星辰也是會變動，故紫微斗數有飛星、飛宮之說。此即『體』『用』之說，易經河圖為體，洛書為用，先天卦為體，後天卦為用。紫微斗數的星類萬物為體，飛星四化為用，體用合參，象數理明矣！四化者，如易之四象，四為星象之顯，化為氣數之變，紫微斗數之功，全賴十干化曜四化來象吉凶。識得四化，方能跨越斗數之門檻，向深一層去探幽覓境。」〔註49〕以下為如何以河洛紫微論命之方法與步驟：

〔註48〕參見《紫微斗數新詮》，慧心齋主，台北時報文化出版公司，九版頁四
〔註49〕參見吳豐隆：《紫薇新探》（臺北：林鬱文化事業有限公司，1998，09 初版），序言（二）。

（一）落宮如何？

落宮如何？此處指得是如何安身立命？命一定下來，以年、月、時同參。先天的秉賦、個性、事業大多已呈現，再加上十二宮神綜合推論研判。以陰曆出生時間爲主，不同八字，不以節氣月來排月分，潤月生人，十五日前以上月生論，十六日後則以下月論。在陽干出生爲陽男，陰干出生爲陰男，女生亦同，排大運時，陽男陰女爲順行，陰男陽女爲逆行。民國34～50年，或民國63～64年，或民國68年生之人，宜注意日光節約期間出生，要還原換算爲正確時間，即將出生時間提前一小時，〔註50〕見附表（5-7-1日光節約時間一覽表）。

（二）排盤順序〔註51〕

1. 安命、身宮：以生月、生時推知其位置。
2. 依據命宮所在宮位，排出其餘十二宮。
3. 安本命十二宮干。
4. 定五行局：以出生年干和命宮地支推定五行局。
5. 安紫微星：對照五行局與陰曆生日，找出紫微星所在位置。
6. 安天府星：依紫微星位置，找出天府星之位置。
7. 安天府星系：依天府星位置，排出其餘的星。
8. 安時系星：依出生時支，排出時支系列的星。（見表5-7-2）
9. 安月系星：依陰曆出生月份，排出月系星位置。（見表5-7-3）
10. 安日系星：依陰曆出生日，排出日系星。
11. 安年干與年支系星：分別依其出生年干、年支，排出其年干、年支系星的位置。（年干系星見表5-7-4）
12. 其他如安五行局長生十二神、十二神煞、安天傷、天使，安截空、旬空。
13. 起大限：依五行局與陰陽、男女，由命宮起大限。
14. 起小限。依出生年支，分別男女，排起小限位置。
15. 安流年歲前歲星與將前諸星。
16. 標出十二宮星之旺衰度。

　　○記號者，星辰最亮，居廟望之地，吉星逢之大吉，凶星逢之減凶。

〔註50〕同上，參見吳豐隆：《紫薇新探》，頁19。
〔註51〕詳細及圖表請參閱同上註，頁22～52。

△記號者，星辰亮度稍弱，吉星逢之，力量減弱，凶星逢之增凶。

×記號者，星辰為落陷之地，表示星辰黯淡不亮，吉星逢之，力無法發揮。凶星逢之大凶。

（三）命宮坐的星曜組合與星宮相應的詮釋〔註52〕

分為主星曜、四煞星及空劫、輔星、其他及四化星：

1. 主星曜所代表的意義

紫微——北斗主，為帝君，代表著男命的我，天府為配偶的太太。

天府——南斗主，左帝星，代表女命的我，紫微為配偶的先生。

太陽——中天主，男命的父親、兒子，太陰主母親、女兒、配偶太太。

太陰——中天主，女命的母親、女兒，太陽主父親、兒子、配偶先生。

貪狼——福德主、精神性，為善為惡。

巨門——田宅主，代表不動產，土地，姻親，義子。主暗是非。

廉貞——事業主，男人的事業、行為。

天相——事業主，女人的事業，行為。

天梁——奴僕主、蔭星、長輩、長者，老大星，個人之領導能力。

七殺——遷移主，細姨星、外出，代表驍勇善戰的戰將。

天同——疾厄主，醫生，福星、福德（內體精神）。

武曲——財帛主，正財星，代表剛毅，主孤剋。

破軍——夫妻主，代表夫妻之間互相對持的關係，並不代表夫妻。為北斗星系，亦為殺、破、狼系列。主子嗣，但稱為「耗星」，主破耗、丟棄，損傷。在任何宮位都將帶來負面影響。除非子午宮為「英星入廟」格，程度可稍減輕。是最不利六親之星。只有三方見到或身宮為紫微、天府、祿存稍可制其狂惡。破軍欲煞星主奔波勞碌一生。在子午宮若無煞星沖破，則為「英星入廟」，富貴不小。但忌逢文曲星破格。因破軍星不宜再與文昌、文曲同宮。但可會照，反主文筆、文章、口才佳。如破軍、貪狼分處於命宮與身宮，且又有祿、馬來會合，男主浪蕩、女主淫。卯酉宮為廉破同宮，如再遇火、鈴、擎羊之星來沖照，宜防有官非、惡疾、意外。巳亥宮為武破同宮，主孤剋飄泊，喜行險投機。流年、大運行限逢破軍星，大都有變動機會。如職位、工作、事業、住家、婚姻、感情等變動，若廟旺加權、祿、科之星則變動為吉。

〔註52〕以下資料及詳細參自及參看吳豐隆：《紫薇新探》，頁60～179。

但如逢陷地加煞，則變動爲凶，宜靜不宜動。一般而言，變動跡象，在上半年或前一年底即會顯現出來。

　　優點：有冒險，暴發的機會，如居廟旺之地，欲祿存星、天馬星，則亦主富貴格。加會化權、化祿、魁鉞，行限逢之，風光不小。做事果斷膽大，求新求變。個性外向、好客、慷慨，有主見。

　　缺點：如居陷地，做事不擇手段，功利心切，不顧情誼，表裡不一。脾氣爆躁，不利六親，變動飄泊，棄祖離宗，破壞性強，狂傲多疑，與人寡合，夫妻失和。

　　四化：癸干爲破軍化祿，代表有橫發之財，或發囤積之財，可從事投機性買賣、股票、期票等。流月、流日逢之，也是追討債務最好機會。失去財物有再返回之意。但再遇到羊、陀之星則不妙。

　　化權：甲干爲破軍化權，代表主動求變，在事業宮或本宮則易有職業上的變動，如欲煞星，則爲不愉快的變動。如破軍化權在夫妻宮，有主動求去之感，想在婚姻生活上有所改變，如會照凶星，則易離異。在財帛宮則資金流動頻繁，不易將現金定存在銀行裡。

　　天機——兄弟主，爲兄弟、朋友間的情分緣分厚薄關係。

2. 四煞星及空劫

　　指的是擎羊、陀羅、火星、鈴星四顆星。一般而言，以凶星來論，除非特殊格局，可以轉凶爲吉。紫微斗數中，除了四煞星外，地空、地劫、截空、化忌等也都是以凶星論。

擎羊星：擎羊星是四煞星中最凶得一顆凶星，代表明刀明槍，橫刀奪愛，破壞殺傷力相當強。幼運逢之，易跌傷、骨折、多災厄。六親宮位逢之，常刑剋六親。夫妻宮逢之，如無吉星來解，大都主離異，夫妻緣薄。在命宮、福德宮有擎羊星，如主星落陷地，則易淪爲太保、流氓、作奸犯科之人。與廉貞、七殺、火星同度或會照巨門星，則主義有官非、意外。行限在遷移宮逢之，宜防車禍血光。在財帛宮又遇卯酉武殺之宮，宜防因財持刀、財務糾紛或被搶。除非有吉星來解，方可成爲掌聲殺大權之帶兵官或外科醫生。除非在辰戌丑未廟旺之地，又是辰戌丑未生人，亦能有大作爲，富權威、機謀。但刑剋六親不免。

陀羅星：陀羅星爲一顆不乾脆的災厄星、是非星，有拖泥帶水，延宕、暗中

破壞之感覺。女命長相秀麗，但為紅顏薄命型，與六親刑剋重，落陷地更凶。若與巨門同宮，易做下賤之工作。若與擎羊分處身、命兩宮，刑剋極重，宜多修身養性。如居辰戌丑未廟旺之地，有語言天分，利武職，有威儀，善權謀。四庫生人更吉。與貪狼化忌同宮，易因色犯刑或積色成疾。在遷移宮逢之，如會天馬星稱為「折足馬」，代表遠行被延誤下來。

火　　星：亦主凶厄，號稱「殺神」。最忌落入命、身宮或六親宮，代表小人多，刑剋重。東南方生人影響較小，不利西北生人。如遭遇擎羊星主幼年多災，宜過繼他人，或六歲錢給他人帶養。本命如遇一、二顆煞星，容易有殘疾或夭折之虞。火星在寅午戌宮為廟旺之地，如會照貪狼或與貪狼同宮，形成「火貪」格，主有橫發機會。同時也代表奇人很講究排場及表面功夫。

鈴　　星：與火星一樣為凶厄之神，欲貪狼則轉禍為福，形成「鈴貪」格，主橫發之人。最忌入身、命二宮與六親之宮，刑剋較重，入財帛宮則有偏財運，但易財來財去，宜見好就收，否則易變為過路財神。遇太陰星主機智，利武職。入命如再欲破軍或七殺，最不吉祥，一生勞碌、孤寂、破敗。女命夫妻宮如有四煞星單守，代表其夫可能為在黑道混過禍為剛狠之人。男命則主妻凶悍或可能有缺陷。

地空星：地空星乃空亡之星，主不聚財，可沖淡一切吉凶之事。落入命、身宮主六親緣薄，有宗教、玄學興趣。喜歡天馬行空的想像，第六感豐富，有創意或奇遇。喜遇見文昌、天相之星。如無吉星坐守，為孤寡僧道之命，獲老年遁入空門。女命命、身宮逢之，不適宜婚姻生活。宜縱情山水，遊山玩水。行限逢之，好壞之星都被沖淡，所以可沖緩四煞之凶性。但空亡星主不聚財，即使逢到祿存，也是財祿落空。流年逢之，有人生走至十字路口，不知何去何從之感。地空星入事業宮，主事業無法貫徹到底，經常會有意外變化、中斷、曲折，爾厚達至另一目標。入財帛、田宅宮，或與財星在一起，會破壞財運，不宜經商，同時也易掉東西。空亡之星最喜落入疾厄宮，一生少災病，健康即是福氣。

地　　劫：地劫為劫殺之神，又名斷橋煞，意謂半路殺出程咬金將事業腰斬破壞。地劫星在命、身宮如無吉星，一生多波折，浪裡行舟，為人行

惡，暗算他人，不守正道，頑劣疏狂，喜怒無常，成敗不定。如加會煞星，主意外、災害、破耗，一生註定孤獨漂泊，宜往僧道之路修行。女命孤剋甚重，正婚難美。地劫星其凶性有時不輸給羊陀、火鈴。落入夫妻宮，有橫刀奪愛，兵變、情變，半途而飛。

在遷移宮，主機會被劫，功歸一簣之感，被意外事情來破壞。在子女宮會照四煞星，可能會流產或墮胎或生畸形小孩。在流年流月，劉日逢到容易生小病痛，大小二限逢之，防破敗，再欲官符星，主有爭訟。地劫星也不遺落事業、財帛、遷移、田宅宮，容易財來財去，需將金錢看淡。空劫夾命身宮也是敗局。喜入疾厄宮，將疾病沖淡，則可少病痛。

3. 輔　星

紫微斗數中，天魁、天鉞、左輔、右弼、文昌、文曲為主要輔助之星，可幫助主星發揮主星的力量。其他三台、八座、台輔、封誥、天福、天壽、天才也有一些輔助力量。

天魁星：天魁星司「科名」，為南斗助星，五行屬陽火。天魁星為陽貴人，利白天生之人，喜入命或身宮。主一生多得貴人相助，實質利益多。文章、文筆佳，可為人師表，聰明進取，心直口快。如加會吉星，少年登科，求學順利，會文昌星，文墨精通，清白俊秀，氣質高雅，風度翩翩。女命有天魁星，如加會吉星，善於打扮自己，愛撒嬌，得人寵愛，可為貴婦。但如會桃花星多並有煞忌來沖，即使富貴也多淫佚。女性行限逢之，有添丁之喜。常人逢之，可增財，官員逢之，可增財，官員逢之，可升官。但五十歲後行限逢之，反不作貴人論，而視自己為別人之貴人，替人關說、行義、贊助。更加勞碌，為他人而忙。

天鉞星：天鉞星為司科名之星，亦為助星之一。天鉞星為陰貴人，利於晚上出生之人。大都屬於精神利益，實質利益較少。例如言語之讚賞，支援，精神上之打氣。天鉞星喜入身命宮，主其人清秀、貴氣。性慈心軟，好濟人困，人緣佳。女命善於裝扮自己，嬌媚憐人，如有吉星加會，坐貴向貴，可嫁做貴人婦，但加煞逢昌曲，雖多富貴，也多淫佚。男命入夫妻宮，代表太太漂亮，又帶有很多嫁妝。田宅宮，代表住宅豪麗，注重客廳裝潢，擺設。入遷移宮，出外有貴人提拔。行限逢之，亦代表有貴人之助，可升官進財。

左輔星：左輔星為「善」星，主貴、地位，輔佐紫微、天府之助星。屬土。
　　　　左輔星最喜會和右弼做搭擋，做為紫微星或天府星的左右大臣，則
　　　　帝星得其助，即可將力量充分發揮，富貴自不小。也喜與天相、天
　　　　機、文昌、貪狼、文曲星會照，可增吉減凶。女命有左輔星再會吉
　　　　星，賢慧能幹，旺夫益子並得夫寵，人緣亦佳。但如有加會火星、
　　　　鈴星，主星為七殺、廉貞、破軍星，則可能作為他人之妾，反較順
　　　　遂。男命左輔星，主其人風流通文墨，如主星吉，可居清貴之職，
　　　　如幕僚長、秘書長。但忌羊陀火鈴三方來會照，縱有財官亦非吉。
　　　　左輔星不宜單守命宮，而無其他主星，代表幼運欠佳，亦為庶出之
　　　　子，或過繼、入贅之人。亦不喜入夫妻宮，男人易有小老婆，女人
　　　　亦有雙龍搶珠的感情困擾。如再逢煞星現象更明顯，易有二度婚姻。
　　　　入遷移宮有貴人相助，入財帛宮、事業宮、身宮均吉。行限逢之如
　　　　再會照科權星，定可升官。

右弼星：右弼星亦主「善」、「貴」、「地位」。五行屬水。入命宮主其人厚重，行
　　　　事謹慎，善於謀略，精通文墨，樂善好施，個性耿直。如能會照紫微、
　　　　天府、天相、文昌、文曲之星，則一生福壽綿綿，在辰戌丑未宮更佳，
　　　　但若逢煞星沖破，則福薄又有災。女命逢之，如主星為吉，多為賢慧
　　　　能幹之人，並可旺夫益子，但個性稍急躁，予人壓迫感。右弼星在命
　　　　宮不宜單守而無其他主星。喜入遷移、財帛、事業宮。可得貴人相助，
　　　　有利於事業、財運、人際關係。右弼化科可增加名氣，面子十足，行
　　　　限逢之，光彩，有升官、金榜題名之機會。右弼星在夫妻宮，如再有
　　　　煞星沖照，男女易有二度婚姻，或金屋藏嬌、紅粉知己與配偶同享。
　　　　婚前戀愛對象易有雙龍搶珠，或雙鳳搶日情形發生。

文昌星：文昌星司科甲，主名聲，為助星，五行屬陰金。
　　　　文昌入命，代表其人清秀、儒雅、博學多聞、個性耿直，可為人師表，
　　　　著書立作，聰明才藝多。男命志氣高，發達稍晚。女命秀麗清奇，可
　　　　配為貴人婦，有官家緣。但逢煞星沖破，則折福減吉。文昌星會天梁、
　　　　太陽、祿存星，為「陽梁昌祿」格，主富貴不小，會武曲為文武全才，
　　　　多學多能之人。文昌、文曲夾命最為奇，命宮主星旺吉者，增添富貴
　　　　不少。文昌也代表文書、契約、信用狀、支票、股票、學業、論文等，
　　　　如果文昌化忌，則宜防文書等問題。行限於第二大限逢文昌忌，或第

二大限本宮干爲「辛」之人，主其人會有求學中斷的現象。或因重考，或因生病、移民、或因其他因素而中斷學業。文昌科代表名聲佳，表現自己的才華，在自己的行業中打出知名度。學子求學順利，金榜題名有望，學識成就受肯定。在寅午戌宮落陷之地，如再有煞忌沖破，多爲巧藝之人或帶病延年，女命易淪爲娼妓，或淫亂其身。文昌入福德宮，主其人興趣廣泛，愛看書，口才好，反應快。入事業宮，可從事公教職、圖畫、作家、美工、演藝事業。入疾厄宮，視力欠佳、氣管、肺、心臟、輸卵管之疾。入夫妻宮，如再與文曲同宮，亦想齊人之福，雙妻並存，或雙夫並用。

文曲星：文曲星司科甲、名聲、才藝、專長、桃花、口才、語言等，五行屬陰水。文曲星入命身宮主其人口才好，善辯有創作力，詩情畫意，才藝橫溢，文雅風流，桃花人緣多，對現狀不滿，是非難免。女命不宜，如再與巨門同宮，爲水性楊花，逢破軍、廉貞、貪狼、空劫、陷地加煞沖，主聰明性巧，但也多淫不貞，禍爲暗渡陳倉，妾命。文曲不喜遇到破軍，有水厄，爲貧士，財祿不豐。文曲太陰同宮可爲九流術士，文曲廉貞同宮可爲公門之僕。文曲爲水，忌入土宮，如爲田宅宮，表示水管不通。文曲化科提升知名度，身心愉快。但文曲化忌則表示情緒欠佳，處世技巧拙劣，人緣欠佳，有口舌是非、文書麻煩。在疾厄宮宜防腸病、輸卵管之疾。

4. 其 他

天馬星：主變動、外出、科名。五行屬陽火。天馬星最喜會照祿存星、化祿星於身、命宮二宮，稱「祿馬交馳」格，主其人財官雙美，發達遠方，動中進財，大小二限逢到有祿、馬交馳也是代表財源廣進。但忌落空亡，主奔波無功，或逢地劫、四煞，會被破壞和遭凶。天馬和火星同宮稱爲「戰馬」，主勞碌。如再逢煞星，易生意外或客死他鄉。逢陀羅星，稱「折足馬」，會將事情延宕下來，出門不順。天馬星亦喜與紫府同宮，爲官仕途較易顯達，學子考試，科名有望。天馬與七殺紫微於巳亥宮，稱「權馬」，利武職，可權貴加身。行限逢天馬星，易有外出旅行之機會，會照太陽、太陰星，則有任務的遠行，如公司派出國治事、開會。在疾厄宮逢之，宜防流行性的疾病。女命忌天馬與貪狼或破軍星同宮，主好逸惡勞，不盡妻職。

祿存星：祿存星為衣祿之神，主財富、爵位，能降福息災。屬於北斗星系，
　　　　五行屬土。可解貪狼、破軍之缺點，喜歡落於命身宮、田宅宮、財
　　　　帛宮。但如獨坐命宮，無其他主星搭配，因前後宮有擎羊、陀羅夾
　　　　命，一生易犯小人，為人吝嗇、孤寂，如再有煞星化忌來沖則更為
　　　　兇惡。最喜遇天馬，為「祿馬交馳格」。在命宮、財宮，如無沖破，
　　　　定可發達他鄉。行限逢祿存，代表謀事順利，逢凶化吉，延年益壽，
　　　　廣增財富。但中晚年如遇祿存之大限，則代表一生高峰期至此為止，
　　　　過後之大限作為有限，則宜守成，不宜冒進。祿存最忌空亡，吉也
　　　　成空。無福享受。

天刑星：為孤剋之星，是非之星，刑訟之星，五行屬陽火。命宮有天刑星之
　　　　人脾氣倔強，喜強詞奪理，不信邪，鐵齒咬鋼條之人，予人高傲之
　　　　感。如命宮無主星，或有煞星沖照，主其人愛亂發脾氣，經常看不
　　　　慣一切事務，孤高自負，六親緣薄，刑剋又重。宜入僧道，方可減
　　　　輕其凶性。最忌再與巨門化忌或廉貞化忌同宮，流年行限逢之，恐
　　　　有官司、刑獄之災，加會流年白虎星，則更兇。入夫妻宮，主夫妻
　　　　不睦，常因外在因素破壞夫妻感情，宜聚少離多反可減清一些。但
　　　　如再有煞星沖，夫妻離異機會多。天刑星如會和太陽、巨門、天梁、
　　　　天相於廟旺之地又有化權、化祿或化科等吉星來助，往往可成為名
　　　　律師、法官、醫生、檢察官、命理師等。

天姚星：為風流、淫慾之星，五行屬陰水。入命宮主其人活潑、風趣、幽默、
　　　　有朝氣、灑脫。寅卯酉戌宮為廟旺之地，勤奮好學，文采佳，詩詞酒
　　　　興之風流，有內涵深度之人。但入陷地則個性多疑，虛誇浮言，喜風
　　　　花雪月，加會桃花星，則顯露其淫佚本質。與紅鸞星同宮或對照，主
　　　　豔遇多，愛喝花酒，尋花問柳。與文昌、文曲同宮，主詩酒文人墨客
　　　　之風流，屬精神言語面之風流。與咸池會合則主肉慾感官之風流。與
　　　　紫微同度屬風騷型。與文曲同宮，有特殊才藝。入田宅宮喜養小鳥。
　　　　大小限或流年逢之，再加會桃花星或化祿星，則往往易有超友誼關係。

5. 四化星：

（1）四化星涵意

化　祿：主桃花、財富、享受、福氣、聰慧、與六親之源。行運逢之，如枯
　　　　草逢春，順心快樂，時來運轉，名利雙收。朋友、應酬增加，人緣

佳、桃花多，財富增加，享受提升。若再見祿存，則錦上添花，福
祿無窮。命、身宮最喜逢化祿，得天獨厚。但若逢四墓之地，則力
有所未逮。忌煞沖破，為吉處藏凶。

化　權：主能力加倍，更主動、積極。增加權勢，變動之象，有表現、升官、
掌權、創業之機。行運逢之，主動求變，必然遂志，更上層樓。有
威權，受人尊敬，但勞心勞力。在福德宮化權，為人慷慨樂觀。命、
身宮有化權星，能掌握實權。武曲、巨門最喜化權，可掌控大局。

化　科：主有好名聲、聲譽。多貴人、桃花，受人肯定，利考試上榜。主功
名、文學、文筆、得獎，和睦、有幽默感。行運逢之，人緣佳，可
出名，受到賞識與讚譽，合作有貴人相助。最利考試科名、文藝發
展。

化　忌：為斗數最凶之星。主不安定、挫折、意外、災禍、疾病、是非、搬
遷、情變、打擊、破耗、嫉妒、虧欠、破壞等。若居子午卯酉位，
主其人愛面子，虛誇之人。行運逢之，凡事不順，再逢煞星，多有
意外、災厄發生。大限逢之，十年不順，流年逢之，一年不順。只
有紫微星、天府星、祿存星與天同星稍微可解其凶惡。或化權加化
祿星亦可降低其凶性。

（2）四化星活盤之應用

　　四化星是紫微斗數相當重要之星。依不同星之四化而有不同意義，一般而
言，星曜為體，四化星為用。可見四化星所佔的地位，它是使紫微斗數的星盤
能夠活起來之催化劑。星盤之用，全賴四化之功。四化有生年四化、大運宮干
之四化、十二宮各宮四化、流年、流月、流日、流時之四化。出生年之四化，
可看其格局高低，其四化所落宮位為一生之重點，吉凶影響大限之行運至鉅。
大運宮干之四化星，為該步大運重心，對流年影響大。出生年四化為先天四化，
十二宮的四化為後天四化。由本宮四化飛出者稱化出。由他宮四化飛入者，稱
化入。由本宮宮干四化入本宮入本宮星曜者，稱自化。凡是化忌星入任何宮位，
均以不及論。科、權、祿則以吉論。但經過先天、後天四化，將會產生四化之
不同組合、重疊。要依其先後次序極不同星曜，做不同解釋。

（四）論命關鍵之三方四正

　　指的是本宮、對宮與三合宮。一般而言，論命時以本宮星曜為主，同時
參看對宮及三合宮之星曜，以其為輔。如見吉星多時為吉上加吉。如見凶星

破壞吉星,則不能以全吉來斷。大致而言,本宮力量有十分時,對宮力量有五分,三合宮力量則有三分。詳細請參見吳豐隆:《紫薇新探》,頁 49～51。

(五)星曜組合的變化及宮神運用

1. 二顆星組合的顯像綜合,演變成另外之格局,理性的分析、研判,所做的個性專研。

2. 星性是由宮神所帶出的。

3. 殺破狼廉一組——生意人,帶衝拼、業務、以偏才爲正途。

   紫府武相一組——從官格。

   機巨同梁一組——保守型、穩紮穩打,公務員、上班族,安於現狀。

   日月中天主一組。

4. 原始架構佔 60%,星象佔 30%。命宮無主星可借對宮(遷移宮)的主星調借。論疾厄、骨位一定要結合文昌、文曲。

5. 會、合與鐵三角的意義:命宮、生肖、節氣、大運、流年綜合之三會:寅卯辰、巳午未、申酉戌、亥子丑。三合、半合如巳酉丑、申子辰、寅午戌、亥卯未,六合:如子丑合、午未合。會使命或運有好的轉機或變動。鐵三角如丑寅卯、辰巳午、未申酉、戌亥丑,命盤或行運有此結構,則不怕被沖。

6. 沖之意義——被沖或沖出去,如被自己的節氣反沖回來,這皆是一功敗垂成的現象,都是需要隨時要圓融。除了沖,假如無午之節氣,表示沖掉了。要看是否要寅午戌的格局,辰巳午鐵三角,巳午未連珠。這些皆爲不怕被沖,不會受影響。如果沒有,表示此種沖的力量是很強的。命遷的厲害關係以地支的沖剋來影響輕重。

7、本宮無主星——就要借宮主星,唯一的差異性,沒有主星的它是借對宮的主星來用,那麼此種力量是減半的,不一定是(庶出)。所謂庶出即是偏房所生,或父親婚姻出問題。

8. 反背的現象——反背是運比較差,正位是運比較順。

酉辰畫一條線,女命和男命坐錯就是反背。申酉戌亥子丑太陰的部分論爲右邊,寅卯辰巳午未太陽的部分論爲左邊。太陽寅到未,太陰申到丑,錯了即爲反背。反背一生較爲勞碌,居亂世較能有所表現,安定的社會較不易有大成就。

先天爲體是先天的此種格局,將其隱藏於內,後天爲用是後天的它顯現

出來。顯性和隱性要將其分辨出來。

其他格局，詳細請參見吳豐隆之《紫微新探》，頁 180～187。

（六）十二宮位推斷：〔註53〕

命　　宮：看一個人一生之格局、運勢、境遇、家世、個性、長相、才能、健
康、幼運及將來發展，適宜之職業。

兄弟宮：可看其人兄弟姊妹之多寡，及緣分厚薄、助力與否、有否刑剋、夭
折，或看兄弟姊妹之成就，和其人際關係、朋友相處情形、適宜合
夥事業否？與公婆、岳父母和睦否？天機星爲兄弟主，最忌化忌落
陷或逢煞星來沖，最不利兄弟。

夫妻宮：可看配偶之長相、才能。男女之感情狀況，婚前交往情形，戀愛順
利與否？婚後夫妻刑剋、離異否，夫妻交心否，適宜早婚或晚婚。
如做寅巳申宮又雙星並列，再有煞星沖破，易有二度婚姻。有化權
星則主懼內。

子女宮：可看其人子女人數多寡、緣分，以及子女之成就，並看其性生活滿
意度與生殖能力。女命可看流產、墮胎或剖腹生產、夭折否。

財帛宮：可看其人財運之來源、理財與賺錢能力，主要是賺何種錢，收入之
好壞，和花錢態度。看財運宜配合命格高低與福德宮及田宅宮之星
曜，同時參看。財帛宮爲財之根，福德宮爲財之源（花錢之態度），
田宅宮爲財之藏所。財帛宮正星二顆以上者，代表有多面的來財。
財星喜入財帛宮。最忌化忌、煞星與孤寡星。

疾厄宮：看其人健康狀況，與先天上身體哪方面功能較差。疾病的抵抗能力，
容易發生何種疾病，是否能遇到好醫生治療。

遷移宮：看其出外旅遊運，是否安全或易生意外災禍，以及出外之人際關係，
貴人強旺否，和一個人機會運之好壞，是否能發揮其才能。星曜吉
者適宜出外發展。煞星多者，須防在外被人拖累或意外之憂。

朋友宮：又稱僕役宮，看其人之交友情形，與朋友、下屬、同事間之緣分，
及其管理才能。好朋友多還是壞朋友多。朋友宮星曜比命宮強者，
主其人爲阿諛奉承之人。如有助星則貴人多助，煞星多，應防被朋
友拖累。

〔註53〕以下資料參見自閱吳豐隆：《紫薇新探》，頁 56～58。

事業宮：又稱官祿宮，看其人之適宜職業，一生事業發展成敗情形，格局高
　　　　低、貴賤。和事業變動情形，求學考試過程順利與否。從事行業宜
　　　　配合命宮與財帛宮的星曜來決定。

田宅宮：看其人有無財庫、置產情形、居家環境、鄰居好壞，有無祖業、房
　　　　屋適宜座向。住家搬遷情形，出外運、購置汽車之顏色，陽宅房屋
　　　　之裝潢。女命田宅宮不吉，再有煞沖，逢天馬星，則主一生漂泊。
　　　　行現之田宅宮逢流年大耗星，需防家宅遭竊。有化科星及六助星者，
　　　　主居家舒適、美觀。

福德宮：看其人之興趣取向，人生觀、身心安寧否。花錢之態度，享福之型態，
　　　　福澤之厚薄、壽元之長短、身體健康疾病之關隘。主星落陷，又有煞
　　　　星，大都主身心不寧，一生勞碌。主星廟旺，則主財源福分較多。

父母宮：可看其人與父母緣分之厚薄，祖蔭恩澤之深淺，父母之成就、基業，
　　　　父母之個性、健康、吉凶。以及看自己來自父母之遺傳、長相、健
　　　　康。主星落陷又有煞忌星，主其人幼運環境不佳或與父母緣薄，或
　　　　自己小時體質較差，或父母親感情欠佳。如主星為巨門或破軍居陷
　　　　地再家空亡，煞沖，主與父母無緣、亦被拋棄，或過繼他人。父母
　　　　宮最喜益壽之星，如天機、天梁星居廟旺之地，主其人父母高壽，
　　　　本身也可得其福蔭。

（七）個性與職業選擇的觀察角度〔註54〕

1. 命宮坐子午卯酉（四敗之地）：個性很急、率性如坐飛機。樂天但變化
大，除運勢橫成橫暴外，心緒也易喜易怒，為錢奔波，對工作有使命
感，女性大部分為職業婦女。

命宮坐寅申巳亥（四生之地、四馬之地）：個性想到即做、想做就做。
如自強號。帶有驛馬性質，適合自由業，如業務等自由發揮、不受拘
束之性質。屬奔波型，靜不住，好動，性情行為敏捷，雖好動但較取
巧，工作要選輕鬆，較重財，挑利大之事。

命宮坐辰戌丑未（四墓之地、四庫之地）：常深思熟慮，容易失去契機。
如坐做，工作不分大小多少，埋頭苦幹，打從心底認為人生就該勞心
勞力，賺多少無所謂，因那是命。如將人之命分為欠債與討債兩種，

〔註54〕以下資料來自梓元理數研究中心87年，郭老師之「河洛理數」課講義。

這種人屬於欠債的一方，是來還債的，所以窮也拼，富也拼。

2. 宮卦與個性的連結，即所隱藏之十二宮加上八卦的原理。

3. 參考命宮的主要星曜所代表意義

4. 五行局加命宮所坐生肖關係

5. 年、月、日、時之十二宮神，命宮爲主，其他節氣爲輔。（見附件一）

中年四十一歲以前注重命宮（先天爲體），四十一歲以後注重身宮（後天爲用）。

看大運的三方四正如何，依序十年爲一大運，僅是命宮的假借以大運的宮干四化所落之宮位，即爲其十年大運的重點之位，流年逢之，吉凶立現。命宮看其人之格局，大運看其行運機會，格局高，運到必發。其他流年流月流時同此。流年排法爲：「流年歲月起正月，逆逢生月順回程，回程順至生時止，便是流年正月春。」如以 93 年申年爲例，以申年起，反時針屬至申月，然後再轉回來，順時針屬至生時，即按斗君。斗君亦爲當年流月第一月，順時針每宮一個月，若逢閏月，仍在原月原宮上停留一個月，再往下數。

（八）從紫微斗數看疾病〔註 55〕

人生第一目標的追求，應是健康，有了健康身體，方能有其他的一切。空有抱負，沒有健康，如同一輛車子沒有汽油，無法奔馳。但身體體質狀況有些是遺傳基因，有些是在先天出生時刻，人體氣血成人後之五行與天星五行之生剋關係而產生某方面功能的不足。由紫微斗數命盤來看一個人的先天體質，與行運健康狀況，大約可從以下幾點來觀察：

1. 先天所帶來的疾病以原盤的命、身宮及疾厄宮來看，即體質稟賦來自遺傳。再依疾厄宮星曜之五行來論。一般而言，五行對應身體部分及現象如下：

　　木：肝、膽、四肢、驚恐、心悸、皮膚。

　　火：眼目、血壓、頭、小腸、循環系統、心臟。

　　金：肺、呼吸系統、氣管、胸膛、骨折、痨傷、大腸。

　　水：腎、腦、膀胱、糖尿、精冷、生殖、泌尿系統。

　　土：脾、胃、口腔、舌瘡。

2. 依疾厄宮之星曜來論，廟旺之地則少病痛，落陷逢煞則程度比較嚴重。

〔註 55〕以下資料來源自吳豐隆之《紫微新探》，頁 194～198。

紫微：胃、消化系統。加擎羊星沖逢，有開刀之虞。

天機：肝膽、腦神經、頭痛、耳鳴、手足麻痺。

太陽：頭、眼目、心律、大腸。

武曲：氣管、腸、筋骨、跌傷。

天同：腸胃、貧血。屬水，坐疾厄宮，又在土宮，會得發腫之病如豬頭瘟、虛胖等。

廉貞：腦神經、血壓、心臟、憂鬱。

天府：消化系統、腸胃功能。

太陰：腰腎、筋骨、婦人病、筋骨、小腹、泌尿、耳鳴。

貪狼：婦科、生殖器、下腹、泌尿系統、麻痺。會文昌、文曲於疾厄宮必得性神經衰弱及腦神經衰弱。宜強相火，補元氣。最怕與陀羅同宮，亦因色犯刑。凡紫微貪狼，或廉貞貪狼同宮皆易性生活過度。

巨門：牙齒、腸胃、消化系統、哮喘。加煞則有肺癌、胃癌之象。命坐巨門而疾厄星旺，或疾厄宮巨門陷地，總之，二宮需互相參考。

天相：皮膚過敏、感染、寄生蟲。

天梁：消化功能、肝火、失眠、細菌感染（肝炎、腎炎等）

七殺：肺、氣管、呼吸系統、筋骨、四肢、跌傷。

破軍：腎、泌尿系統、筋骨、視力、風濕。

文昌：氣管、飲食不當。

文曲：泌尿、飲食不當。

羊陀：四肢、跌傷、急症。

火鈴：皮膚、慢性病。

空劫：小毛病，如小感冒。血疾：

化忌：急症、受傷、氣虛。

天刑：氣管、呼吸系統、小兒麻痺。天刑陷地，多得小兒麻痺，如正星陷地有煞全身不利，如正星入廟，如為天機，足部麻痺，若為貪狼，手部麻痺。

紅鸞：血疾，女命逢煞沖，易血崩、難產。

天馬：流行性疾病。

3. 後天的疾病，即流年所遭遇到的，是依大運及流年之疾厄宮來看。

4. 以本宮的疾厄宮之宮干化忌星所落之宮位看病狀。即以化忌星曜所在宮位的五行來斷發病之症狀。

5. 疾厄宮星曜不宜太多，五行太雜，體質較弱。也不宜太旺的星坐守，如紫微、天府，或太陽居午宮，反主體若多病。

6. 廉貞星最不喜再化忌，容易有腫瘤之患。

7. 女命疾厄宮如有紅鸞、天喜星再逢煞星沖肇禍同宮，生產時容易難產或血崩。

8. 疾厄宮最喜逢地劫、地空單守，較不易生病。

9. 行限父母宮有忌煞星沖照疾厄宮，主父母或自身有疾。

10. 大運行至中年運以後的大限，若福德宮化忌，宜防壽元告終，或大限疾厄宮化忌，宜防重病住院。或逢廉貞星化忌於命宮、疾厄宮、福德宮，則易得到癌症或不易治療之症，宜小心。

（九）從紫微斗數看婚姻與桃花運〔註56〕

「問世間情是何物，直叫人生死相許」，由紫微斗數來看一個人的情愛過程，是相當細膩精彩的。諸如何時出現對象、對象之長相、人品，及交往過程、最後結局，在命盤中都一一呈現出來。宛如一本愛情小說，或一部愛情電影，繪聲繪影，喜怒哀樂，歷歷呈現眼前。茲列述看桃花原則如下：

1. 首先要會分別哪些星曜有桃花的意味。依序為化祿星、貪狼星、太陰星（男）、太陽星（女）、廉貞星、同梁會、紅鸞星、天喜星、咸池星、文曲星、天姚星。

2. 本命夫妻宮有桃花星者，一生桃花運多，也屬於正式的談戀愛。

3. 夫妻宮為七殺星，破軍星或貪狼落陷之人，傾向於匆促決定而結婚。

4. 本命夫妻宮如在隔角煞宮位，（命盤四角宮位為寅、申、巳、亥，其鄰宮即為隔角煞宮位）若主星落陷再逢四煞之一或化忌星同宮，則亦有離婚現象。

5. 行限夫妻宮有煞忌沖照，亦主夫妻不睦或離婚。本命有離婚現象，大限夫妻宮再有煞沖，大都主離異。

6. 男命夫妻宮如為太陰星或天同星再化祿者，夫妻性生活頻繁又滿意。

〔註56〕以下資料來自吳豐隆之《紫微新探》，頁 200～202。

亦屬于眾星拱月型，一生桃花多。

7. 男命夫妻宮爲桃花星多者，亦主夫妻性生活較多。若爲天梁、破軍則可有可無，除非化祿星進入會興奮異常。

8. 女命宮爲桃花星多者爲貪狼祿等，表示其性生活較頻繁滿意。

9. 夫妻宮有化科、天相星者，可經由介紹成婚，或與同學、同事結婚。

10. 癸干貪狼化忌，桃花星化忌，於女命最不利，代表易遇人不淑，感情波折大，無論男女如居身、命宮，一生難逃桃花糾纏。若有祿存同宮，稍可化解些。運限逢之，亦易有些風流韻事。陀羅與貪狼化忌同宮，容易因色犯刑或積色成疾。

附件一：十二宮神性情及職業論

（性情以生肖爲主，職業則以命宮爲主，其他節氣支爲輔）〔註57〕

一、子鼠、或農曆十一月或子（11～1）時生：機警敏銳

夜生活者，有好逸惡勞之本性，適應力強，觀察力敏銳、行動敏捷，天生樂觀，機智、聰明，有很強的環境適應力、應變力及直觀力。擅長交際，腦筋靈活，個性獨立堅強，可充分發揮多角經營的手腕。

缺點：慾望太高，易做出因小失大的事。因直觀力太強而較主觀，在行事上因而易遭受阻力。對事情之定性不夠，因而較無法有恆做完每一件事。

職業：偏向享樂、好慾惡勞之現象，適業務、精品服飾、漂亮的東西如裝飾品、珠寶、化妝品、日常生活的東西如皮包、皮帶等。

二、丑牛、或農曆十二月或丑（1～3）時生：任勞任怨

做事謹慎，忠實、勤勞、踏實、穩重、認眞、有耐性、能吃苦耐勞，責任感強烈，處事依照自己能力而爲，小心實在，予人慢條斯理之感，且略帶神經質。外表溫馴，屬和平主義者，但不太愛理人，喜歡才說，不喜歡即不理人。但因牛之體型大，發起牛脾氣，比虎還兇。屬大器晚成型，由於處事認眞，予人呆板感覺，不適合多采多姿之生活，不好高鶩遠、不好表現，做事能明辨是非，按部就班，是重視傳統的保守主義者。

缺點：性格倔強、固執、易走向獨斷獨行而招致毀滅。頑固、獨善其身，欠缺決斷力和對應力。

〔註57〕以下資料參見梓元理數研究中心 87 年，郭老師之「河洛理數」課講義。

職業：偏向中間商、福利工作者、技術改良者、系統管理設計等。

三、寅虎或農曆一月或寅（3～5）時生：權力、自大

虎是權力象徵，天生具有威嚴，勇敢、果斷、膽大，有勇氣、富冒險性，自尊心強，不喜受拘束。

缺點：不可獨斷獨行，宜多與人溝通協調；小心樹敵。

職業：自由業，偏向帶火性→電方面。

四、卯兔或農曆二月或卯（5～7）時生：細膩膽小

外表看來內向、溫柔、為人謹慎、勤勞、膽小，脾氣佳、性格纖細敏銳、直觀力強，氣質高尚，不喜與人為敵，不喜捲入是非，人際關係佳，喜歡過平穩的生活。所謂狡兔有三窟，即觀察力敏銳，蒐集情報能力很強，能預知危險，逃往安全之處。男命可說是好好先生及父親，會動手做家事，如燒飯、做菜、修理家具、清理廚具等。

缺點：處事過於謹慎、小心，有逃避現實之傾向，因想法保守而決斷力弱。如不壓制個人嫉妒心，易做出潛意識之惡行。

職業：人脈、傳銷、自由業、農產品、服飾。

五、辰龍或農曆三月或辰（7～9）時生：神秘完美

氣勢雄偉、生性浪漫，具王者之相，有大志，信念堅定，理想高，屬於完美主義者。神龍見首不見尾，處事神秘，與人捉摸不定，偶而會任性、呈現孩子氣的性格。外表看似茫然，一旦認真起來，卻發狂班充滿鬥志地工作，令人刮目相看。此種令人捉摸不定的個性，正是龍者魅力所在。

缺點：易因強烈自信心，經常未經深思熟慮就做決定，做事也朝著目標前進，不願接受別人意見。天生理想與完美主義者，易因挫折而放棄，欠缺耐性而為夢想家。

職業：精緻、精品、精美、漂亮、香的、美容美髮、自由業、享受。

六、巳蛇或農曆四月或巳（9～11）時生：隨機應變

富柔軟性與隨機應變的行動力，知識豐富，性格神秘，且具有過人的聰明才智及魅力。蛇是智慧的象徵，但如將其用在不好的方面，則會成為罪犯，必須慎重。表面文靜沈著，並流露冷漠神情，但其實交往後會發現其感情豐富，且富幽默感。蛇在地面匍匐前進，遇到阻礙能一一超越，這是其柔軟性，遭遇攻擊也會反擊，且有隨機應變的能力，適合思考方面的活動。有極強的

佔有慾與嫉妒心。

缺點：注意口舌是非，言多必失。

職業：技術、文化、文書、證券、土地、教育、社會福利、田宅、自由業、保險工作人員、利用文書之轉型。

七、午馬或農曆五月或午（11～1）時生：好動積極

天生具有行動力，性格開朗，自由豪邁，獨立心強。好動、奔波、靜不下，且好面子，思考能力與行動力是直線進行，適合離鄉背景打天下。馬在所有動物中可說是最早學會獨立的動物，有朝目標勇往直前的衝勁，不需別人協助，一個人也可堅強獨自活下去，此種生命力旺盛，不認輸之個性，正是馬比別人更倔強的個性表現。積極、率直，凡事講求乾脆，不拖泥帶水，愛恨強烈。女性由於工作力強，反而不善料理家務。

缺點：對事物採取積極性，但卻常因缺乏耐力與恆心，半途而廢。雖生命力旺盛，對周遭人極具影響力，但因性格開放，不能保守秘密，而招致失敗。做事想一氣呵成，欠缺考慮，易招致失敗與挫折。開放喜排場而打腫臉充胖子。

職業：帶驛馬性質，如觀光事業、交通、司機、雕刻藝術等。

合巳為傳達、傳播、社會文化藝術、電信、電力等。

八、未羊或農曆六月或未（13～15）時生：

由外表即可知其忠厚、內向，柔和而穩健，擇善固執，柔中帶剛，處事細心，條理井然，忍耐力強，持續向前，努力不懈，內心的感情纖細，是喜愛和平的個人主義者。不做表面功夫，腳踏實地，埋頭苦幹，如鴨子划水精神，且具有協調力。女性意志堅強，善於處理家務，但依賴心很重，愛撒嬌，單獨面對逆境或挫折時，便束手無策。

缺點：較神經敏銳，依賴心重，無法面對逆境與挫折，一旦遭受打擊，易有悲觀、懦弱傾向。

職業：有關女性之物，如內衣、化妝品、女紅、食品、插花、烹飪等。

九、申猴或農曆七月或申（15～17）時生：驕傲聰明

適應環境能力強，易到遠方。喜自我表現，性急驕傲、聰明有才智、調皮搗蛋、平易近人，頭腦靈活，機智，解決問題能力強，能言善道，適合推銷工作。女命不適合領導工作，而是協助的助理。性格開朗，洞察事理，熱

心服務，喜歡撒嬌，易贏得別人好感。在感情上必須誠實，不可欺騙或玩弄對方感情。與母親或年長女性有緣，結婚後顧娘家，男性也會與母親或丈母娘較有緣，因申屬坤位代表老母。

缺點：愛出風頭、擅做小事，以自我爲中心，才智雖超人一等，卻安於眼前小成就，欠缺長期計畫。

職業：技術、機械、重工業、自由業、法律制度的訂定。

十、酉雞或農曆八月或酉（17～19）時生：自尊嘮叨

自尊心強，外表溫馴，被惹也會發威。義務感強烈，喜表現個人風格，喜歡熱鬧場合，注重外表善打扮，而且希望自己是眾人注目焦點。不喜歡正式的裝束，而崇尚舒適、輕變的穿著，且喜強調自己的個性，而獨樹一格。氣勢盛，守規律，自我要求極高，喜歡別人誇獎，有獨創力。女性口齒伶俐，對色彩感覺敏銳，將自身事物處理有條不紊，有少女嬌氣，極顧娘家。男性結婚後也易往太太娘家跑。因酉屬兌，爲少女之星。

缺點：過於自信、短視、神經質，愛自我表現，要別人接受自己想法，如此會破壞團體秩序，易嘮叨而惹人厭煩。討厭別人馬虎，卻看不見自己缺點，一味找人短處。不會拐彎抹角，

職業：輕工業、家電、維修工作者如汽修、電腦、技術工程師、精緻物品、改良性工作如醫生、醫療、醫藥有關之行業及教育等。

十一、戌狗或農曆九月或戌（19～21）時生：忠誠執著

忠誠執著，食古不化，腦筋思想謀略皆不錯，天性率眞，對於自幾所尊敬之人熱情服從，不惜爲對方犧牲，對朋友忠誠，絕不背叛，主觀強，感情起伏不定，情緒不穩，性格善變。脾氣暴躁、易怒，卻對有恩的人百依百順，有時也讓人捉摸不定。行動敏捷，直觀力敏銳，機智、通情達理，純樸，也能言善道。對於感情愛恨之心強烈，一旦愛上對方，即不易變心。天生幽默、不服輸，對感情的表達方式直接，不會拐彎抹角，也不會使壞心眼。由於脾氣暴躁，最好能找有愛心、恒心及脾氣佳的伴侶。由於戌爲老父，因此外表較老沈持重，也較保守傳統。又戌爲土地、爲金融，所以易與土地、金融有關。

缺點：如有指導者帶領，年輕時便能發揮實力，到了中年，若擔任管理階層工作，易獨斷獨行，而遭遇挫折。

職業：公家機關、財經金融、經商、思想設計、管理業務、與金屬有關

之非生產事業、建築業、房地產等。

十二、亥豬或農曆十二月或亥（21～23）時

扮豬吃老虎，動物中最為聰明，帶土氣，稚氣、天真、脾氣好、做事直接了當，想到就做，不會退縮，率直，心直口快，真誠、樂天知命，具包容力。衝勁十足，意志堅強，做事不要心機，而是直接公開的做，同時也有不輕易妥協的個性。豬發怒時才表現出兇猛的個性，坦率做事，不工於心計，給人傻呼呼之印象。一般而言豬者很有自信，也有領導能力，才華橫溢，個性明朗活潑，機智，樂心替人服務，易贏得異性好感。臉上常笑容盈盈，內心卻很倔強，不肯屈服。結婚後顧家。

缺點：行動缺乏考慮，漠視別人看法，自我觀念強烈，獨斷獨行，可能落入陷阱而不自知。太易相信別人，可能受騙，不易與人協調，欠缺應付能力。

職業：企業、票券、銀行界、財經業務、業務管理、保險公司收費組、自由業，有沖時較不能做生意投資。

附錄參：風水養生

福、祿、榮、壽是人所嚮往；艱、難、危、困是人所趨避；飢、寒、貧、苦是人所難忍。趨利避害之心，是人群本能之反應，人皆有之。於是在中國此一東方文明之發祥地，逐漸形成「天人感應」、「天人合一」之系統"風水"，以此來考察周圍環境，擇其吉而避其凶。風水理論與中國醫學一樣，皆是由中國傳統哲學範疇之陰陽、五行、精氣三大學說所建構而成的。陰陽五行在風水中具有方法論之意義，其相剋相生思想及方法觀念，使風水有了可操作性；精氣思想是地人感應理論之補充，並使風水之選擇有了"護衛生氣"如此一個統一標準。風水調整的基礎是陰陽、五行、精氣。在東方醫學或氣功中，有幾個治療原則可維持身心的健康，迅速的解除病痛，其要點在調整氣血之流通、取得陰陽平衡，及調整體內五行（五臟），此種治療原則也適用於風水學。

中國風水學在長期的歷史發展過程中，隨著人類認識與科技進步之不斷充實完善，形成眾多流派。其中最基本之二大宗派：一種是形勢派，因注重在空間形象上達到天地人合一，注重形法、巒頭與三合。另一種是理氣派，

注重在時間序列上達到天地人合一，諸如：陰陽五行、干支生肖、四時、八卦、河洛理數、三元運氣等，以其推算所謂的「氣」以定衰旺吉凶，所以又稱三元運氣。元明以前，多以山川形勢，論斷陰陽、五行生剋之理，即以巒頭爲重，諸如：晉人郭璞《葬經》；元明以後，注重天心合運，以理氣爲重，效地法天，諸如：劻雍"卦氣運會"之說盛極。風水術的發展隨著居住空間的都市化、現代化，形勢派（巒頭派）之觀點正逐漸減退其在空間佈局及遷址的重要性，相對的，理氣派的觀點應用在空間之比重正逐步增加。「理氣」的操作方法甚多且繁雜有：游年八宅法、玄空挨星法、紫白飛星法、三合法（門與灶口之生剋）、龍門八局法等。

　　人類爲一個小單位的「生物電磁場」，地球是一個內含無數磁力場的「電位磁場」，人類的命運無時無刻都受到地球場及星際場所牽制影響，此種原理即爲「磁波感應」，其實我們中國人早在數千年前伏羲氏之兩儀和八卦中，已將大自然之無窮秘密運用於人際了。宇宙空間常變化的電磁場，與人體生物電磁場的交互作用，所以即引起人類健康與行爲的週期變化。人類的各類行爲反射，是宇宙、地球、空間電磁場的作用而引起的，因空間電磁場的不協調，我們受到影響，才會引起情緒變化，衝動、意外及生病。瞭解「磁波原理」之後，如何「天人合一」，趨吉避凶，亦是研究風水的神聖任務。"氣"是中國風水學的核心，認識氣，即懂得風水中的全部。古人望氣而治病，風水學中即以"氣"來選擇環境氣場。〔註 58〕氣的本質是超微粒子、是場、是波。在風水學中氣是什麼呢？按照中國傳統文化觀點，中醫講氣，道家講玄，儒家講浩然正氣，氣是"天地之始"，是"萬物之母""玄之又玄"是"眾妙之門"。現代物理學已將光、電、磁和場統一起來，光是可見的電磁波，"氣"與微波不謀而合。在醫療上微波可診斷和治療，在工業上微波爐已進入每一家庭。在風水中，"山環水抱必有氣"，"山環"和"水抱"類似於微波技術中鐵鍋狀的微波天線。風水學中的馬路、氣口、通道相當於微波技術中的"波導管"。風水學中的宅院、房子相當於微波技術中的"諧振腔"。風水學中風對氣的影響相當於微波技術中對流層對微波的影響。風水學中的門前障礙物及化解法，相當於微波技術產生的"駐波"及"匹配元件"。風

〔註 58〕 以下關於物理學光、電、磁場資料參見鄭全雄：《論易經風水思想與傳統建築及景觀環境規劃關聯性之探討》（臺北：國立台灣大學農業工程學研究所 1990 年碩士論文），頁 88～91。

－303－

水學中的"穴位"相當於微波技術中的"電磁聚焦點"。因此中國風水學理論是有科學根據而非迷信。本附錄論述以「理氣派」之游年八宅法、玄空挨星法、紫白飛星法為主，兼及三元龍門八局、尋龍點地納穴法、水法及砂法來趨吉避凶，達致養生之目的。

　　風水不只是對景觀設計而言，它還蘊含著中國傳統宇宙論的解釋，包括地理環境的空間形象、四季的變化以及日月星辰的運行規律，並依據空間和時間的情況，來選擇最有利的地理位置。人們寄居寰宇之中，即受天地之間五運六氣的影響，如春溫、夏暑、秋涼、冬暖之影響人們的作息與生活方式；即人們應依四季變化，採取如何對應而與之協調，進而達到免除疾病的目地。此外由於地理位置不同，居民生活習慣不同，其所患之病不同，而有不同的治療方式。此即地理方位對人們健康的影響。人身為一小天地，人居時空中，與天地間成一全息現象。在個人出生之命卦中，有其代表個人之天干、地支與五行之"氣"。空間則以一周圓（360度）分成八方，即八卦八個方位，每卦以四十五度為範圍，故以"空間"表八卦方位。"地方"為時間與"空間"之交會點，而"事"即為人類"生活"的描述，而"地方"即為人類"生存活動"之代表。陰陽更勝，氣之先後《五常政大論》言：「故治道者，必明天道地理，，人之壽夭，生化之期，乃可以知人之形氣矣。」在此風水即研究時間、空間與人體互動關係，以為趨吉避凶。

一、游年八宅法與天醫方及灶口、大門

　　住宅環境以八個方位區分之，所居住的人與住宅環境會產生互動影響，而其影響與八個方位所屬之八卦情性有直接關係，無論吉凶、病痛、生兒育女等均與住宅脫離不了關係。住宅之八個方位與八卦相對應，與人體會產生互動之影響，此為天地間自然變化理論的應用。如乾方有煞，流年凶星一到乾方，則凶禍立至，由於乾卦為老翁，所以災禍到時，主老翁生病，坎卦為中男，艮卦為少男，震卦為長男；巽卦主長女、長媳，離卦主中女、中媳，坤卦為母，兌卦為少女、幼媳。陽卦乾坎艮震，應在男性，陰卦巽離坤兌，應在女性。此為自人天人相應道理。舉凡居住環境之門戶、道路、灶位、樓梯、床、往來行人地氣衝動之處，乃至引擎鍋爐所在之地等，統屬環境中動之所在，配合時間之流轉，對人類所產生之互動關係。亦即空間中之使用物件與時間之流轉，二者交錯，對人體產生之互動影響，進而對健康產生的影

響。天地間以五行定方位，五行各有其相對應而表現之五行性，而人體又與之相對應，由於所納之氣不同，以五行生剋關係，而於天地之間有各異之氣呈現，人體之五臟六腑與之相對應而有各種相應之生理、心理反應表現。年月星辰中有五黃、二黑，司疾病死亡之事，一星獨到，危害尚輕，二星同到時，則形勢嚴重，輕則僅患險症，欲救更生，重者病勢凶險，藥石無靈，傷亡人口。但其土之凶燄，金能化之，輕病早行，免成險病。人無論貴賤貧富，智愚賢否等，無一不受此流行之時空交錯之大氣所制裁，無一能幸免，索性尚有禳解制凶之法。雖進德修業爲改變天地造化的方法，但若能精通"氣化之學"而善用之，也可奪天地之造化，改變命運的支配，轉危爲安。

　　將人依其出生之年歲歸屬於八卦之中，稱爲人之命卦，以此命卦之方位、五行與居家環境之方位、五行所產生之互動關係，吉凶禍福，因之而生，依此可以推斷及力求改變。如艮、坤命卦屬土，而納震、巽卦屬木之氣，則土遭木剋，而土主濕，主脾胃，受剋則致病，故病瀉痔等症，餘者類推。此論乃純以卦象之五行屬性生剋而論發病之原理，強調五行生剋與人體健康互動之影響。其中所謂灶口，即爲爐灶之納氣火口所朝之方向，取其所納之五行氣，對特定命卦之人，與其命卦之五行氣，產生生剋之互動關係，常人平時可保持健康，病者可助其速癒。而天醫灶不但關呼命卦與納氣之五行生剋互動關係，且強調人體命卦之四吉方與四凶方之運用，以爐灶壓凶納吉，而以所納吉氣，助益身體健康。亦即天醫灶與人體所產生之互動關係。

　　每個人依其出生之年（以每年"立春"爲當年之交換點）各配屬一命卦，以其命卦對應八個方位（乾——西北方、坎——北方、艮——東北方、震——東北方、巽——東南方、離——南方、坤——西南方、兌——西方），分別有四吉方（生氣、延年、天醫、伏位）與四凶方（絕命、五鬼、禍害、六煞）〔註59〕關係。吉方之氣與人體產生良性之互動關係，令人體健康納福，是正

〔註59〕　生氣：生氣即貪狼屬木，爲第一吉星。居震巽離坎宮爲得地，主科甲清貴，文人秀士，丁旺生五六子。生氣的吉利，應在甲乙亥卯未屬木的月分。
　　　　　歌曰：「貪狼生氣福更長，聰明孝友志氣昂，因功進田財帛旺，大發丁財無禍殃。」
　　　　　天醫：天醫即巨門屬土，是第二吉星，在艮坤兌宮爲得地，主富貴福祿慈善，生三子。應在戊己辰戌丑未屬土的年月。凡得天醫方，可以卻病除災。
　　　　　歌曰：「巨門天醫又天財，富貴長壽福又來，豐衣足食錢財有，倉庫滿盈不須猜。」
　　　　　延年：延年即武曲屬金，是第三吉星。在乾兌艮宮爲得地。主掌兵權豪俠之

面影響，稱為納吉氣；凶方之氣則與人體產生之惡性之互動關係，令人體病多災，是負面之影響，稱為納凶氣。所謂之氣，本身並無善惡吉凶之本質，而是與人體之命卦（即人體之"質"與"氣"），產生互動後，而有吉凶善惡之別。同一種氣，對不同命卦之人，則有不同影響，將受影響的人群分為二大類，一為東四命，另一則稱為西四命，此為命卦的分野。為何會產生此分也呢？在王德薰之《山水發微》中云：「由於八卦裡面所包含的五行，發生了很大的生剋，如乾兌坤艮的四卦都是互相生助的，乾兌是金，坤艮都是土，金與金，土與土，都是互相比助，並且金土是相生的。坎離震巽的四卦也是一樣，坎是水，離是火，震巽兩卦是木，於是水生木，木生火，也都是互相生助。但以乾坤艮巽的四卦，和坎離震巽的四卦兩相較量，則是大相敵剋。如離卦的火克乾兌之金，乾兌之金克震巽之木，震巽之木克坤艮之土，坤艮

士，主生四子，中富大壽，日月得財，夫妻和睦，早得婚姻，人口田畜大旺。應在庚辛巳酉丑屬金的年月，凡得延年方，可以增壽卻病。

歌曰：「武曲福星事事昌，人財興旺有主張，富貴人丁兼甲第，永無凶禍壽綿長。」

伏位：即輔弼木，是第四吉星。凡男女命卦，合得伏位方，主小富中壽。如果將爐灶的火門，朝向宅主命卦的伏位方，值天乙貴人到宮，其年必得子，又好養。

絕命：即破軍屬金，為第一凶星。門灶切忌之。主惡疾、短壽、絕嗣。其凶應在庚辛巳酉丑年月。

歌曰：「破軍凶暴在門前，劫掠投軍不堪言，賭博好訟聲啞出，敗絕亡家損少年。」

五鬼：五鬼即廉貞屬火，為第二凶星。主邪祟、火燭、官非，生一子。其凶應在丙丁寅午戌年月，凡官訟口舌都是犯五鬼廉貞方。

歌曰：「廉貞五鬼不堪誇，獨火爆火原是也，執拗奸詐無禮義，寅虎雷傷卯未加。失紅土血值離淮，四金財退瘟如麻，廉貞武曲巨門到，富貴丁財進金花，廉貞文曲來相會，野狐損人敗了家。」

六煞：六煞即文曲屬水，為第三凶星。主好淫遊蕩。其凶應在壬癸申子辰年月。凡耗散盜脫，都是犯六煞文曲方。

歌曰：「文曲遊魂掃蕩星，賭博好酒顛拐人，失火水厄離鄉敗，癆病腫瘋瘰癘侵。」

禍害：禍害即祿存屬土，主壅滯。是第四凶星。凡宅向方向與命卦相犯，主有官非，疾病，敗財，傷人口。其凶應在戊己辰戌丑未年月。爭鬥仇殺都是因犯禍害祿存方。

歌曰：「祿存絕體孤曜生，性頑過房莫怨天，賭博好酒遭淫亂，產死縊亡為道僧。」

以上資料參見王德薰：《山水發微》，頁339～340；及林瓊婉：《陽宅天醫方與人體之互動關係》（嘉義，私立南華大學環境與藝術研究所）頁8～9。

之土又克坎卦之水。於是互相敵對，使八卦顯然分成了兩個體系，一個是坎離震巽，一個是乾坤艮兌。而坎離震巽是從少陽少陰所生出，坎中男，離中女，震長男，巽長女，因此中長配合，而又成家之義。乾坤艮兌是從太陽太陰所生出，乾老父，坤老母，艮少男，兌少女，因此老少配合，而有成家之義。所以堪輿家便把坎離震巽四卦的住宅，定名東四。乾坤艮兌四卦的住宅定名為西四。唐代的大堪輿家楊筠松曾說：『震巽坎離是一家，西四宅爻莫犯他；若還一氣修成象，子孫興盛定榮華。』又說：『乾坤艮兌四宅同，東四卦爻不可違；誤將他卦裝一屋，人口傷亡禍必重。』」〔註60〕於此說明因為彼此之相生相剋，而分為東西四宅命，及相犯所生之害。人命六十花甲是怎樣配成卦的？王德熏以為：「這是一個配合，是根據洛書的九宮而來的。即是堪輿家所說的『三元命卦』。所謂元就是六十花甲的一周。三原則是三個六十花甲的周天。第一個花甲稱為上元，第二個花甲稱為中元，第三個花甲稱為下元。依照洛書的九宮來排列，它的次序是：一坎、二坤、三震、四巽、五中、六乾，七兌、八艮、九離。凡是上元九六十花甲中所生男子，都是從一坎起甲子逆行。例如：男命上元甲子生，甲子在一坎，乙丑在九離，丙寅在八艮，丁卯在七兌，戊辰在六乾，己巳在五中，庚午在四巽，辛未在三震，壬申在二坤，癸酉在一坎，周而復始，至癸亥而至於五中。五在中央無卦，男命寄之於坤，即是坤命。凡是女命在上元六十花甲子中所生，都是五中起甲子順行。例如：女命上元甲子生，甲子在五中，因為中央無卦，便寄之於艮，即是艮命。乙丑在六乾，丙寅在七兌，丁卯在八艮，戊辰在九離，己巳在一坎，庚午在二坤，辛未在三震，壬申在四巽，癸酉在五中，也是周而復始。……。無論男女命所配的卦是坎離震巽之一，便是東四命。凡所配的卦是乾坤艮兌之一，便是西四命。」〔註61〕男女各命卦可歸納由（附表 5-8-1）查出，

或公式推算出：女宮命＝民國數相加－2。五黃寄於艮

男命宮＝8－民國數相加。五黃寄於坤

其禍福吉凶男女各命卦四吉四凶方位見（附表 5-8-2）

（一）陽宅與災禍

人有旦夕禍福，人生的災禍，難以預料；有些人災禍頻繁，有些人則化險為夷，平安無事。誰不願過著平安幸福的日子呢？但是災禍還是無法避免。

〔註60〕王德熏：《山水發微》，頁 317～318。

〔註61〕註同上，頁 318～319。

人往往在一念之間，而造成很大的災禍。因爲陽宅的錯誤，而造成災禍，所佔的比例，是很大的。

乾命犯絕命離向，主火災，仲媳忤逆，傷妻女，或妻女淫亂，而至於絕滅。犯坎方來路灶向，有人命干連。犯震方則奴僕竊取逃走，人口逃亡，遭火災賊偷之事，兼傷長子，犯巽方則傷母，傷妻及長子女。

坎命犯坤方，主老母不慈，妻妾不和，至傷克而絕。犯兌方必自生惱怒，主刀傷吊縊，夫妻不睦，傷妻及婢女。

艮命犯震方，長子不孝，傷子不孝，傷父母，手足，犯巽方自傷手足而夭折，夫妻不睦，長子忤逆。犯離方主火災，妻淫遠播，或妻恃權欺夫，擾亂家務，夫怒成病，常自哭泣。犯坎方屢遭失竊，破財及水災等事。

震命犯兌向，主季子不孝，且傷及長子女，而至絕滅，又怒自縊，女命犯此主癆擦思縊，如果來路吉者有救。犯艮向有人命之官非，傷季子小僕。犯乾向先傷老父‧繼傷長子，老僕自縊，或失竊火災。犯坤向主訴診破財，夫妻不和；老母不寧。

巽命人犯艮向，先傷季子後自病絕。犯兌方遭人命，傷季子女。犯乾向傷老父，長子不孝且傷，老僕受父責辱，母及妻均癆病死。犯坤向主傷母，夫妻不睦，失竊火災等事。

離命犯乾方主夭絕，傷父及長子大僕，或在西北方爭鬧，頭破流血，如來路吉者不死，婦人犯之受翁責罵癆夭。犯坤向主母吵鬧或傷母，夫妻失和，若犯凶卦太多，而灶口又向坤，久必中毒死，或全家中毒。犯兌向主失竊火災之事，犯艮向主破財，傷人口。

坤命犯坎向，主投河自縊，或溺水成災。又主虛損，傷仲子，繼傷長子而絕。犯離方則遭人命，或妻淫，仲媳忤逆，如有母則爲仲女，以一家長幼分仲季。犯震方有得勝之官非破財，長子不孝，大僕不仁。犯巽方主母及妻等竊財，婢僕逃走，傷人口及火災之事。

兌命犯震向及傷長子，跌傷手足腰背。犯巽方主母吵鬧、妻淫、損目、折股。犯離方主失竊、火災、淫亂。犯坎方主水災，或投水溺死。

（二）陽宅與訟獄

凡是宅向、門向、灶向、犯命卦的四凶方，沒有不遭受災禍與疾病的。而四凶方中，犯六煞、禍害、五鬼方的人，又以官非訟獄爲多。

乾命人犯離向，主官非訟獄，犯坎方來路灶向，有人命牽連之風波。犯

巽方有東南方婦人唆訟破財。犯離方禍害,常有得勝之官司。

震命人犯艮方六煞,有東北方黃矮人,干連人命,以致成訟,犯坤方禍害,則是西南方黃矮人唆訟破財。

巽命人犯兌方六煞,遭人命之官非。犯乾向,主西北方圓面大頭男子唆訟破財。

離命人犯坤方六煞,主西南黃肥老婦唆訟破家,犯艮方禍害,主東北方有面黃童子爭訟破財

坤命人犯離方六煞,則遭人命干連之訟獄。犯震方禍害,有得勝之官非。

兌命人犯巽方六煞,有東南方長身婦人唆訟,犯坎方禍害,主官非,纏訟不休。

以上資料來源自:88 年中國命運大學,余勝唐老師「堪輿風水課」講義

以上四大吉利方位,最宜宅向,開門,安床,作灶,不宜作其他雜屋。四大凶星的方位,最宜廁所,灶座,煙通,浴室等,以鎮其凶,不但無災,反可致福。造宅新建者,應當謹慎,而遷移徙居更當妥為選擇。

(三)納音五行之運用

羅經三盤都有六十甲子,因為十天干和十地支的挨次相配,於是十二地支便產生了各有五個不同的天干。如子宮有甲子、丙子、戊子、庚子、壬子。午宮有庚午、壬午、甲午、丙午、戊午等是,而各宮金木水火土的納音五行全備。如子宮的五子,甲子是金,丙子是水,戊子是火,庚子是土,壬子是木。午宮的五午,庚午是土,壬午是木,甲午是金,丙午是水,戊午是火。不但如此,其五行次序,完全和納音五行一樣,一火、二土、三木、四金、五水。羅經上面各宮之納音五行,和陽宅有著極大之用處。因為各宮都包含水火木金土的五行,於是與年命相配,便發生生剋之不同。如年命是甲子生,甲子納音是金,而用納音屬火的方向,則是金被火剋,如果用納音屬土的方向,辨識土來生金。所以雖同在一宮之中,而生剋吉凶各異。因此立宅、開門、安床、作灶時,對於宅主之年命必須配合得宜。尤其爐灶為飲食之源,所主吉凶禍福最快。萬一安置爐灶之地,限於地域,不便灶口之方向,以致無法合得命卦之四吉方,即必須平分納音五行,使宅主之年命相生相助,否則大凶。

所謂「宅主」,是指直系血統之最尊親而言,如父母在堂,則以父親為主,父親去世,則以母親為主。夫妻二人則以夫為主,妻則輔助之。假如夫命屬

東四命,妻命屬西四,則雖以夫之命卦為主體,但在立向時,必須使納音五行與妻之年命納音相生,或者立宅、開門,作灶以夫之命卦為主,安床則以妻命為主,否則妻不吉利。凡立宅、安門、作灶之方向,與年命相生為上吉,與年命相比和為次吉,與年命相比和為次吉,年命相剋方向更次之,若方向與年命納音相剋,則主災禍。

（四）分房安床

　　一個人之一生,除住宅外,就屬床和人之關係最密切了,因此其方位也就格外重要。床位主要條件是合乎命卦,且不可當門而設,床上不可有樑柱,也不要正對著鏡子。另外父母兄弟子女同居共爨,個人居住的房床方向,有相宜或不相宜,所以有分房安床之法。其法是凡屬西四卦之命,不論男女都要在父母床位之陰方。所謂陰方,即是在父母床位的巽離坤兌方。凡屬東四命,則在父母床位之陽方,即父母床位的乾坎艮震方。假如妻病,岳母來看護,病人是東四命,若床位在岳母床之西,則病更重,若在岳母床位之東,則病可速癒。

　　以上資料參見王德薰:《山水發微》,頁 343～346。

（五）遷移來路

　　如果移居遷灶,或出外賃居客寓,以及上官嫁娶,往來於千里百里丈基尺地,都有來路。如舊居街西,今則遷移於街東居住,叫做震宅,所謂東四宅來路,東四命居住很吉利,西四命人居住則不吉利,叫做來路無根。居一個月以後失財,百日後疾病口舌,半年後傷子退財。反之如西四命自東移居西方則吉,一個月後得小財,一年以後發大財而且有壽。凡灶座以及遷移來路不吉,宜權借他灶食四十九日,以變更來路,而使之吉祥。所謂借食他灶,變更來路,即是說東四命人自東向西移遷不吉,須在欲遷入之新宅之西,暫住四十九日以後,再行遷入新宅,則正是改為自西入東,所謂合灶,又叫做抽陽換陰。

　　以上資料參見王德薰:《山水發微》,頁 323～324。

（六）爐灶與天醫

　　灶座和煙囪壓本命（即命卦）的生氣方,主墮胎無子,被人毀謗、不招財,人口逃亡,田畜破敗。壓天醫方,主久病臥床,體弱肌瘦,服藥不效。壓延年方,主無財,少壽,婚姻難成,夫妻不睦,人口病,田畜敗。壓伏位

方，主無財，困夭，諸事不順。所以灶座煙通，都不宜壓本命的四大吉方。如壓絕命方，主健康長壽，生男易養，進人口，發財。如壓六煞方，主有財，無訟獄，無水火之災，不損人口。如壓禍害方，主無訟無病，不退財。如壓五鬼方，主無火災，無竊盜，招婢僕忠心，助主發財，無禍不病，大旺田畜。

　　以上資料參見王德薰：《山水發微》，頁349。

二、紫白飛星

　　"紫白飛星法"是由洛書演變而來的九宮圖，經堪輿家將九宮配七色與五行，即「一白屬水、二黑屬土、三碧屬木、四綠屬木、五黃屬土、六白屬金、七赤屬金、八白屬土、九紫屬火，」其中一白、六白、八白、九紫為吉星，二黑、三碧、四綠、五黃、和七赤為凶星（見附圖5-3-1），故此一風水法被稱為"紫白飛星法"，又稱為"九星吊宮法"或"九宮飛泊"、"八宅調遞法"，可配合八宅遊年法，參考運用。同時更要配合三元九運年月九星、紫白飛星組合、紫白斷訣，對於判斷陽宅吉凶將更有幫助更準驗。其吉凶原理及應用如下：

（一）五行生剋原理及應用

　　其法以本局（本山）洛書星入中宮，（見附圖5-8-2），以八方位洛書星數為客體，中宮洛書星數為主體，依分佈的洛書星數五行論生剋吉凶，得出八方之氣：生氣、旺氣、煞氣（殺氣）、洩氣、死氣、關方等。

1. 生氣方

　　星數五行生入中宮飛星五行的方位，即生中宮，為生氣吉方。例如乾宅為金局，飛八白土至兌方，宜開後門，安神位香火、安床、作臥房大吉，放辦公桌位、金庫、生財器物，皆吉利可招財，有情水來朝則財旺，有土行高峰吉利，逢六白武曲星到，主升官發財；飛二黑土到坎方土生金為生氣，宜開後門，安神位香火、安床、作臥房皆佳，有高峰或高大建築物吉利，忌作倉庫閒房。坎局為水局，飛六白金到坎方、七赤金到坤方金生水為生氣，吉方愈動愈吉，坤土生七赤金，使生氣方更旺，宜安桌位，生財物、銀櫃，西四命可於此方開門，作臥房吉利發達，東四命則次之。……

2. 旺氣方

　　星數五行相同於入中宮飛星五行的方位，即與中宮比和，為旺氣吉方。

例如乾宅為金局，飛文昌位與官位七赤金至乾方，金與金相與比助，可開後門，忌作廁閒房，宅後有山峰如土金形，主發富貴出貴子。

3. 煞氣方

星數五行剋中宮飛星五行的方位，即剋中宮為煞氣（殺氣）凶方。如乾宅飛九紫火到艮土為殺氣方，艮土洩九紫火，宜靜不宜動，忌開門。

4. 洩氣方

星數五行為中宮飛星所生的方位，即中宮所生為退氣凶方。如乾宅飛一白水到離方為退氣方，開門不宜，唯東四命逢此方當運開門則可。東四命安床作書房皆可。安香火不宜。西四命作灶可。不宜作老人臥房。逢一白四綠到，此方以吉論。

5. 死氣方

星數五行為中宮所剋的方位，即為中宮所剋為死氣（財方）吉凶參半。如乾宅飛三碧到坤方為死氣方，西四命可作臥房安床、安神位香火。東四命可作灶廁。逢水路直沖老母婦女不利，忌開門。

6. 關　方

五黃飛到之宮為沖關方。五黃沖關方不可一律論為凶方，必須配合其他地理學理及巒頭形勢外局綜合論斷，才可決定其吉凶。乾宅飛五黃到巽方為關殺方。上元下元運平平，中元運較不利，宅前忌有煙囪、電桿、大樹、廟寺、道路直沖皆凶。東寺命逢此方當運開門則可。

7. 文昌位

指四綠木所飛到之處，不論生、旺、洩、死、煞（殺）方，即為文昌方（位）。如坎宅文昌方位於艮方，坤宅文昌方位於兌方，震宅文昌方位於乾方，巽宅文昌方位於宅中央，乾宅文昌方位於震方，兌宅文昌方位於坎方，離宅文昌方位於離方。

8. 官　星

指一白水所飛到之處，不論生、旺、洩、死、煞（殺）方，即為官星。坎宅官星方位於中央、坤宅於巽方、震宅於震方，巽宅於坤方，乾宅於離方，兌宅於艮方，艮宅於兌方，離宅於乾方。

文昌方與官星方在紫白飛星的空間佈置利用上，可做為書房或神明聽的空間。（附表 5-8-3 及 5-8-4）為紫白飛星意涵表及紫白飛星方位納氣速查表，

其餘詳細圖表可參見吳延川：《風水理氣派操作方法運用於建築設計之研究——以紫白飛星法為例》，〔台中，逢甲大學 2003 年建築及都市計畫研究所碩士論文〕頁 56～71。

（二）奇門遁甲原理與應用

以一、六、八白及九紫到方為吉。根據奇門遁甲，洛書一、六、八數恰位於休門、生門、開門三吉門，九紫位於景門（見附圖 5-8-3），所以一、六白及九紫稱為"善曜"，二黑坤死、七赤兌驚、四綠巽杜、三碧震傷為凶。

（三）三元氣運

氣運——即氣數的運行，也是根據河圖與洛書而來。洛書以一白坎、二黑坤、三碧震、四綠巽、五黃中、六白乾、七赤兌、八白艮、九紫離、為九疇的氣數。用奇數來代表子午卯酉四正位，耦數來代表乾坤艮巽四隅的位置，中央五數為黃極不動。於世八方和中央合成九疇之方位，然後將九疇分為上元、中元、下元，每一元管三個數，因此稱為三元九運。一白坎、二黑坤、三碧震，此三個數為上元花甲，合計六十年。四綠巽、五黃中、六白乾為中元花甲，合計六十年。七赤兌、八白艮、九紫離，為下元花甲，合計也是六十年。因為一元是六十年，而一元管三數，於是每一數便有二十年。一數二十年是自上元花甲中的甲子年開始，到癸未年止。二數黑二十年是自上元花甲中的甲申年開始，至癸卯年止。三數碧二十年是自上元花甲中的甲辰年開始，至癸亥年止，上面此一花甲統稱為上元運。四綠巽、五黃中、六白乾，是中元運，因為五黃中無卦，皇極不動，於是將五黃中二十年，分十年於四綠巽，又分十年於六白乾，因此四綠巽自中元花甲中的甲子年起，至癸巳年止，合共三十年。六白乾自中元花甲中的甲午年起，至癸亥年止，合計也是三十年，上面此一花甲統稱為中元運。七數赤二十年是自下元花甲中的甲子年起，至癸未年止。八數艮二十年，是自下元花甲中的甲申年起，至癸卯年止。九數紫二十年，是自下元花甲中的甲辰年起，至癸亥年止，以上此一花甲，統稱為下元運。上中下合共九數凡一百八十年，分三元為一周，又轉至上元，運行不息。相傳自黃帝命大橈氏創甲子編年以來，迄今已是八十六甲子，而今年民國九十三年則進入下元八白土運。

根據上面所述，所謂三元九運，其中因五黃中無卦，寄於四六二運，則實際上止有八運，於是以九星來配各運，則一運是貪狼，二運是巨門，三運

是祿存，四運是文曲，五運是廉貞，六運是武曲，七運是破軍，八運是左輔，九運是右弼。又因爲每卦包含天地人三個方位，合共是二十四個方位，於是每一運也包含了天地人三個方位。一運貪狼爲甲子申，二運巨門爲乙壬坤，三運祿存爲癸未卯，四運文曲爲巽亥辰，六運武曲爲戌乾巳，七運破軍爲艮丙辛，八運左輔爲寅庚午，九運右弼爲丁酉丑。至於何者當運？何者不當運？也有一定的理數。根據王德薰在《山水發微》中認爲河圖的數是一六共水宗，二七同火道，三八爲木朋，四七爲金友，五十同土途。而一四合五，二三合五，四六合十，三七合十，二八合十，所以一六、二七、三八、四九、合五、合十之數，都是同類相求，同氣相應。因次氣運的變化和衰旺，也就循著這一定的理數來配合了。例如現在是八運，八數中包含寅庚午，因此寅庚午即是本運之當令。因爲三八爲木朋，二八合十，所以二運巨門乙壬坤，三運祿存癸未卯也都是合運的。

關於三元九運及干支紀年統屬表、三元九運近期分元分運明細表、三元九運各局吉凶表請分別見（附表 5-8-5、5-8-6、5-8-7）。

（四）年月日紫白飛星與內外事吉凶

"陽宅紫白飛星" 運用在飛布九星之排列層次分爲：

1. 看局法

先決定宅局，再以宅局星數布入中宮，依洛書順序順佈星數，並以「五行生剋原理」求得生、旺、、洩、死、煞氣各方。按古法係以建築物與河水的相對八卦後天方爲關係而定，如同一條河，建築物位在河的南方稱爲 "離局"，在河的北方稱爲 "坎局"，如建築物四面均有橫河則爲 "中宮局"。現代風水看局法，在都市中建築物若不鄰河，則以道路代替河流來定局。

2. 坐山法

先決定建築的坐山，再以該卦洛書星數布入中宮，並以「五行生剋原理」求得生、旺、、洩、死、煞氣各方。坐山法以建築物所坐落的軸線方向，量出其後方周天角度位在何後天卦位上，即以該卦爲坐山，如一坐北朝南之建築物北方量得 337.5°～22.5° 在「坎卦」範圍（角度與卦位關係表見表 5-8-8 二十四山三元龍之陰陽及角度表），即稱該宅坐 "坎山" 爲 "坎宅"。

對坐山法與看局法的運用判斷，基本上外六事以看局法定局向，而坐山法則運用於內六事方面。

　　"紫白飛星法"在運用上往往須將時間因素列入，利用算年月紫白九星飛臨各方（見附表 5-8-9 年紫白入中、5-8-10 月紫白入中），求其吉凶以為占斷及修造之用。在占斷方面以氣口（大門）為主，依該年該月該日紫白飛星入中，順佈九宮，飛到之星為客，九宮為主，比較五行以論生剋，星生宮為吉，剋宮為凶，又九星以一、六、八白為吉星，若不剋宮便作吉斷。而五黃為"正關煞"，所到之方宜靜不宜動，否則為凶。

（五）外六事與風水厭勝制化法〔註62〕

　　外六事於今泛指建築外一切虛實空間及物件，如道路、溝渠、空缺、建物、樹木、街道等。當堪輿家為人堪輿陽宅時，其順序必先由遠而近，由外而內，外局（外六事）吉，內局（內六事）亦吉者大吉，外局吉內局凶者小吉，外局凶內局吉者小凶，外局凶內局亦凶者大凶，故外六事為首要。對於不良的外六事，除屬於符籙祈禳法外，常備用來化解形勢巒頭上之凶煞物體，如路沖、巷沖、屋脊沖射、屋角、柱沖、寺觀飛簷沖射等，較為務實做法則採用"遮、"擋"之法，所謂"遮"即是利用人造物體來遮蔽沖射的景物，如造牆或種植竹木等植物，至於"擋"則是在沖射物與陽宅間利用水池、花圃、石塊等來阻擋沖射。

　　"紫白飛星法"對於不佳的實體外六事的制化因應，除了採取遮、擋之法外，也採取五行生剋的手法，例如陽宅受廟宇飛簷沖射，其五行屬火，故於其沖射方位挖設水池，用水剋火；就路沖而言其五行屬木，故風水業者建議經營餐廳與五金行業，因餐廳五行屬火，木生火反而有利，稱為「化煞為權」，五行行業屬金，金剋木故不虞路沖，凡此種種皆不外於五行生剋制化的運用。而屬於理氣方面不佳的"星氣"的風水厭勝制化法，內、外六事皆同，依飛星所到煞、洩氣方（凶方位）屬於何星，而採取不同因應方式，一般而言，一、六、八白三吉星，雖臨煞氣方，但在凶煞的影響不大，至於其他二黑、二碧、四綠、五黃、七赤、九紫之厭勝制化法，除了"遮、"擋"法外，餘如下：

1. 二　黑

　　懸掛銅鈴、風鈴或用銅鐘時時鳴之，因二黑五行屬土，銅鈴風鈴之聲五行屬金，土生金可以化解二黑五行之煞氣。

〔註62〕 以下資料參見吳延川：《風水理氣派操作方法運用於建築設計之研究——以紫白飛星法為例》（臺中：私立逢甲大學建築及都市計畫研究所 2002 年碩士論文），頁 83～85。

2. 三 碧〔註63〕

以玻璃瓶，內儲清水，加鹽一斤左右，放置銀幣一枚、銅錢六枚封口儲存，製成"安忍水"置之。

3. 四 綠

為文昌，遇煞無法發揮作用時用一支大毛筆、四支小毛筆放置於該處，或種植草本植物，因四綠原位於巽卦，巽卦為柔木，毛筆與草本植物符合此一卦象。

4. 五 黃

用六枚古銅幣，繫於五黃飛臨之方，亦是取土生金之義。

5. 七 赤

放置水缸儲水，內養一尾或六尾黑魚，因七赤五行屬金，取金生水之義。

6. 九 紫

制化之法與七赤同，蓋因九紫五行屬火，故以水剋火。

由上分析可發現，紫白飛星之風水厭勝制化法，是根據五行制化原理，因此只要明白五行之理，便能運用於風水上之消災解厄。

（六）空間方位的區分

"紫白飛星法"在方位的運用上，自然應以九宮來劃分，在空間的區分，大多依空間各邊長均分成三等分，來劃分九宮，用以排佈空間機能。紫白飛星法與風水禁忌運用在現代居住空間的吉凶規範

"紫白飛星法"依照傳統內六事的吉凶規範演變至今，運用在住宅空間方面主要以門、臥室、神明廳、書房、廁所、廚房，設備方面以瓦斯爐（灶）為主要操作對象。其方位吉凶、禁忌分別歸納如下：〔註64〕

1. 門的方位規範

不論前門、後戶或便門皆以安置於生氣方、旺氣方即為死氣方或退氣方而同時飛到一、六、八白星者，除此之外大門亦可安置於五黃"關煞方"，唯該方不可有路沖，若不可避免時需設照牆遮阻之。

〔註63〕尚待驗證。

〔註64〕以下方位吉凶禁忌及紫白飛星堪輿操作實務資料分別見吳延川：《風水理氣派操作方法運用於建築設計之研究——以紫白飛星法為例》（臺中：私立逢甲大學建築及都市計畫研究所 2002 年碩士論文），頁 87～101 及頁 104～106。其設計實務操作部分請見頁 107～118。

門的風水禁忌規範：

（1）大門需開於龍邊（宅左方），不可開於虎邊（宅右方）。

（2）前爲門、後爲戶，後戶不得高大過於前門，前門宜置兩扇，後戶不得置兩扇。

（3）門高於房，必定損人丁。（指圍牆大門）。

（4）兩家門相對，必有一家退。

（5）對直三門不宜，縱對宜偏常閉塞，方免災禍及是非（指外門內門與後門不可成一直線）

（6）兩門靠一柱（柱在門中間）錢財定不聚。

（7）開門見柱號懸針，不損錢財損子孫。

（8）三門相對成品字，口舌是非多。

（9）屋大門小謂之閉氣主病，屋小門大謂之洩氣退財。

2. 臥室方位規範

臥室不宜安置於洩氣方，可於死氣方及生氣方、旺氣方、煞氣方。但臥室在煞氣方時床頭必須置於該房間的生氣方。

臥室風水禁忌規範：

（1）臥室只移開一門忌開兩門出入。

（2）安床切忌騎梁，亦不宜擔梁。

（3）柱對屋門主孤寡，穀倉在床後隔壁貼床者，主損女人小孩。

（4）臥房須著壁，不可懸空。

（5）臥床頭腳不可正對門。

（6）臥房前後不可有廚灶。房前主眼目昏花，房後主婦女經痛。

（7）俗云：「明廳暗房」，所以臥室不可太明亮。

（8）臥室之內設備以方形爲主，忌圓形。因方主靜，圓主動。

（9）臥室門不可對廁所門、儲藏室門、臥室門、大門。

3. 神明廳的方位規範：

神明廳不可設於關沖方及煞氣方。

神明廳的風水禁忌規範：

（1）神位勿正沖道路或巷路。不可將神明廳安置於尖端角落。

（2）神位勿在大樑之下。勿置於臥室中。勿安置靠樓梯行走之牆壁。

（3）神位勿被屋角所射。下方不可爲通道或門。神位背後不可有浴廁、

臥室。

（4）神位勿向廁所或房門，勿看到反弓路，或被屋角及尖銳物體所射。

（5）神位前祭拜空間不可太窄，深度約供桌高度之 2.5 倍。

（6）神位不可安置在大門兩側。

（7）神位前日光燈須與神桌平行，若垂直爲燈沖。

4. 書房的方位規範：

書房宜安置於紫白飛星四綠方，即「文昌方」或一白「官星方」。

書房風水禁忌規範：宜窗戶明亮，忌蔽塞昏暗、近灶、近廁。

5. 廁所方位規範：

廁所最宜安置於洩氣方、死氣方，不可安置於生氣方、旺氣方、殺氣方及關沖方和文昌方。

廁所風水禁忌規範：

（1）門前若有坑廁屋，官災心痛發幾場。

（2）廁屋對灶門，婦女有害。

（3）廁所不可設在大門路口旁。

（4）廁所設在宅中央爲陽宅大忌，稱「穢處中宮」。

（5）坑廁忌在乾方。當門不可見坑廁。

6. 廚房、瓦斯爐的方位規範

廚房、瓦斯爐宜安置於生氣方、旺氣方，忌安置於關沖方或紫飛星六白金及七赤金所飛到之處。無方位可安置時，洩氣方亦可用。

廚房、瓦斯爐的風水禁忌：

（1）瓦斯爐不可正對水龍頭。廚房忌與廁所相對或相連。入門不可以見爐灶，主漏財。

（2）廚房切忌設在住宅前面或客廳之前。切忌設在兩臥室之間。

（3）「火燒天門，主損老翁」因天門位於西北乾卦，於人代表父親，故爐灶不可設於西北邊。

其內六事方位歸納表見（附表 5-8-11）。

（七）紫白飛星法在堪輿實務上的操作步驟

1. 依據建物外部的道路定局，測量外六事所在之方位。

（1）依元運法判定所納氣運吉凶。

（2）以所定宅局飛佈九宮，依生、旺、退、死、煞決定外六事吉凶。

（3）外六事為凶時，選擇厭勝制煞或搬遷趨避。

2. 依建物軸向決定坐向、測繪建物平面圖，並以方位區分原則為九宮。

（1）以坐山之星入中宮，飛佈求出生、旺、退、死、煞氣方。

（2）檢討內六事之使用，是否與紫白飛星生、旺、退、死、煞氣方結果相符，相符者為吉，違背者為凶。

（3）檢視內六事是否違反風水禁忌規範。

（4）內六事之使用判定為凶時，則以厭勝、變更格局、變更使用用途及搬遷來解決。

三、三元玄空

三元玄空風水學是中國風水學的集中囊括，講求陰陽五行宇宙氣場效應。理氣派的基本宗旨，簡而言之，就是根據易經八卦、河圖洛書、九星飛佈、陰陽五行的規律，將天（日、月、星宿）、地（地理、地質、宅、舍）和人（命、運、相）的時空構成聯繫起來，分析其間相生相剋的關係。對其操作性而言，是以羅盤為工具，以挨排洛書九星定理氣，又以自然環境的山、水、地的佈局為依據，兩者接合，確定衰旺，若純熟運用，則十分靈活。換句話說既要理氣，又不死套理氣；既要環境（巒頭），又不迷戀於環境。屬理論與實際接合的過程；具體而微地作出建築物座向、佈局乃至營造時序的選擇與處理。一切以實際出發，來定建築物之吉凶。按照現代科學之觀點，即是探尋天、地、人合一，合則吉；不合則不吉。在現代建築上之應用，需要由道路網路、屋宇形學、空間格局、景觀配置、顏色配合、室內佈置等來設計營造。

（一）玄空定義

據《淮南子·本經訓》，「玄」即元氣，，指天，表時間。「空」即範圍，指地，表空間。古人認為天象運行即代表時間，萬物生長之處代表空間。玄空理論乃從時空角度研究住宅環境之優劣；其功用是選擇建築物的最優基址與朝向。即以玄空理論立足於運盤、山盤、向盤之九宮飛星構成的相互關係，來推斷建築物的吉凶，故玄空風水學與時間和空間有很密切之關係；簡單的說，風水之技巧即是在某一段時間內，選出最好的空間。

（二）四神理想之基地意象

　　四神被認為是位於東、西、南、北四方之靈獸，也就是東有青龍（東邊有河），西有白虎（西邊有道路），南有朱雀（南邊有池），北有玄武（北邊有山），「山環水抱，氣聚有情」是歷代建築物風水選擇之最高境界。但在現代都市中建築物林立，寸土寸金下談何容易？以下為胡肇台先生在其論文《中國風水在建築選址定向之應用》〔註65〕中提出之其風水標準模式之想像境界：

1. 靠山：即在所選基地或建築物為中心（中勾陳），在它後面（玄武方）要有山。即為可依靠之力量。在人際關係上為長輩、上司、提攜、後台。象徵有後台，有依靠之力量，即提攜之貴人。

2. 左青龍：即在所選基地或建築物為中心（中勾陳），在它左邊要有山。是代表助力。是下屬、助手、朋友。象徵外來之助力與貴人相助。俗語說：「不怕青龍高萬丈（青龍主貴人），只怕白虎抬頭望（白虎主小人）。」

3. 右白虎：即在所選基地或建築物為中心（中勾陳），在它右邊要有山，象徵財力。

4. 明堂：即在所選基地或建築物為中心（中勾陳），在它前面（朱雀方）要有一個開闊之地，再有清澈秀美有情之水。代表前景。象徵事業之前景。

5. 案山：即明堂前方較近之山，離所選基地或建築物為中心（中勾陳）較近，是代表名聲，象徵名氣。

6. 朝山：即明堂前方較近之山，離本建築物為中心（中勾陳）較遠，是朝拜、朝貢之意，代表貴人來朝。

　　在目前建築物受建蔽率與容積率之關係，都往空中發展，因此在建築叢林之大都會，既看不到山，也看不到水，風水術家古法今用，作了如下變通，即將靜態之建築物高樓大廈想像為山（假山），動態之道路系統及天橋想像為水（虛水），廣場、公園、曠地想像為水池湖泊，雖非完美境界，但在運用上，尚能達成共識。即在所選基地或建築誤為中心（中勾陳），後面之大廈高樓即為靠山，左右兩編織大廈高樓即為青樓白虎，前面之廣場或公園為明堂，隔著明堂（廣場或公園）較矮之大廈樓房即為前案（山），再遠之建築物即為朝

〔註65〕胡肇台：《中國風水在建築選址定向之應用》（高雄：國立高雄第一科技大學營建工程系 2003 年碩士論文），頁 75～76。

山。以符合陽宅四神〔註66〕相應之吉象。（見附圖 5-8-4）

（三）三元九運

　　據天文物理學資料推算，在太陽系九大行星（水星、金星、木星、土星、天王星…等），爲強大之電磁場互有錯綜複雜之電磁波效應，人身在地球上行走當切割磁力線而帶電，籠罩著人身如同小店磁場，當受九大行星運轉所帶來之強大電磁波之干擾而影響人類；以木星爲太陽系行星中之巨人，是地球的三百一十八倍，直徑是第球的十一倍，運轉速度最快，每年轉 30°，鬧太陽公轉一圈爲十二年，另土星又稱光環之主人，是沿著赤道而運行，每年轉 12° 繞太陽公轉一圈爲三十年；每二十年會合（木星與土星）次爲一運，以九大行星配九運，以木星與土星各公轉太陽之最小公倍數六十年爲一甲子，形成一元，其週而復始形成，依次稱爲上元、中元、下元之三元九運。〔註67〕

（四）羅盤與二十四山方向之風水原則

　　古代中國人很早即掌握了定向技術，指南針爲我國四大發明之一，指南針與二十四方位盤合二爲一製成羅盤，被廣泛應用於航海和土木之工程及軍事、交通等的定、測向。堪輿羅盤勢風水術定向、建築佈局的主要工具，貌似複雜神秘，（附圖 5-8-5 三元三合實戰羅盤），但其基本功能仍不過是以磁極指南針爲主的定向而已。地球一年繞太陽旋轉周爲 360 度，即一年 360 天，每 15 天一個節氣，即一年二十四個節氣。羅盤的二十四方位與二十四節氣有關。此二十四方位，即堪輿羅盤定向所稱的二十四山，所謂山即指向。堪輿羅盤因派別繁複，目前發展爲少則幾層，多則數十層。但層數再多，其測定方向仍離不開二十四山。（附圖 5-8-6 羅盤構造）

〔註66〕陽宅四神相應：風水術數家平幻想力予聯想力，想向前要有山（或大廈）作案山，後有玄武作靠山（或較高之大廈），左右有龍虎砂手（或左右有等高大廈作護持），便成前後左右合成十字線，象徵四平八穩之局，則有貴人扶持，助力多，工作順利，充滿自信。

〔註67〕見狄溪、圓明居士：《陽宅風水指南》（高雄：復文圖書公司，1997 年），頁124。
　　　每 20 年木星與土星會合一次。
　　　木星：30°×20 年≒600°　600°－360°≒240°
　　　土星：12°×20 年≒240°
　　　當同爲 240° 時，即爲 20 年，這一年即爲甲子年，亦爲天運 20 年爲一運。引自胡肇台：《中國風水在建築選址定向之應用》，頁 105。

1. 二十四山之形成

二十四山，其實係指地理上的二十四個方位而言；二十四山之組合係將十天干與十二地支及八卦卦名之四隅卦，以此三項疊合在一起，便組合成為二十四山。（圖 5-8-7 二十四山方向位置圖）

2. 二十四山之方位

凡建築物必有坐向，比如坐北向南或坐西向東，建築物的前方即為向，建築物屋的後牆即為坐。不管哪一個風水學，都要論坐向。方元大地包含幾個坐向呢？人們常言：四面八方，是指東、西、南、北四個方向，加上東北、西北、東南、西南合為八個方位。風水學分得更細，共有二十四個坐向，即將八個方向中，每一個方向分成三個，共計二十四個坐向。如果單論「坐」（風水學稱為坐山或坐）即有二十四坐，如果單論「向」即有二十四向，合稱為二十四山向。二十四山之組合係以後天八卦，以每一卦管三山，並以一山管十五度（即將圓 360° 分成二十四等分，每等分十五度）。將十天干中之八個天干（其中戊己在中宮不用），以及十二地支與四維卦（乾、坤、巽、艮）等組成二十四山，其方向位置為固定不變，表徵五行八卦外，並無吉凶可言，稱為地盤。

3. 二十四山之陰陽

二十四山是定方位必備的一層，不論三元玄空大卦派、飛星派或三合派⋯等，二十四山都有其陰陽所屬，而其中之二十四山陰陽是完全相同的。在玄空派中，將二十四山分為三元龍如下：

（1）每個宮位順旋開始的第一卦山，或逆旋之第三卦山為地元龍，四正卦的地元龍為陽，四隅卦的地元龍為陰。

（2）每個宮位順旋或逆旋的第二卦山為天元龍，四正卦的天元龍屬陰，四隅卦之天元龍屬陽。

（3）每個宮位順旋的第三卦山，逆旋為第一卦山為人元龍，四正卦的人元龍為陰，四隅卦的人元龍為陽。

由此推出二十四山三元龍之陰陽（見表 5-8-8 二十四山三元龍之陰陽及角度）

a、地元龍：陽——甲、庚、壬、丙，陰——辰、戌、丑、未。

b、天元龍：陽——乾、坤、艮、巽，陰——子、午、卯、酉。

c、人元龍：陽——乙、辛、丁、癸，陰——寅、申、巳、亥。

（四）三元玄空九星之運行〔註68〕

　　玄空飛星圖、九宮飛星圖、紫白飛星圖俗稱為宅命圖。宅命圖是將洛書配九星，變形為九宮，再按照順和逆排飛佈，由此而形成不同的星曜組合。洛書的九個數與九星相配，代表北斗七星與左輔右弼輪流值班及氣場的運動規律。中國風水學將此一規律抽象為九個數字元號方便簡化運算，頗似西方現代數學、物理學、化學等的代表符號。

　　九宮按洛書飛佈，飛星軌跡由中宮作起點，然後按照洛書數序飛移，因此飛星軌跡又稱洛書軌跡。順飛係以數字由小到大排列。逆飛係數字由大到小排列。順、逆飛之排列順序，係按洛書由中宮──乾宮──兌宮──艮宮──離宮──坎宮──坤宮──震宮──巽宮──中宮排列。飛星順飛與逆飛之軌跡如下：

1. 順飛：由中宮為起點，然後按照洛書數序飛移，即以中宮為首順行乾、兌艮、離、坎、坤、震、巽等各宮。（如圖 5-8-8 上）
2. 逆飛：由中宮為起點，然後按照洛書數序飛移，即以中宮為首逆行乾、兌艮、離、坎、坤、震、巽等各宮。（如圖 5-8-8 下）
3. 飛星順飛與逆飛的法則：

　（1）運星：飛星一定順飛。

　（2）山（坐）星和向（水）星分為順飛與逆飛兩種。

　　陽者：順挨星或稱順飛；陰者：逆挨星或稱逆飛。

　　順飛原則：在飛星盤中，飛入中宮之山星與向星之星數，屬四正卦陽陰陰或四維卦陰陽陽之本位上屬陽，則順飛。

　　逆飛原則：在飛星盤中，飛入中宮之山星與向星之星數，屬四正卦陽陰陰或四維卦陰陽陽之本位上屬陰，則逆飛。

　　五黃到宮之順逆原則：五黃在洛書盤中位居中宮無卦，故此五黃依其所坐星、向星之原宮位星數，屬四正卦陽陰陰或四維卦陰陽陽之本位上屬陽，則順飛；本位上屬陰則逆飛。

（五）三元九運（天運）衰旺一覽表（見附表 5-8-12）

〔註68〕以下資料見胡肇台：《中國風水在建築選址定向之應用》（高雄：國立高雄第一科技大學營建工程系 2003 年碩士論文），頁 92。

（六）挨星下卦〔註69〕

所謂挨星，就是用九宮飛星依運配卦以及按山（坐）、向依陰陽順逆飛配各星。三元九運是對時空的一種劃分，建築物之動土時間，配合運用此種劃分去評斷吉凶禍福，去改造與佈局。2004年現為八運（93-112年為八運），以8代入中宮順挨星。八運宅乙山辛向的排盤法舉例如下：

1. 乙山為震卦，取震卦之天盤六入中宮當山盤，寫於左邊。

2. 辛向為兌卦，則取兌卦支天盤一入中宮當水盤，寫於右邊。

3. 以坐向定元龍，再將山盤對應洛書數，找出對應之元龍，定順逆挨星。
（陽順陰逆）

分析：

1. 坐乙向辛，乙為「6」入中宮，「6」為乾卦，而乾卦有戌乾亥，乙為人元龍，對應乾卦之人元龍亥，亥屬陽，所以順挨。

2. 辛向為「1」入中宮，「1」為坎卦，坎卦有壬子癸，辛為人元龍，對應坎卦之人元龍癸，癸屬陰，所以逆飛。

見圖5-3-8。

（七）如何排起星圖（又稱替卦圖）

起星圖又名翻卦，其秘訣用於兼卦或兼線。陽兼陰或陰兼陽要用起星圖。因介於兩卦之間稱為「出卦」，出卦應痴呆、災疾、官非、人口不安、退財。天元龍與人元龍可互兼，不必用起星圖。地元龍與同卦天元龍或鄰卦人元龍互兼，必用起星圖。

1. 以下卦圖山盤水盤之對應字，字以另一數字代之即可。

2. 飛法：以下卦圖相同，以起星圖口訣代入中宮。

3. 起星圖口訣：
子癸甲申用「1」代入中宮
壬卯乙未坤用「2」代入中宮
乾亥辰巽巳戌用「6」代入中宮
酉辛丑艮丙用「7」代入中宮
寅午庚叮用「9」代入中宮

〔註69〕以下資料至七之（楊公撥砂生剋法應用法），資料來源為民國87年，中國命運大學，堪輿學余勝唐老師上課講義。

例：八運宅坐子向午下卦圖　　　　　　　八運宅坐子向午起星圖

34 七	88 三	16 五
25 六	43 八	61 一
79 二	97 四	52 九

水盤對應洛書字爲「卯」，起星以「2」代入中宮，飛法同下卦，圖逆飛。
山盤對應洛書字爲「巽」，起星以「6」代入中宮，飛法同中宮順飛。
二十四山卦度分金——下卦、替卦速查表〔見表 5-8-13〕

（八）三元玄空四大格局

1. 旺山旺向（坐 7 向 7）
2. 雙星在向（77 均在向）
3. 雙星在坐（77 均在坐）
4. 上山下水（坐向 7 向坐 7）

旺山旺向：即山上當令之旺星挨到山上，向上當令之旺氣星挨到水裏（即所謂山上龍神不下水，水裏龍神不上山）

例八運乾山巽向：

18 七	53 三	31 五
29 六	97 八	75 一
64 二	42 四	86 九

說明：如上圖乾山巽，山上當令旺星「8」飛到山上而向上之當令旺星「8」，飛到向上，之所謂山上旺星到山上，向上旺星到向上，可謂之：山歸山，水歸水，山管山，水管水。

◎旺山旺向當運最吉，前要有水，後要有山（高樓），主財丁雙貴，若格局相反，則財丁雙損。所謂：「山管人丁，水管財。」

雙星在向（即山上、向上、當令之旺星挨到向首）旺財不旺丁。

　　※向首有伏吟者爲禍較輕，因向首多屬有水可解伏吟，向星在前方見水再見山（高樓），當運進財，而前方先進山則不利。其力量次於旺山旺向。茲舉三個八運雙星在向爲例（見附圖 5-8-10）

雙星在坐（即山上、向上、當令之旺星挨到坐山）

　　※雙星在坐，非水纏武或背後有塘水者不可用。後面見水，當元進財，後面見水，再見山（高樓），主財丁均佳，但力量次於雙星在向。茲舉三個八運的雙星在坐的下卦圖（見附圖 5-8-11）：

上山下水（即山上當令之旺星飛到向山，向上當令之旺星飛到水，稱之爲上山下水的局面）

　　※上山下水爲凶格，水宜纏玄武或後面見水，當元進財。犯上山下水宜前面見山（高樓），後面見水；若前面見水，後面見山，財丁兩敗，發凶無疑。下舉三個八運上山下水之下卦圖（見附圖 5-8-12）：

　　※立向最忌上山下水，其凶與禍即爲明見，但確有上山下水之立向，仍有發者，其必然有因，其地必爲龍之眞穴，又得向首與入中宮之卦可以合十者，再見連珠局，方爲發之條件。

（九）收山出煞之要訣

收　山：將山上之旺氣、生氣飛星置於高處；將向上之旺氣、飛星至於水裡或低處，謂之「收山」。

出　煞：將山上之衰氣、死氣、飛星至於水裡或是低處，將向上之衰氣、死氣、飛星至於高處，謂之「出煞」。

　　※當令爲旺氣，未來者爲生氣，過去者爲衰氣，過九者爲死氣，若論八運，則八運爲旺氣，九運爲生氣，一運二運爲未來之氣，七運爲衰氣，六運、五運、四運、三運爲死氣。

　　茲舉二個七運之收山出煞要訣圖（見圖 5-8-13）

（十）北斗七星打劫秘訣

打　劫：是一種流行之氣，能由現在之運劫未來之氣，亦即現在是八運則可劫九運來用。另一種說法是，上元可劫中元，中元可劫下元，下元可劫上元來用。若此陰陽宅合七星打劫，則可將（吉氣）連環拉進來，使墓宅非常旺。打劫亦分眞打劫與假打劫，眞打劫的力量較大，假打劫

力量較弱。七星打劫最重要觀念是以向為主，形成父母三般卦。

打劫要訣：

1. 先決條件為雙星在向。

2. 只限於坎卦墓宅（真打劫），離卦墓宅（假打劫）。

3. 坎宮、中宮、離宮，必須處處合成生成之處。

4. 真打劫：坎卦墓宅之向星在離宮、震宮、乾宮，合成父母三般卦者。（見圖 5-8-14）

5. 假打劫：離卦墓宅之向星在坎、兌、巽三宮合父母三般卦。

6. 舉例（見圖 5-8-15）：

（十一）三元玄空「城門訣」

1. 城門：向首兩旁（兩宮）為城門。若城門又與向星合成生成之數者，又稱為正城門。不限於陰陽宅，池塘三叉水口、出水關口、河流彎處、湖、潭之中心點，均可為城門。例（見圖 5-8-16）

2. 「城門訣」：城門與城門訣有別，凡合城門之方位所得之運盤，再入中宮挨排，若挨到該方合天心正運，則為城門訣（順逆挨法決定於對應字之陰陽）。所謂天心正運之意是：天心即中宮，正運為當元之運。例（見圖 5-8-17）

（十二）令星入囚之剋害與補救（分二種：山（丁）星囚、水（財）星入囚）

山水當旺之令星入中宮，稱為令星入囚，而令星入囚之力量大於上山下水。為禍甚烈。山星入囚損丁，水星入囚損財。（見圖 5-8-18）

補救方法：若山星入囚，則以山後有水放光者囚亦囚不住；若水星入囚，則以向前有水放光者，囚亦囚不住，反作「悠久」論之。

（十三）三元玄空伏吟、反吟之剋應與解法：

凡山星向星五入中宮，順挨則成伏吟，逆挨則成反吟（凡山盤與向盤之飛星數與洛書相同者謂之伏吟，相反者謂之反吟）。（見圖 5-8-19）用在陰陽宅則應驗家族不團結，親情不佳，亦會造成人口損傷，錢財留不住。但伏吟、反吟若全局合成三般卦可化凶為吉，亦可用替卦（起星圖）補救。

（十四）父母、連珠三般卦之運用

父母三般卦：凡下卦圖每宮所挨到之山星、向星、運盤，形成一四七、

二五八、三六九,則稱爲父母三般卦。(見圖 5-8-20)凡形成父母三般卦者主團結和氣、處處有貴人相助,但形成三般卦者,若水纏玄武者當元可得財旺,經營事業有較大收穫,若反者無吉反得凶。

連珠三般卦:每宮所挨到之山星向星運盤之三個數字,形成互相連續之一二三、四五六、七八九,或形成二三四、三四五、或五六七、七八九、九一二……此種連續形成之數字均稱連珠三般卦(見圖 5-8-21)。凡行程連珠三般卦者,主團結人和,常得貴人相助,經營各種是業者,有意想不到的收穫,但需卦向與眞水配合得宜,否則福未到凶已臨。

(十五)合十之應用

凡山星與運盤合十,或水星與運合十,得滿盤合十者,主財運順利,處處逢貴人助(見圖 5-8-22)。但犯上山下水或雙星在坐,不合局(玄武無水)雖滿盤合十也不可用。

(十六)玄空大卦零神、正神解說

1. 正神(旺氣)是指當令元運之旺神,如七運則以七爲正神;八運則以八爲正神;九運則以九爲正神。

2. 零神(衰氣)是指失去元運之衰神,若七運則以「三」爲零神,八運則以「二」爲零神,九運則以「一」爲零神,總之,正神與零神之關係爲「合十」(見圖 5-3-21)。正神爲旺氣方,不可見水,見水名爲「正煞」,損丁又傷人口,脫神爲衰氣方,水以衰爲旺,見水最佳。例(見圖 5-8-23):

(十七)陽宅催財催官吉照位秘訣 (見圖 5-8-24)

1. 催財水:是指與元運合十,以七運爲例:以七運之七與三合十,故三爲震東方爲催財位,得催財水,主大富貴。同理,與八運之催財位在二「坤」西南方位。

2. 催官水:是指與元運合生成之數即:一六同宗、二七同道、三八爲朋、四九爲友、五十同道。以七運爲例:七與二合生成之數(二七同道),故 2 坤西南方爲催官位。例八運之催官位在「三」震東方(三八爲朋)。故八運之東方爲催官位。

3. 吉照水:是指一二三四運取六七八九之水爲吉照水,而六七八九運則取一二三四之水爲吉照水。

（十八）三元玄空重要觀念

1. 用起星圖（補救向）時機→下卦圖上山下水，令星在坐。

    （1）天元卦之四陽山（乾坤艮巽）兼人元卦之四陽山（寅申巳亥）或人元卦之四陽山兼天元卦之四陽山，此八局向不得兼至七度。超過時用起星圖。

    （2）天元卦之四陰山（子午卯酉）兼人元卦之四陰山（乙辛丁亥）或人元卦之四陰山兼天元卦之四陰山，此八局坐向不得兼至六度。超過時用起星圖。

    （3）地元卦（甲丙庚壬、辰戌丑未）兼人元卦（寅申巳亥、乙辛丁亥）或人元卦兼天元卦，此十六局不得兼至五度以上。如兼至六度則犯「出卦」大凶，不可用起星圖。

    （4）天元卦（乾坤艮巽、子午卯酉）兼地元卦（甲丙庚壬、辰戌丑未）或地元卦兼天元卦，此十六局不得兼至五度以上。如兼至六度則犯「陰陽差錯」大凶，不可用起星圖。

2. 一般陽宅以下卦圖為準，因都市陽宅鋼材多，極易干擾羅經的準確度。若下卦圖不合時運時，可用玄空大卦催財催宮，也可用城門訣補救。

3. 宅內之門，神位均以山盤之生旺洩死煞論之。安神、開門以生旺方為佳。床放在生旺煞方（人可化煞為權，因人有身軀，神佛祖先不可置於煞方）

4. 紫白飛星吉凶斷訣，宜遵照紫白賦斷訣，更須配合玄空之山向星同參。

5. 流年客星加臨之吉凶，應與三元玄空山向星論生剋。凡客星與令星比合、剋入、生入者主吉兆；生出、剋出者主退敗、刑傷再合參元運之得失，必能斷驗如神。

6. 三元玄空催官訣：以宅向之令星配合一白官星、四綠文昌星再配一白、六白、八白之飛星加臨。

7. 令星之二黑（病符星）、五黃（廉貞星），不可安床、開門，否則藥碗、災劫不斷，破財連連。

8. 山向星正逢旺運，再逢城門訣者，旺上加旺。陽宅失運者，改門路（門是水口，路是水氣），使合城門訣；商店將財神的門路合城門訣，失運立即轉好。陰宅失運者改內堂之墓埕水、溝渠使合城門訣。失運立及改善。

9. 重要雙星斷訣：

（1）一二・二一・二二胃腸病、耳腎病、不孕、墮胎、流產。

（2）二三、三二鬥牛煞。口舌、官非、破財、腹部疾。

（3）二四・四二婆媳不和、腹部、胃腸、宅母有災。

（4）二五、五二損生、受傷、孤寡、疾病。

（5）一九・九一性病、桃花、小產、皮膚病。

（6）二九、九二桃花、婦科病。

（7）三八・八三損小口、不利兒童、破財、小產、筋骨、胃腸。

（8）四八、八四不利小口、無婚緣、關節腰酸、想不開。

（9）七六、六七交劍煞、官非、不合、血光車禍、窩裡反、破財。

（10）七三、三七打劫、破財、官非、病痛、傷女人。

（11）四一、一四利讀書、桃花。

（12）七九、九七回祿之災、心臟血壓、血光、產難、剋女人。

（13）六九、九六肺炎血壓、官非、出逆子。

（14）五七・七五意外、官非、破財、吸毒。

（15）四七・七四呼吸、肺疾、剋女人。

（16）五九・九五意外、血光、產難、心臟血壓。

四、三元龍門八局 〔註70〕

　　適用於陰陽宅之外局形勢水路吉凶，陰宅之巒頭形勢山水也適用此法論吉凶。陽宅內局用八宅遊年法、紫白飛宮法、三元玄空等法論斷。

　　龍門八局又稱「先後天訣」，此法乃專論先天八卦與後天八卦方位間之變化吉凶來論山水理氣。專重先天位、後天位、天劫位、地刑位、曜殺位、案劫案堂，次論賓位、客位、輔卦、庫池。論先天位主應人丁之位，宜來不宜出，先天水來朝，宅墳主人並旺丁；先天水走破，宅墳主人主損丁。後天位主應妻財之位，移來不宜出，後天水來朝，宅墳主人，主旺財；後天水走破，宅墳主人主破財。以下再分論天劫、地刑、賓客、輔卦、庫池、曜殺等（見圖 5-8-25）。

　　（一）論天劫，如坐北朝南坤居北位，如坤後天變出西南先天巽位，坤

消巽之權，如巽退居東南，故坎卦山忌東南巽水，巽爲天劫，最凶之神，如內盤離卦變出後天居正南，如正南先天乾位，如離卦統領南方之位，如乾退居西北，故震卦最忌乾卦天劫水來，餘仿此推。天劫水宜出不宜來，應主吐血癆傷，主出癲狂、不恥之人。

（二）論地刑，如天劫在左，地刑在又，如天劫在右，地刑在左，如案劫即是向卦，此言明堂十字，有犯案劫大凶。地刑水宜來不宜去，地刑位水路流破，主妻財兩空。五黃運到或太歲刑沖，損妻，難逃破財，婦女經病，藥碗不斷。案劫水宜出不宜來，如有屋角，大石侵射，或古井、孤木古松中射，主損幼丁、絕敗。

（三）論賓客，如坐艮向坤，坤先天居正北，故壬字癸爲賓水，坤向後天故辰巽巳爲客水，移去不宜來，來則發女口，餘仿此推。宜出不宜來，來則發女口，蔭外家姓子孫，本枝姓零丁退財。

（四）論輔卦，如坐山朝向及先後天以賓位客位劫位除去，餘爲輔卦，此卦之水宜朝來上堂，主旺人丁，如庫池深注，主大發富貴。

（五）庫池：庫池即是財富，是論財富多寡，庫池最宜澄清近穴。

（六）論曜殺方最忌門路沖射，亦忌石高尺餘，或是石堆石柱水井欄杆、孤木、屋角、水塔侵射主吐血癆疾等症之病，若狂曜殺又兼天劫位有水來者，主男女狂癲症。曜殺位：依本坐山卦之相忌位，連同本卦山之先天八卦位與後天八卦相忌位、此三方之相忌位爲本坐山卦之曜殺位。犯曜殺雖在生旺方水來入局地後有氣，主出英雄豪傑，謂化殺產豪傑，此方亦忌古松樹。但若地無餘氣，亦無法化殺，雖去吉水，吉中必凶，而財旺人丁夭折伶仃。曜殺位不可立向，不可用事造作；三合吊沖填實之年，必應血光，應遮檔之，且有房份剋應，以下分述之：

1. 曜殺向乃卦氣中最凶惡之煞（名渾天官鬼），不可立向（雖陰陽不駁雜）。犯者，主有不測之災禍。
   子龍入首，不立辰、戌向。坤龍入首，不立卯向。卯龍入首，不立申向。
   乾龍入首，不立午向。巽龍入首，不立酉向。酉龍入首，不立巳向。
   艮龍入首，不立寅向。午龍入首，不立亥向。
2. 曜殺日亦是凶惡煞日，用事造作時不宜犯之，犯者，主有不測之災禍。
   坐坎卦山（壬子癸）三山，忌用戊辰日和戊戌日。

坐坤卦山（未坤申）三山，忌用乙卯日。

坐震卦山（甲卯乙）三山，忌用庚申日。

坐巽卦山（辰巽巳）三山，忌用辛酉日。

坐乾卦山（戌乾亥）三山，忌用壬午日。

坐兌卦山（庚酉辛）三山，忌用丁巳山。

坐艮卦山（丑艮寅）三山，忌用丙寅日。

坐離卦山（丙午丁）三山，忌用己亥日。

曜殺位又名「黃泉位」，分為正曜、天曜、地曜三種。以正曜三凶，天曜、地曜次之。曜殺方若有屋角、地基線、電線桿、路沖、橋箭、廟宇或尖物、惡物沖射、高壓者，三合吊沖填實之年，必應血光、車禍或重病之災。若曜殺由己方而來，主亥年亥月必發凶禍，或巳酉丑年亥月亦有災禍（次重）。餘仿之。宜遮擋避之。

3. 曜殺位必由地支位而來，故逢太歲填實或三合吊沖時，亦會有房份剋應。例如：曜殺惡物由兌卦巳方而來，主亥年、亥月或巳酉丑年亥月，三房位有禍災。餘仿之。

子午卯酉、乾坤巽艮乃天元龍，主剋應大房位。

辰戌丑未、甲庚丙壬地元龍，主剋應二房位。

寅申巳亥、乙辛丁癸乃人元龍，主剋應三房位。

五、九星派尋龍點地納穴法

　　觀來龍必要有剝換，由老幹而變嫩枝，由粗形而變為秀氣，由歪斜而變為端正，由懶散而變為生動，由來龍入首後，才可融結真穴。來龍入首必要行度屈曲、磊落、生動、起伏有氣最吉。若來龍入首呆板、直硬、粗項、模糊、破碎、陡峭者，必為虛花之地，不可點地扦穴也。來龍入首之坐山龍若平緩和順者，以點本坐山，以乘其脈氣也。若來龍入首之坐山龍急陡直者，要扦低放棺，宜用耳入、腰入，以避其煞氣也。來龍入首取貪狼龍、巨門龍、武曲龍、輔弼龍四吉龍為吉。不宜取廉貞龍、破軍龍、祿存龍、文曲龍四凶龍為凶。觀來龍入首用羅盤正針來格龍。〔註71〕例：子龍入首（子納坎），用翻卦掌訣法（和爻變法相同），上、中、下、中、上、下、中、上，起九星之

〔註71〕 羅盤正針——地盤立向格龍。中針——人盤收沙。縫針——天盤納水。

星序：貪狼——巨門——祿存——文曲——廉貞——武曲——破軍——左輔
——右弼。例：子龍入首（子納坎卦），用爻變法或翻卦掌訣。得知坐巽山、
辛山爲貪狼入首。坐艮山、丙山爲巨門入首。坐壬山、寅山、午山、戌山爲
祿存龍入首。坐乾山、甲山爲文曲龍入首。坐丁山、巳山、酉山、丑山爲廉
貞龍入首。坐庚山、亥山、卯山、未山爲武曲龍入首。坐坤山、乙山爲破軍
龍入首。坐癸山、申山、子山、辰山爲輔弼龍入首。（見圖 5-8-26 左）

六、九星水法

（一）河圖生成原理

應用十天干與河圖生成數配合之原裡：

天一生壬水，地六癸成之，在北。地二生丁火，天七丙成之，在南。

天三生甲木，地八乙成之，在東。地四生辛金，天九庚成之，在西。

天五生戊土，地十己成之，居中。河圖順生，金生水，水生木，木生火，
火生土，土生金，從西而北而東而南。」

如用之於水法立向，則：

1. 乙水來立甲向，甲水來立乙向。合成木局。
2. 丙水來立丁向，丁水來立丙向。合成火局。
3. 庚水來立辛向，辛水來立庚向。合成金局。
4. 壬水來立癸向，癸水來立壬向。合成水局。

（二）洛書生成原理

「天一生坎水，地六乾成之，在北。地二生坤火，天七兌成之，在西。
地四生巽金，天九離成之，在南。天三生震木，地八艮成之，在東。天五生
戊土，居中。一與九合，三與七合，二與八合，四與六合，皆爲地十」

洛書逆剋：木剋火、火剋金、金剋木、木剋土。從北而西而南而東。河
圖水木火金各得其位。洛書金火之位相易。但均以合十之數，一居北則九應
居南。三在東則七應在西。

（三）如用之於水法立向，則

1. 此水木二局是爲符合淨陰淨陽原理，醇美無疵，最吉之水，如：
   （1）坎水來立乾向，乾水來立坎向。均爲淨陽，合成水局，亦合一、六
   生成之數。

（2）震水來立艮向，艮水來立震向，均爲淨陰，合成水局，亦合三、八生成之數。

2. 此火金二局爲火入金鄉，金乘火位且陰陽破局之格。若地力輕微，一發便衰；若壯大雄健，盛旺又強，如此又較前水木二局發達更遠，更重更悠久。

（1）坤水來立兌向，兌水來立坤向，爲陽雜陰之格局，合成火局，亦合成二、七生成之數。

（2）巽水來立離向，離水來立巽向，爲陰雜陽之格局，合成金局，但亦合成四、九生成之數。

（四）九星水法翻變

中爻起翻：中、下、中、上、中、下、中爻翻變。配星序：輔、武、破、廉、貪、巨、祿、文。例立乾甲向：得輔弼在乾，武曲在離，破軍在艮，廉貞在巽，貪狼在坎，巨門在坤，祿存在震，文曲在兌。立乾甲向（速見表）見（見圖 5-8-26 右）

七、楊公〔註72〕撥砂生剋法訣應用

楊公撥砂法訣，一班用於定分金（坐山）時，可兼不可兼之選擇，以消砂納福、趨吉避凶之應用。撥砂用法以陰陽宅四周（360°內），最高或最近之砂體吊入（爲用神）和坐山之坐宿五行，論生砂、旺砂、財砂、殺砂、洩砂。而以人盤中針坐宿五行論砂位和坐山之五行生剋之吉凶，此爲楊公撥砂眞訣。

訣法：以坐山之撥砂五行爲我，若砂之五行來生我者名「生砂」，主出官貴科甲旺人丁、出人賢明多能。若砂之五行同我者名「旺砂」，主財帛綿長、家運吉昌、人丁興旺。若砂之五行被我剋者名「財砂」或「奴砂」，主財帛豐厚，但我剋者有付出之意，必勞碌而得財。若砂之五行剋我者名「煞砂」，煞者，凶神也，主傷人口、敗家業、出人不良，三合吊沖、太歲填實時，必發凶禍無疑。若砂之五行生我者名「洩砂」，洩者，退敗損財，出人浪費虛花、家運漸漸冷退不吉。楊公撥砂法訣法，陽宅在大門（中央）下羅盤，樓上以陽台（中央）下羅盤。

〔註72〕唐·楊筠松，號「救貧先師」，其生平事跡見於《地理正宗》及《江西通誌》中。其風水理論之見解，主要表現於《撼龍經、疑龍經·葬法》之著作中。此三書均以「山龍落脈形勢」爲理論之骨幹，故後世研習風水者，以「形勢派」稱之。且因其傳播地以江西爲先，所以又稱爲「江西派」。

陰宅在墓碑前（十字方）下羅盤。以看得到的砂體論吉凶禍福。例（見圖 5-8-27）

八、風水養生之綜合歸納

（一）選屋第一步驟：應看元運，應選當運之屋，或雖過運但此運仍旺之屋，並配合個人命卦及巒頭、外六事及龍門八局等。例如現在是八運（民國 93 至民國 112 年，西元 2004～2023 年），利用挨星下卦，尋出旺運格局之屋，如旺山旺向、北斗七星打劫、連珠三般卦等，絕對要避免出卦等欠佳格局。可查考孔昭蘇之《孔氏玄空寶鑑》〔註 73〕已整理好之〈八運下卦圖・起星圖二十四局圖說〉。如：

子午下卦圖：合離宮打劫，向首有水光者當元進財，艮方爲生氣，巽方可用城門訣，癸卯年四綠入中，八白又到離，主官貴。（圖 5-8-28）

丑未下卦圖：合旺山旺向，壬方爲生氣，天地兩盤二土比和吉，向首有水合零神，發福最速。（圖 5-8-29）

巳亥下卦圖：向首有水，合「六遇輔星，尊榮不次」，主當元富貴。（圖 5-8-30）

依宅主命卦佈內六事：門與灶口之坐向一定要與宅主命卦相生或相比，且門要在旺方，灶口要壓絕命方、向天醫方等。

（二）擇吉日遷居：利用紫白飛星擇日或配合奇門遁甲、擇日通勝、宅主及家人八字等。

（三）過運屋宅之改運、化煞法：換天心、合城門訣以改門路或開後門、旁門；配合年月客星以五行化煞等。

附錄肆：其　他

本附錄肆共分爲三部分，包括姓名學，卜筮，擇日及奇門遁甲之梗概介紹之養生趨吉避凶法，以下分述之：

一、姓名學

由於姓名有其靈動力，傳統以來出生嬰兒取名除了考慮音義雅俗，家族

〔註 73〕孔昭蘇：《孔氏玄空寶鑑》，（臺北：集文書局，1988 年再版），頁 492～518。

排行外，近來由於姓名學大行其道，陰陽五行且配合個人八字五行喜忌生剋及數理筆畫吉凶亦爲取名重要因素。另晚近生肖姓名學亦遂行其道，亦即配合「天」之運行、個人出生之生肖喜忌來取名。所謂「天、地、人」三才，天即個人命運五行生肖喜忌，人即中國人倫，家族排行等，地則爲不同地域人之喜好愛惡等。以下分別由生肖、數理、陰陽五行喜忌、易卦等精要述之：

（一）生肖：即依個人生肖喜忌來取名。以下舉生肖雞爲例：

喜字：如屬雞爲酉，食五穀雜糧，故喜禾、豆、米、梁、麥、粟之字根；雞上山頭可展現其英姿，有鳳凰之象，可提升其格局，故喜有山之字形；肖雞之人喜見采、糸、彡之字形，代表雞冠漂亮，冠冕加身及羽毛美麗、有人緣；雞喜歡金雞獨立，所以喜歡章、平、中、華、聿之字；喜在洞穴、屋簷下，有遮風避雨，故喜宅、庭、安、宣、家、定、宇、審、宜、守、宛等字；喜小，因小雞可愛，長大後則會被宰食，如士、吉等字；喜有三合「巳酉丑」之字根，巳爲蛇，如：建、連、進、、選、道、達、迪、造、蓮、邱、彬等字，丑爲牛，如：生、產、均、軒、物等字，酉即鳳、羽、鳴、甄、茜等字。

忌字：酉雞最怕卯酉對沖之與卯有關之字形，卯屬木，居東方之東方、木、兔、月均屬之，如：卯、勉、卿、陳、本、仰、昂、逸、清、望、朗、朝、期、有、朋等字；不喜見金，因巳爲酉金，再加金則金氣太重，金氣屬殺伐之氣，如：鈞、錢、鋒、銀、配、秋、申、兌等；不喜有大、君、帝、王等字形，因易被當作祭品，犧牲小我，多爲人付出，如：大、太、夫、央、奇、奐、奮、群、玉、珊、珍、珠、琴、瑤、璞、環、瓊等字；不喜見心、月之字形，因雞爲素食動物，若予肉食則易心性不寧，情緒不穩定，如：忍、思、怡、恕、恩、悅、悔、悠、情、愛、慈、慧、懷、憶、育、脩等字；不喜有字形腳分開者，因爲腳分開代表爲病雞，身體不健康，如：兄、充、光、元、文、亮、共、克、烘、期等字；不喜見太多口，因怕七嘴八舌，多管閒事，一生是非，吃力不討好，如：品、蓉、呂、歌、喜、嘉、橋、喬、高、器、權、啞、啓等字；不喜示、神字怕成祭品，如祺、禱、祝等字；不喜有關刀字，石字、人字、虎字、手字、血字、水字、子字、亥字、北字之字形，因子酉刑，亥酉刑，亦不喜犬字及狗字、戌字字形，因酉戌爲六害，相刑。詳細及其他生肖請參閱吳豐隆之《十二生肖姓名學》頁 52～208。〔註74〕

（二）天格、人格、地格、外格、總格五格數理及五行生剋：所謂「天

〔註74〕吳豐隆：《十二生肖姓名學》（臺北：林鬱文化事業有限公司，1998 年五版）

格」爲姓氏筆畫數加一，若爲複姓則二者相加，不需另再加一，代表與長上之關係或幼年運；「人格」爲姓氏加名字之第二字之筆畫數，代表自己、夫妻、事業、家庭、中年運；「地格」爲名字第一字與最後一字相加，亦即名字相加之筆劃數，代表與子女、晚輩之關係或子女運、晚年運；「外格」爲名字最後一字加一之筆畫數，代表與朋友之關係或外緣運；總格則爲姓名全部筆畫數之數理靈動力含意，主導其人一生的機運與財運、格局，尤其四十歲後的行運；若爲單名，則地格爲一，外格爲一加一，總格爲姓加名加一，天格、人格筆畫數如前，亦即姓氏加一爲天格，姓與單名相加爲人格。其中「1. 2」代表木，「3. 4」表火、「5. 6」表土，「7、8」表金，「9. 10」表水。以總格、人格劃數之個位數爲準，數字有其通則性，1 爲權星（喜掌權、領導統御），2 爲相星（善企畫、輔佐、攀附），3 爲車星（勤勞、活動力強），4 爲口星（說話、表達），5 爲庫星，6 爲馬星（主好動、難駕馭），7 爲孤星（獨立、剛毅、親緣薄），8 爲業星（重事業、務實型），9 爲變星（善變，反應快），10 爲慧星（善謀略、機智）。以人格之數爲中心，分別表其五格五行之生剋，如人格生天格則表示自己能生助長輩、上司，如天格剋人格則表示長輩、上司壓制於自己，其他各格五行生剋依此模式推論。關於八十一畫靈動力請參閱盧清和之《最新姓名學》頁 105～124〔註75〕或一般農民曆後所附之八十一畫吉凶表，其他有關數字吉凶請參閱吳豐隆之《十二生肖姓名學》頁 263～268〔註76〕及夏維綱之《增定姓名學大公開》頁 14～29〔註77〕等。

（三）配合個人八字五行喜忌取名字：無論字形與字音，例如欠水則需補水之字及音。〔註78〕

（四）易卦：由姓名字畫數，求出其人之卦象，用其卦象觀其一生命運傾向及行運吉凶。其方法爲以姓與名的筆畫總數求上卦，總數如超過八，則除以八求餘數，以餘數配先天卦序求出上卦。按照乾一，兌二，離三，震四，巽五，坎六，艮七，坤八來配卦。同樣方法再以名字總畫數求出下卦，最後按照六十四卦即可知本命卦之卦名。亦可由此姓名本命卦求其行運卦及流年卦。行運卦每十年爲一卦，本命卦代表一生之運，也代表一至十歲支大運卦，

〔註75〕盧清和：《最新姓名學》（臺北：武陵出版社，1992 年）

〔註76〕同上註。

〔註77〕夏維剛：《增定姓名學大公開》（臺北：三友圖書公司，2000 年十一版）

〔註78〕五行水音爲羽音。

變動本命卦初爻，如陰爻變陽爻，陽爻變陰爻，求得之卦代表十一歲至二十歲的卦象，餘由第二爻往上依此類推，第二爻代表二十一歲至三十歲之卦象，……，六十一歲至七十歲的大運卦則又回到本命卦的卦象，依此循環。流年運吉凶則依姓名總畫數的個位數字，定位於大運卦的左邊第四爻的位置，依序爲第五爻，第六爻上昇往前算，最上爻再反轉右邊第五爻、第四爻、第三爻、第二爻，再轉回左邊的初爻，再轉回左邊的初爻、第二爻、第三爻、接回原點第四爻，正好爲十年大運的流年，初爻和上爻各當值一年，其餘二、三、四、五爻則各當值兩年。其中左邊流年爲上昇運，右邊流年爲下坡運。關於其舉例請參閱吳豐隆之《十二生肖姓名學》頁 277 至 293。

關於筆畫畫數以官方如康熙字典爲準，一般姓名學書籍都有附筆畫畫數。根據個人驗證，姓名學確有其靈動力，尤其在生肖相合剋之靈動力，筆畫與五格之靈動力，每每有其準驗處，如女性在人格或總格爲二十一、三十三，或有「君」字因屬強悍格故往往婚姻屬孤不利，如鄧麗君等，又如有「麗」字者往往有雙眼皮，有「雅」字者往往個性較直爽，可愛。

二、卜 筮

卜筮是很早即有的，當人們遇到困惑時的所採取的占卜行爲，最初是採用燒龜甲視其裂紋程度，以預卜吉凶，故稱爲龜卜時代，後改變爲用銅板或古幣在龜甲殼中搖晃倒出，視其正反定陰陽，正面爲陽，反面爲陰，共搖六次，以得其六十四卦之卦象，而定吉凶，甚至後演變至以古幣或銅板占卜即可，在《周易・繫辭》中記載之「大衍之數五十。其用四十有九」的蓍草占法是目前保存最古老、完整的占卜法。占筮時用四十九根蓍草，一分爲二，經過「十有八變而成卦」後，按所得卦象，根據其卦象，卦理、卦辭、動爻辭等斷卦方法，定事情吉凶成敗。西漢大易學家京房，在董仲舒推行陰陽五行的基礎上，發明蓍筮配「納甲」的占卜方法，即將天干地支按一定規律排於八卦的六個爻劃中，每卦有「世爻」、「應爻」，世爻代表問事之主體──我，應爻代表相應欲問之事，以所得的卦所值地支五行，在卦中每一爻之地支都有五行，用此五行與全卦五行作比較，其相生相剋關係，即能呈現出五神，亦即食、財、比、官、印；此外還有六神，即青龍、朱雀、勾陳、螣蛇、白虎、玄武、以此二者及占卦時日的生剋推斷占事的吉凶，以世爻及應爻爲卦中之主，以此二爻推斷。其中以五神之世、應爻推斷，即爲現今之文王金錢

卦。易經僅能顯示吉凶，無時間性，但由京房之「納甲」占卜法，發展的文王金錢卦，以三個銅板在「誠」中，〔註79〕運用日月運行的地支，預言所占斷事件的時間，是採用後天八卦之理論，及十二地支五行生剋關係，來預知吉凶及預測未來事件變化的相關性，悟無齋主於其《三個銅板讓你神機妙算》〔註80〕中更強調一個人不但要講究變動的時機，其行為更要隨著時間、地點、條件而轉化。關於占卜方法其詳細情形及舉例請參看邵偉華之《周易與預測學》及悟無齋主之《三個銅板讓你神機妙算》。

　　根據《左傳‧國語》等歷史等資料記載的占例來看，用蓍草進行起卦的方法，自春秋至唐朝長達二千多年。至唐朝發明以「銅板代蓍」法，改革了延續多年用「蓍草」起卦的複雜方法，其法即是用三個銅板合扣二手或置於竹籤桶中或置於龜殼中等，誠心靜心默想欲問之事，進行搖卦，每搖一次將銅板或錢幣擲於桌面，然後記下陰陽爻，共搖六次而成卦，然後根據卦象，配以「納甲」、「世應」，或以「用神」或以動爻之五行生剋，參照卦辭、爻辭決定吉凶。宋朝之邵康節對易學有重大貢獻，其《梅花易數》中之八卦起卦法有許多方法如：按年、月、日、時起卦，按來人方位起卦，按字的筆畫和字數起卦，按聲音、顏色起卦，用三個麻錢搖卦等，詳細參見邵偉華之《周易與預測學》。〔註81〕

三、擇日及奇門遁甲

　　（一）擇日：所謂「擇日」主要是依據農民曆所寫日子吉凶，再配上個人八字，與日柱及年柱相合為最佳，相沖則宜避免，來做為個人行事的時間選擇。《周易》自從孔子發揮以義理為主，卜筮之性質便成隱學，轉入地下，五四以來提倡科學，視命卜為迷信，但由民曆的盛行活躍民間，可知擇日學仍具有其深厚影響力。

　　（二）奇門遁甲：固定的八卦方位在不同時間，其能量、磁場也不同，奇門遁甲是以時間及空間的配合，作為方位吉凶、能量、磁場的移動或變換，抓住最佳機會，獲取最大利益，轉禍為福。使用時，需注意各星、宮、門、

〔註79〕悟無齋主：《三個銅板讓你神機妙算》（臺北：未知館文化事業有限公司，1999年），頁5。

〔註80〕同上註，頁6。

〔註81〕邵偉華：《周易與預測學》（臺北：立德出版社，1994年），頁109～416。

神、盤之配合，掌握天時、地利、人和的基準。所謂天時，是指奇門遁甲所用之時刻，即九宮星在盤內飛動的磁場變化；余勝唐老師以爲若再加上紫白飛星互參，其感應準確度則可提高百分之五十。〔註 82〕所謂地利，是指奇門遁甲所用之八門：休、生、傷、杜、景、死、驚、開，代表八個方位的吉凶功能。所謂人格是指奇門遁甲所用九種天星：天蓬、天芮、天衝、天輔、天禽、天心、天柱、天任、天英等九種天星在遁甲盤方位的感應。奇門遁甲是由八神、八門、九宮、九星、天盤、及地盤所組成；若吉門逢吉神、吉星、吉干、吉格，即爲最佳時機，用之必定能事半功倍，逢凶化吉，反敗爲勝；若凶門逢凶神、凶星、凶干、凶格，則爲最差組合，用之必定事倍功半，凶禍連連。

　　天地盤吉干：符首、乙丙丁三奇。

　　九星之吉星：天任、天衝、天輔、天心。天禽半吉。

　　八神之吉神：直符、六合、九天、太陰、九地。

　　八門之吉門：開、休、生爲三吉門；景爲中吉；杜爲小凶；傷、驚二門爲凶，死門大凶。

　　遁甲的吉格：飛鳥跌穴、青龍返首、玉女守門、天遁、地遁、人遁、雲遁、風遁、龍遁、虎遁、神遁、眞詐、重詐、休詐等等。

　　根據余勝唐老師經驗，奇門遁甲的八神、八門、九宮、九星、天盤、及地盤，在使用上有輕重緩急之別，若以百分比來論：八門佔百分之四十、天盤二十、地盤十、八神十、九星十、吉格十。〔註 83〕一般而言全吉者很少，若能得八十或七十即可使用。關於其詳細盤及盤之查閱請參閱余勝唐老師之《奇門遁甲開運實務》。〔註 84〕

〔註 82〕見余師勝唐：《奇門遁甲開運實務》（臺北：武陵出版有限公司，1995 年）頁144。
〔註 83〕同上註，頁 145。
〔註 84〕同上註。

第六章　結　論

一、中西會通，方享文明

　　西方自理性主義興起，科學發展一日千里，改造了世界，也帶來豐裕、便利的物質世界，令人嘆爲觀止，無論電燈、電話、電視、冰箱、電腦、飛機、捷運等；在醫學方面各種精密儀器的診斷，對病灶能做更精確的診斷，傳染病的防治及各種預防疫苗的注射及公共衛生教育及營養的推動與加強，及二十一世紀器官移植手術及幹細胞之醫學技術發展等，在在使人的壽命延長。但人們在享受文明的成果時，仍潛藏著許多危機，如自以爲科學萬能而將地球恣意、過度開發，復加上各種汽、機車及工廠排放之造廢氣等，造成地球的溫室效應，溫度日益上昇，海平面上昇，水土保持更遭到破壞，每逢颱風季節便遭淹水之患；而各國核武的競賽更令人時時處於生命恐懼之中；西方與阿拉伯宗教的衝突，引起之恐怖攻擊，更令人聞之色變；工業社會生活的緊張，自我的渺小與虛無，各種聲光與網路的虛迷，更益令人迷失；物質的誘惑、人心的陷溺與貪婪，道德的敗壞，更令犯罪手法翻新，商人唯利是圖，倫理道德式微，校園倫理不再，老人的日落悲哀，父不父，子不子；飲食蔬果的噴灑農藥，罔顧道德，無論空氣、水、飲食等，無不令人處在危機中，影響生命至鉅，以致西方科學、醫學雖進步千里，各種文明病如各種癌症、糖尿病、中風、精神疾病等卻叢生，雖延長了生命，生命卻無品質，反而淪爲無上折磨，無論對自己、對家人、對社會。資本主義的金融遊戲，更令人沈迷金錢遊戲，精神緊張，富者愈富，貧者愈貧，如股市、期貨，影響民生與健康至鉅，常見人因操作股市、期貨而心臟病爆發，甚至家破人亡，

整個社會處在不和諧與違反天理中，生活安能舒適和諧，安能領略生命之美，與享受生命之品質？而科技之進步更淪爲犯罪手法之翻新，所謂「道高一尺，魔高一丈」，……。

　　中國有悠久深厚的人文文化，而《周易》爲六經之首，以生命的體驗和對生命的理解來看待宇宙人生的哲學，將宇宙看作一個有機體，認爲人和客觀世界是完全統一的。不僅蘊含人生哲理，爲人處世之道，而且講求天人合一，順天而行及思患預防，平時由飲食、運動、情緒、爲人處世等著手，以免疾病等時，飽受折磨與耗費金錢與時間，而各種西藥更是有毒性，益造成身體傷害，西醫爲了賺錢更肆意開藥或開刀，開刀更益造成身體損傷或危險，現今健保捉襟見肘，更應平時注重預防與保健，方可避免資源浪費，而從事西醫的醫師泰半以賺錢爲主，較少眞正用心關心病患，中醫爲中國文化，深受儒家思想影響，以仁爲本，慈悲爲懷，如儒者之濟世，所謂良醫良相，中醫泰半品行良好，較西醫以賺錢爲目的之關懷仁心截然不同。《易·說卦傳》說：「昔者聖人之作易也，將以順性命之理。是以立天之道，曰陰與陽；立地之道曰柔與剛；立人之道，曰仁與義。兼三才而兩之，故易六畫而成卦。分陰與陽，迭用柔剛，故易六位成章。」西方的「工具性宰制」之科學文明與人際疏離產生的弊害，反而吹起東方的《易經》熱。中國之《周易·繫辭上傳》：「參伍以變，錯綜其數，通其變，遂成天地之文；極其數，遂定天下之象」「夫易何爲者也？夫易開物成務」可見中國之文化亦是注重科學，可惜因科舉制度及八股取士，控制與消耗人們的思想，以致科學未能拓展，但不應因西方科學之利而全盤否定固有之深厚人文涵養與文化。反而應「中西會通」，以解決科學帶來之弊，唯有「中西會通」方能創造有品質的養生身心世界。自中央政府撤離來臺，實施九年國民教育，雖力倡孔孟思想，但仍爲一元化之宰制黨化思想教育與升學主義，社會尚有倫理道德；但自邁向民主政治，反而社會風氣、人心日益敗壞，選舉伎倆花招更是污穢人心，媒體譁眾取寵，未負社會教育之責，教育雖欲邁向改革，但高倡人本，只要我喜歡有什麼不可以，以至倫理敗壞，教師面對強大壓力、身心俱疲，無所適從，而政治上之藍綠嚴重對抗，更撕裂國家之安定與和諧，其實眞正的民主更應奠基於良好的倫理道德，徒學習西方民主政治，拋卻固有優良文化，反而陷社會於更大危機中。眞正的民主應以良好倫理道德爲基礎，眞正選賢與能，才能使國家社會更美好安康，使人民眞正享受民主科學之美果，而政黨政治更

應是優質良性競爭，讓真正有心為民服務之有德有能者出來，讓國家社會更強盛富裕，使「幼有所長，壯有所用，矜寡孤獨廢疾者者皆有所養」讓人民的身心更健康快樂，而非老年人無法安養，壯年人沒有工作，幼者得不到好的照顧，寡廉鮮恥，犯罪手法無所不用其極，商人唯利是圖，民風澆薄，富者愈富，貧者愈貧，人人處在身心無法安適、恐懼的環境中。中國從前的儒家文化大半只是為帝王專制服務，只要求下面要儒家，自己則行為敗壞，現在民主政治，所謂「政者，子帥以正，孰敢不正？」「君子之德，風；小人之德，草；草上之風，必偃。」因此應「中西會通」，方能讓人們真正安享身心健康的快樂生活。

二、醫易會通，天人合一

《黃帝內經素問・上古天真論篇》云：「歧伯對曰：『上古之人，其知道者，法於陰陽，和於術數，食飲有節，起居有常，不妄作勞，故能形與神俱，而盡終其天年，度百歲乃去。今時之人不然也，以酒為漿，以妄為常，醉以入房，以欲竭其精，以耗散其真，不知持滿，不時御神，務快人心，逆於生樂，起居無節，故半百而衰也。』」所謂「天人合一」之《周易》，不只包括道德哲學、為人處世之道，尚包括自然生命中身心的調適。《黃帝內經》便是根據《周易》自然生命調適身心的中國最早醫學書籍，內容包含了《素問》與《靈樞》二部分，在陰陽五行等符號系統上，建構了中國人體生命科學，奠定醫易互通的可能。易言變化，醫家言病變，《黃帝內經》視人為一小天地，因而建立其理論嚴謹的五運六氣學說，其思想基礎與易理一脈相承。《內經》所介紹的養生方法，很顯然已與醫學基本理論相結合，所以能產生身心合理的效果。其在順應自然方面，能積極從四時、晝夜的陰陽變化，人的生、長、壯、老生理規律出發，伺機而動，其動靜、補泄有致，合理調攝。《內經》也非常重視精神調攝。認為心為君之主官，主神明，心傷則神去，神去則死。所以強調「御神」，勿使外馳。而精是神的物質基礎，精傷則神無所舍，所以又強調「持滿」，即慎惜陰精，勿使耗傷。

另《內經》養生以「協調陰陽」、「積精」、「全神」為綱。一切養生和具體方法，皆從此三大需要而來。要求人們食飲有節，起居有常，不妄作勞。外不勞形於事，內無思想之患，以恬愉為務，以自得為功。於世俗之間，無患瞋之心。至於春溫、夏熱、秋涼、冬寒四時的氣候變化，形成自然界春生、

夏長、秋收、冬藏的自然規律。《靈樞・本神》云：「智者之養生也，必順四時而適寒暑。」由此可知，精神也順應四時來調攝：春天早睡早起，漫步庭園，衣束寬鬆，心情恬適愉快，遇事寬容，應養「生」之道；夏天晚睡早起，使自身陽氣得以正常宣洩，避免發怒，應養「長」之道；秋天早睡，雞叫即起，收斂神氣使神志安寧，應養「收」之道；冬天早睡晚起，必待日光，心志伏匿，遠寒就溫，陽氣慎勿外洩，應養「藏」之道。一日之中也可分為四時，朝為春，日中為夏，日入為秋，夜半為冬，應「氣生」、「氣隆」、「氣虛」、「氣藏」。人的神氣當隨之而變，這就是應時調攝陰陽的方法。而十二經脈與十二時辰相對應，而且與五臟六腑的氣機運作互相配合。《內經》還提倡食養，所謂「穀、肉、果、菜食盡養之」、「氣味合而服之，以補精益氣」，開後世養生食補、藥補之端。

我們的人身是一個小天地，裡面有「心、肝、脾、肺、腎」五臟，而人有「怒、喜、思、憂、恐」五種情緒（稱為「五志」），萬物有「苦、甘、辛、酸、鹹」五味、「青、赤、黃、白、黑」五色、「宮、商、角、徵、羽」五音，這五志、五味、五色、五音與人體五臟是互相應和的，因此五志、五味、五色、五音與人體的養生有關。以下再綜合分述之：

1. 五志與養生之關係：怒傷肝——肝火旺，容易發怒，如不將怒氣發出，悶在心裡不但傷肝，亦會引起乳腺的不調，哺乳的母親在餵奶時心情要祥和，在生氣或發怒時千萬不要哺乳。此外時常壓抑積聚憤怒的情緒也易成為導致乳癌的原因之一；喜傷心——過分興奮或不能表達突來的喜悅，對心經都有不良的影響，時常有心臟病患者在狂喜情形下發病。思傷脾——相思和思慮過多都傷脾，想念一個人或心事重重皆會讓人吃不下飯；憂傷肺——悲憂的情緒會傷及肺，《紅樓夢》裡的林黛玉性格多愁善感，年紀輕輕即經常咳血，故保持樂觀進取的態度非常重要；恐傷腎——恐懼的情緒會傷腎，同樣的，腎虛的人，常有無名的恐懼感，對很多事情都很怕，變得沒志氣。

2. 五味與養生的關係：萬物皆有氣味，不論酸、甜、苦、辣，氣厚、氣薄，都有一定的入藥法則，中醫就是利用草、木、金、石各具有的偏盛氣味來治病。苦——苦入心，所以心火大，要用苦藥，如黃連等，讓他入心經消心火，人就清爽了，也就不會口乾舌燥；甘－甘傷脾，甜的東西吃太多了，難免胃口不開，尤其是白糖精製的糕點，最好不要吃；辛——辛入肺，辛傷皮毛，口味重辣的，大多皮無光澤，是養顏大忌，咳嗽者都應該禁吃辛辣；

酸——酸入肝，而肝主通筋，所以過酸會傷筋，令人小便癃閉；鹹－鹹入腎，鹹傷血，而腎是調節血壓的重要器官，這是高血壓的患者為何要小心鹽份攝取原因。另《素問·五臟生成篇》亦云：「多食鹹，則脈凝泣而變色；多食苦，則皮槁而毛拔；多食辛，則筋急而爪枯；多食酸，則肉胝而唇揭；多食甘，則骨痛而髮落，此五位之所傷也。故心欲苦、肺欲辛、肝欲酸、脾欲甘、腎欲鹹、此五味之所和也。」而醫聖張仲景在其《金匱要略》中指出：「所食之味，有與病相宜，有與身危害，若得宜則益身，害則成疾。」唐代名醫藥王孫思邈在其《千金·食治》中亦指出：「五味動病法，酸走筋，筋病勿食酸；苦走骨，骨病勿食苦；甘走肉，肉病勿食甘；辛走氣，氣病勿食辛；鹹走血，血病勿食鹹。」這些論述至今看來仍有一定的科學道理，而且為大量的飲食文化生活實踐所證實。五色與養生的關係：火色赤、木色青、土色黃、金色白、水色黑，如果一個人的臉色出奇的紅，百分之八十是心臟有毛病或者是血壓過高；若是臉色發青，尤其是眼睛四周發青，則肝有問題；臉色發白者，肺功能不好；脾有毛病者，人會發黃，例如脾臟癌患者，不但全身，甚至眼白都會發黃；如果臉色黑而無光澤，主腎有病，例如洗腎的患者皆為此種臉色。中醫常用五色來推算五臟的病變，作為望診的基礎，五色也可以應用在飲食上，例如肺功能不足的人，應多攝取白色的東西來補肺，像白木耳、蓮子、杏仁等東西；黑色的食物，如黑豆、黑棗、海帶、髮菜等，則有補腎的功能；小麥草汁屬青色，則能入肝解毒。

3. 五音與養生的關係：古代的音律分為宮、商、角、徵、羽五音，合於木、土、火、金、水五行氣，應於肝、心、脾、肺、腎五臟，各有其特色，採用宮聲，因為宮聲屬土，土主生長興旺。聽宮聲，使人品溫和，寬容且廣大；聽商聲，商聲屬金，使人品端莊，正直且好義；聽角聲，角生屬木，使人有惻隱之心，且能慈悲愛人；聽徵聲，徵聲屬火，使人樂於行善，並且愛好施捨；聽羽聲，使人講究整潔規矩，且愛好禮節；宮調式樂曲：風格悠揚沈靜，淳厚莊重，有如《土》般寬厚結實，可入脾；商調式樂曲：風格高亢悲壯，鏗鏘雄偉，具有《金》之特性，可入肺；角調式樂曲：有大地回春，萬物萌生，生機盎然的旋律，曲調親切爽朗，有《木》之特性，可入肝。徵調式樂曲：熱烈歡快，活潑輕鬆，構成層次分明，性情歡暢的氣氛，具有《火》之特性，可入心；羽調式樂曲：風格清純，淒切哀怨，蒼涼柔潤，如天垂晶幕，行雲流水，具有《水》之特性，可入腎。

　　本論文中將易理養生中之「醫易會通」之處分爲六點一爲天人合一，二爲陰陽調和，三爲中庸之道，四爲生生不息，五爲乘時以變，六爲「神」之妙用。其中中庸之道即爲「致中和」之態度，無論做人處事、飲食、情緒等，且不可過度勞累，《素問・宣明五氣論》說：「五勞所傷：久視傷血，久臥傷氣，久坐傷肉，久立傷骨，久行傷筋，是謂五勞所傷。」；在生生不息方面，更強調積極進取與運動之重要，而飲食男女亦爲生生不息之道，因此除飲食、運動外，亦重視男女的感情處理、婚姻及行房之道，〈象〉：「泰……天地交而萬物通也。」、「否……天地不交而萬物不通也。」以咸卦與恆卦表達男女無心感應進而結爲夫婦，組成家庭，及家庭相處的恆久之道。《易・繫辭傳》說：「天地之大德曰生……男女構精，萬物化生。」適當的魚水之歡可以調解身心，但亦應注意適度而不可縱欲，以免耗損腎精而早衰。

　　孔子曰：「不知命，無以爲君子」人秉天地之氣而生，自亦有其陰陽五行，吳豐隆在《紫微新探》序言中說：「人命來自天地，不通易，難究命理之奧，不通數，又難通命理之根。天地者陰陽之主宰，法象莫大乎天地，是故有言：『人法地，地法天，天法道，道法自然』，人之異於禽獸，即是人獨有的能覺，雖言宇宙萬物難逃「氣數」兩字。但人貴能覺其生滅過程，知命順時，趨吉避凶，效天行健，君子自強不息，並能『通變』『精進』、『提升』、臻於『生生之爲易』。」〔註1〕而風水學它還蘊含著中國傳統宇宙論的解釋，包括地理環境的空間形象、四季的變化以及日月星辰的運行規律，並依據空間和時間的情況，來選擇最有利的地理位置，以爲趨吉避凶。人們寄居寰宇之中，即受天地之間五運六氣的影響，如春溫、夏暑、秋涼、冬暖之影響人們的作息與生活方式；即人們應依四季變化，採取如何對應而與之協調，進而達到免除疾病的目地。

　　西方醫學頭痛醫頭，腳痛醫腳，各種文明病更是不尊重大自然的結果，唯有中西會通，方能共享文明之利，因此不應一味模仿西方而忘卻自己之寶藏。

三、命運與養生〔註2〕

　　就人生言，際遇爲人無可如何者，固是一種限制；理義爲人所必須遵循

〔註1〕　參見吳豐隆：《紫薇新探》（臺北：林鬱文化事業有限公司，1998，09初版），序言（二）。

〔註2〕　以下內容參見劉錦賢：〈知命、安命、立命〉，《儒道學術國際研討會─先秦》（臺北：師大國文學系，2002年5月25日），頁93～112。

者，亦是一種限制；前者爲氣命，後者爲理命。儒道二家皆正視氣命，儒家
另看重理命；然一般所謂命，專就氣命說。《中庸》云：「天命之謂性，率性
之謂道，修道之謂教。」又云：「君子居易以俟命，小人行險以徼幸。」《易
傳》多處言及命，其大要如下：

> 乾道變化，各正性命。（《易·乾·彖傳》）

> 君子以正位凝命。（《易·鼎·大象傳》）

> 樂天知命，故不憂。（《易·繫辭傳》）

> 和順於道德而理於義，窮理盡性以至於命。（《易·說卦傳》）

> 昔者聖人之作易也，將以順性命之理。是以立天之道，曰陰與陽；
> 立地之道，曰柔與剛；立人之道，曰仁與義。（《易·說卦傳》）

陳北溪曰：「命字有二義：有以理言者，有以氣言者，其實理不外于氣。蓋二
氣流行，萬古生生不息，不成只是個氣，必有主宰之者，曰理非有離乎氣，
只是就氣上指出箇理不離乎氣而爲言耳。」〔註3〕理命是氣命之主宰，亦即人
生雖受氣命之諸般限制，但仍可有自作主宰之一面，而不完全隨氣遷流。一
方面接受氣命存在之客觀事實，一方面維持理命獨特之崇高地位，然後能盡
「命」之全蘊。《莊子》德充符云：「聖也者，達於情而遂於命也。」通達人
情，順應時命，是道家人物心目中之聖人，能順應之，則能安處。莊子既通
達「命之情」，則其在人生所遭逢之各種境況中，必皆知所以自處。其自處之
道奈何？曰「安命」。「安命」不離乎「達情」。一則明「命之限」而安處之，
一則通「人之情」而善應之。如是則於己於人，皆有適當之安置，可以應物
無方而不爲所累矣。蓋莊子非避世者，乃具有深情而生活於現實世界中之人
也，生而爲人，唯有安於所處之境，順應命限之安排，不作他想，以行「不
得已」之事耳。人生固有想達成之願望，但有德者於凡事之來，必能悠遊自
在，至於事之成否，則委之以命。愛親、安親，能否盡如親意，亦是命也。
能如是看待，則心境平和，無哀樂之情以激之，是謂「有德」。至若個人之生
死、窮通亦如是矣！但盡其力，其餘委諸於天。因此人生並非全然任由命運
擺佈，而有相當之自主性。表現得當則可以「終其天年；表現不當，則將傷
身害性。在可能之範圍內，保身全身生，乃吾人所當爲者。時命由乎天，修

〔註3〕 《北溪學案·北溪語錄》；黃宗羲《宋元學案》（臺北：華世出版社，198709
初版），頁22223。

道在乎人，故須修道。

　　道家言安命以踐德，唯以「虛靜自然」爲德；而儒家則言立命以踐德，乃以「居仁由義」爲德。因此儒家立命說，於「立命」處，特能彰顯道德實踐之莊嚴，實關涉修身而言。孟子曰：

　　　　盡其心者，知其性也；知其性，則知天矣。存其心，養其性，所以事天也。夭壽不貳，修身以俟之，所以立命也。

此乃吾人面對人生無可如何之命限時所應有之態度。不論生命期限之短長，皆堅定不移，不易常度；修身養性，遵循仁義，以等待命限之來臨而有以面對之，是乃吾人用以依德性貞定命限之方也。因此「命」雖不可易，但能以「德」貞定之，則人非造化作弄之玩物，而可表現崇高之人格尊嚴。

　　以「德」貞定之「命」，方是「正命」，是故孟子曰：

　　　　莫非命也，順受其正。是故知命者不立乎巖牆之下。盡其道而死者，正命也；桎梏死者，非正命也。（《孟子‧盡心上》）

所謂「君子之大道」，殆指「溫、良、恭、儉、讓」、「敏於事而愼於言」、「求諸己」〔註4〕等修己待人之道。若因「小有才」而露才揚己，輕蔑他人，因遭物忌，卒致殺身之禍，可謂咎由自取，則其死，非正命也。楚漢相爭中，項羽終歸亡國喪身，亦是所受非正命之一例。

　　「上古之人，其知道者，法於陰陽，和於術數，食飲有節，起居有常，不妄作勞，故能形與神俱，而盡其天年，度百歲乃去」、〔註5〕俗云：「一命二運三風水四讀書五積陰德」，了凡四訓更勸人行善積德得以改善命運。《易‧繫辭上傳》云「與天地相似，故不違。知周乎萬物，而道濟天下，故不過。旁行而不流，樂天知命故不憂。安土敦乎仁，故能愛。」賴師貴三教授於〈《周易》「命」觀初探〉中提出《周易》所展現的「問命」之道，應誠如《孟子‧盡心‧下‧二十六章》所謂「可欲之謂善，有諸己之謂性，充實而有光輝之謂大，大而化之之謂聖，聖而不可知之謂神。」〔註6〕所謂「知命」、「安命」、「立命」、「造命」，以合天理，遂欲達情，活在當下，享受生命，以爲養生之道也；由智達德，以學養智，趨時應事，失位時亦可由旁通、相錯，知幾以

〔註4〕　分見《論語》〈學而〉及〈衛靈公〉。
〔註5〕　見重廣補註《黃帝內經素問》〈上古天眞論〉。
〔註6〕　見賴貴三師：〈《周易》「命」觀初探〉（臺北：國立臺灣師範大學國文學系國文學報第三十期，2001年6月），頁28。

變通之，掌握創造自己有利生存空間，貫通道、命、性、情、才、教以達「元、亨、利、通」，以爲養生之道也。

　　《周易》與《黃帝內經》皆是中國文化天人合一之精蘊，足以解決西方科技文明之弊害，讓科技爲人所用，以道德良心爲準，因此不應一味模仿西方而拋卻自己文化珍貴，唯有中西會通，方能共享文明之利，且達養生之道。命理、風水更非迷信，應與中醫，共進學術研究殿堂，且獲政府重視一如西方科學、醫學等，研究他而非淪爲地下之迷信或處處遭受打壓，徒爲江湖術士利用而敗壞人心，製造社會問題，唯有正視他，不可只一味偏向西學，讓社會國家處在混亂局面，透過政府與教育，中西融通，方能承繼先賢，開創未來。在風水學上此元運爲八運艮運，艮爲止，正是走復古之運，西方文明之弊，唯有中國天人合一之《周易》文化可解，西方帶來之文明病，亦唯有「醫易會通」〔註7〕方可解決。方此西方對中國之文化如易經、中醫、風水、氣功等興起研究熱時，我們又豈可反而拋棄自己之珍藏？附記：本文純就學術立場而言，不涉及政治意識形態，還望諒察。

〔註7〕　此處之「醫易會通」乃採廣義。

參考書目

一、《周易》及《黃帝內經》版本（包括今人註譯等，依朝代先後列序，今人註譯等則依出版先後列序）

（一）《周易》

1. 魏晉・王弼，韓康伯注，孔穎達等正義，阮元審定，《周易正義》，臺北，藝文印書館，1993 年。
2. 宋・朱熹著，《周易本義》，臺北，大安出版社，1999 年。
3. 黃師慶萱，《周易讀本》，臺北，三民書局，1970 年。
4. 徐芹庭，《虞氏易述解》，臺北，五洲出版社，1974 年。
5. 孫振聲，《白話易經》，臺北，星光出版社，1981 年。
6. 徐志銳，《周易大傳新著上、下冊》，臺北，里仁書局，1995 年。
7. 高亨，《周易大傳今注》，濟南，齊魯書社，1998 年。
8. 李學勤主編，《周易正義》，上下經，臺北，臺灣古籍出版有限公司，2001 年。
9. 黃忠天，《周易程傳注評》，高雄，復文圖書出版社，2004 年。

（二）《黃帝內經》

1. 隋・楊上善，《黃帝內經太素》，民・王雲五編校，上海，商務印書館，1938～1940 年。
2. 唐・王冰注，宋・林億、高寶衡等校正，重廣補注《黃帝內經素問》四庫善本叢書子部，臺北，藝文印書館影印。
3. 宋・史崧校正並音釋，《靈樞經》王雲五四部重刊初編子部，上海，商務印書館，1936 年。

4. 明・張介賓,《類經》上、下冊,北京,人民衛生出版社。

5. 明・吳昆注,《內經素問吳注》,濟南,山東科技出版社,1984年。

6. 陳太羲,莊宏達,《黃帝內經素問新解》(上冊)(下冊),臺北,國立中國醫藥研究所出版 1995 年。

7. 吳鴻洲、傅維康注,《黃帝內經》,成都,巴蜀書社 1996 年。

二、經、史、子、集 (依朝代列序,今人則以出版先後分別列序)

(一) 經 部

1. 漢・孔安國傳,唐孔穎達等正義,《尚書正義》,臺北,藝文印書館,1993年。

2. 漢・鄭玄注,唐・賈公彥疏,《周禮注疏》,臺北,藝文印書館 1993 年。

3. 漢・許慎,《說文解字注》,臺北,黎明文化事業公司 1975 年。

4. 宋・朱熹,《四書集註》,臺北,世界書局,1969 年。

(二) 史 部

1. 漢・司馬遷,《史記》,臺北,開放書城,1976 年。

2. 楊家駱編纂,漢・班固,《漢書・藝文志・六藝》,臺北,鼎文書局 1981年。

(三) 子 部

1. 周・荀況,荀子,線裝書。

2. 秦・呂不韋著,後漢・高誘註,《呂氏春秋》,臺北,藝文出版社,1959年。

3. 隋・蕭吉,《五行大義》,臺北,新文豐出版公司,1987年。

4. 晉・葛洪著,《抱朴子》,臺北,世界書局,1955年。

5. 晉・王弼註,《老子註》,臺北,藝文出版社,1975年。

6. 晉・郭璞,《青囊海角經》,臺北,大方出版社,1978年。

7. 晉・郭象註,《莊子》,臺北,藝文出版社,1983年。

8. 元・忽思慧,《飲膳正要》,上海,商務印書館,1934年。

9. 宋・程顥・程頤,《二程集》,北京,中華書局,2004年。

10. 清・劉文典集解,漢・劉安撰,《淮南鴻烈集解》,臺北,商務印書館,1968年。

11. 清・郭慶藩輯,《莊子集釋》,臺北,河洛圖書出版社,1974年。

12. 清・江永,《河洛精蘊》,臺北,武陵出版公司,1995。

13. 清‧張楠,《標準命理正宗》,臺北,武陵出版社,2001 年。

14. 王德薰,《山水發微》,臺北,文武有限公司,1976。

15. 李蜀渝編校,清‧沈竹礽原作,《增廣沈氏玄空學》,臺北,集文書局,1976年。

16. 王忠林註譯,《新譯荀子讀本》,臺北,三民書局,1977 年。

17. 丘風俠注譯,晉‧葛洪著,《抱朴子》,北京,中國社會科學出版社,1996年。

18. 徐樂吾訂正增註,任鐵樵註,劉伯溫原著,《滴天髓徵義》,臺北,文源書局,1996 年。

19. 張雙棣,張萬彬等註譯,《呂氏春秋譯注》,臺北,建宏出版社,1996 年。

20. 徐樂吾評註,《子平眞詮評註》,臺北,武陵出版社,1999 年。

21. 陳天助,《葬經青鳥經白話註解》,臺北,育林出版社,1999 年。

22. 林安梧譯著,《老子‧道德經》,宜蘭,讀冊文化事業有限司,2002 年。

三、專　著（依出版年代先後）

（一）易學類

1. 高懷民,《兩漢易學史》,臺北,東吳大學,中國學術著作獎助委員會 1970年。

2. 高懷民,《先秦易學史》,臺北,東吳大學,中國學術著作獎助委員,1975年。

3. 嚴靈峯,《馬王堆帛書易經斠理》,臺北,文史哲出版社,1984 年。

4. 韓以亮,《周易與命理》,桃園,開發出版社,1988 年。

5. 戴璉璋,《易傳之形成及其思想》,臺北,文津出版社,1989 年。

6. 韓永賢,《周易探源》,北京,中國華僑出版社,1990 年。

7. 朱伯崑,《易學哲學史》,臺北,藍燈文化出版公司,1991 年。

8. 游喚,《縱情命運的智慧》,臺北,漢藝色研出版,1993 年。

9. 林忠軍,《象數易學發展史》(第一卷),濟南,齊魯出版社,1994 年。

10. 陳鼓應,《易傳與道家思想》,臺北,臺灣商務印書館,1994 年。

11. 邵偉華,《周易與預測學》,臺北,立德出版社,1994 年。

12. 賴師貴三,《焦循雕菰樓易學研究》,臺北,里仁書局,1994 年。

13. 劉瀚平,《宋象數易學研究》,臺北,五南圖書出版有限公司,1994 年。

14. 劉瀚平,《生活易經》,臺北,希代出版社 1995 年。

15. 孔維勤,《活用易經的人生》,臺北,探索文化事業有限公司,1995 年。

16. 黃師慶萱，《周易縱橫談》，臺北，東大圖書公司，1995 年。

17. 廖名春，《帛書《易傳》初探》，臺北，文史哲出版社，1996 年。

18. 曾春海，《易經哲學的宇宙與人生》，臺北，文津出版社，1997 年。

19. 張善文，《象數與易理》，臺北，洪葉文化事業有限公司，1997 年。

20. 鄭方耕，《趙建功，周易與現代文化》，北京，中國廣播電視出版社，1998 年。

21. 鄭熹宸，《易經卜筮學》，臺南，瑞成書局，1999 年。

22. 趙建偉，《出土簡帛《周易》疏證》，臺北，萬卷樓圖書有限公司，2000 年。

23. 賴師貴三，《焦循手批十三經註疏研究》，臺北，里仁書局，2000 年。

24. 曾春海，《易經的哲學原理》，臺北，文津出版社，2003 年。

25. 賴師貴三，《臺灣易學史》，臺北，里仁書局，2004 年。

（二）**醫學類**（依出版年代先後）

1. 蔡一藩著，康平譯，《經穴按摩健身法》，臺北，巨人出版社，1974 年。

2. 周治華，《針灸與科學》，臺北，皇極出版社，1977 年。

3. 葉頌壽，葉頌熙醫生合譯，《西方醫學史》，臺北，當代醫學雜誌社，1978 年。

4. 嚴星喬重校，《增註本草重新》，臺南，西北出版社，1978 年。

5. 陳邦賢，《中國醫學史》，臺北，臺灣商務印書館，1977 年五版。

6. 陳勝崑，《中國傳統醫學史》，臺北，時報文化事業有限公司 1979 年。

7. 唐湘清編撰，《難經今釋》，臺北，政中書局 1984 年。

8. 戴新民發行，《中醫學基礎》，臺北，啟業出版社，1984 年三版，薛銘文編。

9. 《臨床常見胃腸病──中西醫學治療保健法》，臺北，虹光出版社，1985 年。

10. 現代健康系列編選小組，《食療一百》，臺北，自立文化晚報出版社，1990 年。

11. 趙錡，《二二八重演》，臺北，自費出版，1991 年。

12. 廖育群，《岐黃醫道》，遼寧，遼寧教育出版社，1991 年。

13. 黃維三編著，《難經發揮》，臺北，政中書局，1994 年。

14. 魏子孝・聶莉芳，《中醫中藥史》，臺北，文津出版社，1994 年。

15. 姚偉鈞，《中華養生術》，臺北，文津出版社，1995 年。

16. 白清，《辯證論治》，臺北，書泉出版社，1996 年。

17. 白清，《醫藥人生》，臺北，書泉出版社，1996 年。

18. 余碧珍編審，《自然養生手冊》，臺北，絲路出版社，1996 年 5 月二刷。

19. 張永賢，《經穴按摩保健康》，臺北，元氣齋出版社，1997 年。

20. 鄭金生，《中國古代養生》，臺北，台灣商務印書館，1998 年。

21. 薛公忱主編，《醫中儒道佛》，北京，北京中醫古籍出版社，1999 年。

22. 麗健民，《中國醫學起源新論》，北京，北京科學技術出版社，1999 年。

23. 張德湖，《黃帝內經養生全書》，臺北，薪傳出版社，2001 年。

24. 中華民國中醫師公會聯合會，《四季與時辰》，中醫養生保健手冊，臺北，中華民國中醫師公會全國聯合會，2001 年。

25. 江潤祥主編，《現代中醫藥之教育、研究與發展》，香港，中文大學，2002 年。

26. 李政育，《十二經脈飲食法》，臺北，元氣齋出版社，2002 年。

27. 杜祖貽，關志雄等主編，《中醫學文獻精華》，臺北，商務印書館，2004 年。

（三）醫易會通類（依出版先後）

1. 何少初，《古代名醫解周易》，北京，河北中國醫藥科技出版社，1991 年。

2. 楊國安，《八卦與健康》，黑龍江，黑龍江科學技術出版社，1995 年。

3. 鄒學熹，《醫易匯通》，成都，四川科學技術出版社，1996 年。

4. 楊力，《周易與中醫學》，北京，北京科學技術出版社，1997 年 6 月。

5. 朱伯崑主編，《國際易學研究》，北京，華夏出版社，1997 年 8 月。

6. 宋榮章，《易學入門——醫學篇》，臺北，臺灣實業漢湘文化公司 2001 年。

7. 劉長林，《滕守堯合著，易學與養生，臺北，大展出版社，2001 年。

8. 張廷榮，《易學與中醫研究》，臺北，頂淵文化事業有限公司，2002 年。

（四）數術類（按綜合、紫微斗數、四柱、堪輿、姓名、奇門遁甲、擇日、卜筮，及出版先後排序）

1. 羅桂成，《唐宋陰陽五行論集》，臺北，文源出版社，1992 年。

2. 鄺芷人，《陰陽五行及其體系》，臺北，文津出版社，1998 年。

3. 魏啓鵬，《簡帛《五行》箋釋》，臺北，萬卷圖書有限公司，2000 年。

4. 黃文和，《命理哲學寶鑑》，臺北，世一書局，1986 年。

5. 黃春霖，《湯鎮源，實證八字命理學》，臺北，武陵出版社，1996 年。

6. 吳俊民，《命理新論》，上中下三冊，臺北，自印，1997 年 16 版。

7. 藍傳勝，《八字實務研究》，臺北，武陵出版社，1997 年。

8. 楚南余春堂原編，宜蘭李鐵筆評註，窮通寶鑑評註，臺北，益群書店，1998年。

9. 謝武藤，《八字流年綜合批斷》，臺北，武陵出版社，1998年。

10. 潘子漁，《紫微斗數實例分析》，臺北，宇宙人生顧問公司，1984年。

11. 慧心齋主，《紫微斗數新詮》，臺北，時報文化公司，1984年。

12. 潘子漁，《紫微斗數心得》，臺北，大林出版社，1993年。

13. 吳豐隆，《紫微新探》，臺北，林鬱文化公司，1998年。

14. 法雲居士，《如何算出你的偏財運》，臺北，金星出版社，1996年。

15. 法雲居士，《如何掌握旺運過一生》，臺北，金星出版社，1997年。

16. 法雲居士，《你一輩子有多少財》，臺北，金星出版社，1997年。

17. 法雲居士，《如何掌握你的桃花運》，臺北，金星出版社，1997年。

18. 法雲居士，《紫微幫你找工作》，臺北，金星出版社，1998年。

19. 法雲居士，《紫微成功交友術》，臺北，金星出版社，1999年。

20. 法雲居士，《紫微改運術》，臺北，金星出版社，1999年。

21. 法雲居士，《你的財要怎麼賺》，臺北，金星出版社，2000年。

22. 古婺葉九升，《地理山法全書》，臺中，瑞成書局，1987年。

23. 孔昭蘇，《陽宅秘旨·選擇秘要，天元烏兔經直解》，臺北，集文書局，1994年。

24. 王玉德，《中華堪輿術》，臺北，文津出版社，1995年。

25. 余師勝唐，《堪輿探實》，臺北，武陵出版社，1997年。

26. 洑溪，圓銘居士，《陽宅風水指南》，高雄，復文圖書出版公司，1997年。

27. 孔昭蘇，《孔子玄空寶鑑》，臺北，集文書局，1998年二版。

28. 余師勝唐，《堪輿實務探微》，臺北，武陵出版社，1998年。

29. 徐芹庭，《風水詳談》，上、下冊，臺北，學英文化事業有限公司，1998年。

30. 《一丁·雨露·洪涌》，臺北，藝術家出版社，1999年。

31. 亢亮，亢羽，《風水與城市》，天津，百花文藝出版社，1999年。

32. 亢亮，亢羽，《風水與建築》，天津，百花文藝出版社，1999年。

33. 白鶴鳴，《旺宅化煞22法》，香港，聚寶館文化有限公司2000年十一版。

34. 盧清和，《最新姓名學》，臺北，武陵出版社，1992年。

35. 吳豐隆，《十二生肖姓名學》，臺北，林鬱文化事業有限公司，1998年五版。

36. 夏維剛，《增定姓名學大公開》，臺北，三友圖書公司，2000年十一版。

37. 悟無齋主,《三個銅板讓你神機妙算》,臺北,知館文化事業有限公司 1999年。

38. 李鐵筆,《擇日學精華》,臺北,益群書店,1998 年。

39. 余師勝唐,《奇門遁甲開運實務》,臺北,武陵出版有限公司,1995 年。

(五)運動類（依出版先後）

1. 范丹成原著,挹翠樓主主編,《氣功四季鍛鍊法》,臺北,五洲出版社,1984年。

2. 張榮明,《中國古代氣功與先秦哲學》,臺北,桂冠出版社,1994 年。

3. 康戈武,《中國武術大全》,臺北,五洲出版社,1991 年。

4. 劉雲樵,《養炁還原》,臺北,武壇國術推廣中心,1991 年。

5. 沈福道,張德福,《氣功健身指南》,臺南,西北出版社,1994 年。

6. 譚雲,《國術名詞探索》,臺北,逸文出版有限公司 1997 年。

7. 張孔昭,《拳經拳法備要》,臺北,逸文出版有限公司 2000 年。

8. 曾家麒,《八極鬆身導引》,桃園,武壇大溪研究室,2003 年。

(六)其　他

1. 段家鋒,孫正豐,張世主編,《論文寫作研究》,臺北,三民書局,1983年。

2. 劉貴傑,《僧肇思想研究》,臺北,文史出版社,1986 年。

3. 唐君毅,《中國哲學原論原教篇》,宋明儒學思想之發展,臺北,臺灣學生書局,1984 年。

4. 唐君毅,《人文精神之重建》,臺北,臺灣學生書局,1988 年。

5. 杜維明,《儒家自我意識的反思》,臺北,聯經出版社,1990 年。

6. 陳麗桂,《戰國時期的黃老思想》,臺北,聯經出版社,1991 年。

7. 劉述先等,《當代新儒學論文集》,外王篇,臺北,文津出版社,1996 年。

8. 陳麗桂,《秦漢時期的黃老思想》,臺北,文經出版社,1997 年。

9. 韋政通,《中國思想史上、下冊》,臺北,水牛出版社,1998 年。

10. 墊元,《標準萬年曆》,臺南,大孚書局,1998 年。

11. 蕭登福,《讖緯與道教》,臺北,文經出版社,2000 年。

12. 龔鵬程,《儒學反思錄》,臺北,臺灣學生書局,2001 年。

13. 賴師貴三等編集,《春風煦學集》,臺北,里仁書局,2001 年。

14. 林安梧,《人文學方法論──詮釋的存有探源》,臺北,讀冊文化事業公司,2004 年。

四、學位論文（依出版年代先後）

（一）易學類

1. 龔鵬程，《孔穎達《周易正義》研究》，臺北，國立臺灣師範大學國文研究所，1979 年碩士論文，黃錦鋐教授指導。

2. 陳正榮，《張載易學研究》，臺北，國立臺灣師範大學國文研究所，1979年碩士論文，朱守亮教授指導。

3. 江弘毅，《朱子易學研究》，臺北，國立臺灣師範大學國文研究所，1985年碩士論文，胡自逢教授指導。

4. 南基守，《易經卦象初探》，臺北，國立臺灣師範大學國文研究所，1986年碩士論文，黃師慶萱教授指導。

5. 江超平，《伊川易學研究》，臺北，國立臺灣師範大學國文研究所，1986年碩士論文，戴璉璋教授指導。

6. 楊陽光，《易經憂患意識研究》，臺北，國立臺灣師範大學國文研究所，1986年碩士論文，黃師慶萱教授指導。

7. 江婉玲，《易緯釋易考》，臺北，國立臺灣師範大學國文研究所，1991 年碩士論文，黃師慶萱教授指導。

8. 賴師貴三，《項安世《周易玩辭》研究》，臺北，國立臺灣師範大學國文研究所，1990年碩士論文，黃師慶萱教授指導。

9. 王汝華，《熊十力易學思想之研究》，臺北，國立臺灣師範大學國文研究所，1991 年碩士論文，黃師慶萱教授指導。

10. 周芳敏，《王弼及程頤易學思想之比較研究》，臺北，國立臺灣大學中國文學研究所 1993 年碩士論文，林麗眞教授指導。

11. 戴妙全，《周易美學觀探微》，臺北，國立臺灣師範大學國文研究所，1999年碩士論文黃師慶萱教授指導。

12. 周甘逢，《周易教育思想研究》，臺北，高雄，國立高雄師範大學教育系研究所 1995 年博士論文，胡自逢，陳迺臣教授指導。

13. 劉馨潔，《《易傳》陰陽思想研究》，臺北，國立臺灣師範大學國文研究所，2000 年碩士論文，賴師貴三教授指導。

14. 廖伯娥，《馬王堆帛書〈易之義〉校釋與思想研究》，臺北，國立臺灣師範大學國文研究所，2000 年碩士論文，黃慶萱教授指導。

15. 唐玉珍，《《左傳》、《國語》引《易》考釋》，臺北，國立臺灣師範大學國文研究所，2000 年碩士論文，賴師貴三教授指導。

16. 范麗梅，《郭店儒家佚籍研究——以心性問題爲開展之主軸》，臺北，國立臺灣大學中國文學研究所 2002 年碩士論文，黃沛榮教授指導。

17. 陳明彪，《王龍溪心學易研究》，臺北，國立臺灣師範大學國文研究所，2002

年碩士論文，王財貴教授指導。

18. 陳弈瑄，《郭店楚簡〈五行〉研究》，彰化，國立彰化師範大學國文研究所2002 年碩士論文，黃忠慎教授指導。

19. 顏婉玲，《周易心理思想研究》，臺北，國立臺灣師範大學國文研究所，2002年碩士論文，賴師貴三教授指導。

20. 劉昌佳，《《象傳》與儒道思想之比較研究》，臺北，國立中興大學中國文學系碩士在職專班 2003 年碩士論文，林文彬教授指導。

21. 陳玉琪，《邵雍「先天圖」研究》，臺中，私立東海大學中文研究所，2003年碩士論文，江弘毅教授指導。

22. 陳淑娟，《論《程氏易傳》對《十翼》天人思想的繼承與發展》，國立臺灣大學哲學系 2004 年碩士論文，傅佩榮教授指導。

23. 劉佳雯，《焦循之「權」論研究》，彰化，國立彰化師範大學國文研究所2004 年碩士論文，張麗珠教授指導。

（二）醫學類

1. 黃惠棻，《内經運氣醫學現代觀的研究》，臺中，私立中國醫藥學院，中國醫學究所 1990 年碩士論文，陳太義，何東燦教授指導。

2. 蔡璧名，《在《身體與自然——以《黃帝内經素問》為中心論古代思想傳統中的身體觀》，臺北，國立台灣大學臺灣大學，中國文學研究所 1995 年中國文學研究所博士論文，林麗真教授指導。

3. 裘正，《黃帝内經五運六氣的探討》，臺北，國立政治大學哲學研究所 1996年碩士論文，曾春海教授指導。

4. 黃柏源，《智顗醫學思想之研究——以《摩訶止觀》觀病患境為中心》，臺北，私立華梵大學東方人文思想研究所，1997 年碩士論文，陳欽銘教授教授，指導。

5. 施又文，《神農本草經研究》，臺北，國立臺灣師範大學國文研究所 1998年博士論文，潘重規教授指導。

6. 關巧婷，《臺灣西學中醫師養成制度之研究》，臺中，私立中國醫藥學院醫務管理研究所 1999 年碩士論文，蘇奕彰博士，廖榮利教授指導。

7. 黃國財，《《黃帝内經》五運六氣學研究》，臺北，私立華梵大學東方人文思想研究所，2000 年碩士論文，熊琬教授指導。

8. 陳德興，《《黃帝内經》氣論思想之研究——兼論精、氣、神概念的關係》，臺北，輔仁大學哲學研究所，2000 年碩士論文，陳福濱教授指導。

9. 陳韻雯，《《黃帝内經》系統思維與辨證醫道》，臺中，東海大學哲學研究所 2000 年碩士論文，陳榮波教授指導。

10. 王玉娟，《嵇康及其〈養生論〉研究》，臺北，私立華梵大學東方人文思想

研究所 2001 年碩士論文，熊琬教授指導。

11. 楊旋，《嵇康之養生觀與樂論思想研究》，臺中，私立東海大學中國文學系 2002 年碩士論文，高柏園教授指導。

12. 董家榮，《《黃帝內經》養生思想研究》，臺北，國立臺灣師範大學國文研究所 2003 年碩士論文，陳麗桂教授指導。

（三）數術類

1. 鄭全雄，《論易經風水思想與傳統建築及景觀環境規劃關聯性之探討》，臺北，國立台灣大學農業工程學研究所 1990 年碩士論文，吳銘德教授指導。

2. 凌坤楨，《算命行為之歷程分析——以一個紫微斗數算命的觀察為例》，臺北，國立台灣師範大學教育心理與輔導研究所 1993 年碩士論文，陳秉華教授指導。

3. 沈建康，《在天道與治道之間——論宋代天文機構及其陰陽職事》，新竹，國立清華大學歷史研究所一般史組 1991 年碩士論文，黃一農教授指導。

4. 蔡璧名，《五行系統中的色彩——試論色彩因何存在於系統化五行說中》，臺北，國立台灣師範大學國文研究所 1992 年碩士論文，周何教授指導。

5. 陳美蘭，《「科學性理性」或「功能論」？——大眾傳播媒體的算命論述》，臺北，私立輔仁大學大眾傳播研究所 1999 年碩士論文，林靜伶教授指導。

6. 王參賢，《「中國傳統陽宅風水思想」初探，嘉義，私立南華大學哲學研究所 2001 碩士論文，尉遲淦教授指導。

7. 林瓊婉，《陽宅天醫方與人體之互動關係》，嘉義，私立南華大學環境與藝術研究所所 2001 碩士論文，魏光莒教授指導。

8. 吳延川，《風水理氣派操作方法運用於建築設計之研究——以紫白飛星法為例》，臺中，私立逢甲大學建築及都市計畫研究所 2002 年碩士論文，郭永傑教授指導。

9. 張新智，《子平學之理論研究》，臺北，國立政治大學中國文學研究所 2002 年博士論文，董金裕教授指導。

10. 黃文榮，《郭璞《葬書》中生與死互動理論之研究》，嘉義，私立南華大學生死學研究所 2003 碩士論文，魏光莒教授指導。

11. 胡肇台，《中國風水在建築選址定向之應用》，高雄，國立高雄第一科技大學營建工程系 2003 年碩士論文，羅維教授指導。

12. 謝其安，《八宅法對宅運指向之研究》，臺中，私立逢甲大學建築及都市計畫研究所 2003 年碩士論文，黃漢泉教授指導。

13. 江達智，《先秦兩漢的擇居文化與風水術之形成》，臺北，國立台灣師範大學歷史研究所 2003 年碩士論文，王仲孚教授指導。

14. 龐靜儀，《《淮南子‧墬形》的地理觀》，臺北，國立台灣師範大學國文研

究所 2003 年碩士論文，陳麗桂教授指導。

15. 房慧眞，《陰陽刑德研究——黃學、陰陽與黃老三者之間的交會融通》，臺北，臺灣師範大學國文研究所 2003 年碩士論文，陳麗桂教授指導。

（四）其　他

1. 胡順萍，《六祖壇經思想之傳承與影響》，臺北，國立臺灣師範大學國文研究所 1986 年碩士論文，黃錦鈜教授指導。

2. 李中庸，《魏晉玄風的流變及其展現》，新竹，國立清華大學歷史研究所 1990 年碩士論文，何啓民教授指導。

3. 袁光儀，《晚明之儒家道德哲學與世俗道德範例研究——劉蕺山《人譜》與《了凡四訓》、《菜根譚》之比較》，臺北，國立臺灣師範大學國文研究所 1997 年碩士論文，莊耀郎教授指導。

4. 楊榮豐，《先秦儒家踐禮之身體觀》，臺北，國立體育學院體育研究所 2000 年碩士論文，徐元民教授指導。

5. 翁麗雪，《東漢經術與士風》，臺北，國立臺灣師範大學國文研究所 2003 年碩士論文，黃錦鈜教授指導。

6. 鄭明育，《氣功身體觀對現代運動意義之研究》，臺北，國立體育學院體育研究所 1997 年碩士論文，戚國雄教授指導。

7. 詹明樹，《武術太極拳》，臺北，國立體育學院教練研究所 2000 年碩士論文，陳金壽教授指導。

8. 劉文楨，《太極拳運動對骨質密度影響之研究》，臺北，國立體育學院教練研究所 2002 年碩士論文，黃啓煌教授指導。

9. 沈維華，《魏晉言意思想研究》，臺北，國立臺灣師範大學國文研究所 2003 年碩士論文，莊耀郎教授指導。

五、期刊報紙及論文

1. 趙定理，〈臟腑學說與古天文〉，臺北，《中華易學》，1994，頁 49～54。

2. 陳榮波，〈《黃帝內經》的易學思想〉，臺中，東海大學，2001 年第二次「哲學與中西文化：反省與創新」學術研討會。

3. 賴師貴三，〈孔子的《易教》（一）〉，臺北：《孔孟月刊》，第四十卷第五期，頁 8～10。

4. 賴師貴三，〈《周易》「命」觀初探〉，臺北，師大國文學系《國文學報》第三十期，2001 年 6 月，頁 1～22。

5. 張璨文、黃筱珮，〈提升中醫藥專業〉，法規鬆綁成關鍵，2002 年從禁用馬兜鈴酸看中藥安全與管理系列三，臺北，中國時報。

6. 呂宗力，〈先秦儒家與內學秘經〉，《儒道學術國際研討會——先秦》，臺北，

師大國文學系，2002 年 5 月 25 日，頁 67～73。

7. 劉錦賢，〈知命、安命、立命〉，《儒道學術國際研討會——先秦》，臺北，師大國文學系，2002 年 5 月 25 日，頁 93～112。

8. 林安梧，〈中日儒學與現代化的哲學省察〉，臺北，國立臺灣師範大學國文學系《國文學報》，第三十一期，2002 年 6 月，頁 53～80。

9. 李經緯，〈中醫藥結合與中藥國際化趨勢〉，臺北，《中醫藥雜誌》2004 年第三期，頁 137～149。

10. 勞思光，〈東亞文明與現代文化——前現代性、現代性與後現代性〉，臺北，國立臺灣大學 2004 年 11 月 5 日《東亞文明》。

11. 陳紬藝，〈再論「中醫的不科學和太科學」——從佛學的因果論與因緣論看細菌病源説與對抗方法之錯誤〉，臺北，《自然療法雜誌》，第二十七卷第二期，2004 年 6 月，頁 1～4。

12. 江淑卿，〈南華大學自然醫學研究所帶領國內醫學邁入新世紀〉，同上，頁 7。

13. 袁大明，〈非典型肺炎與禽流感——故事的背後（二）〉，臺北，《自然療法雜誌》，第二十七卷第二期，2004 年 6 月，頁 19。

14. 恆台、畢彥祥，〈命理與醫理漫談〉，臺北，《自然療法雜誌》，第二十七卷第二期，2004 年 6 月，頁 23。

15. 劉君燦，〈針灸效能產生機理得大膽猜測〉，臺北，鵝湖雜誌社，第二十八卷第八期 2004 年 2 月，頁 64。

16. 李盈達，〈佛教祛病六字真言〉，臺北，《自然保健月刊》，第四十期，2004 年 10 月，頁 249。

17. 唐能，〈單方一味，氣死名醫〉，臺北，《自然保健月刊》，第四十二期，2004 年 10 月，頁 249。

18. 沈素因，〈孔子的養生論——從《論語‧鄉黨篇》的飲食觀談起〉，臺北，《孔孟月刊》，第四十二卷第二期。

六、網路資訊

1. 科學人雜誌網站 http://sa.ylib.com/news/newsshow.asp?FDocNo=16&CL=1

2. 無標題 http://www.cc.nctu.edu.tw/~biotech/news/news19990403-5.html

3. 生物科技 http://www.stic.gov.tw/stic/infowww/scinews/html/ce.html

4. 宋光宇，莫把中醫當假想敵，2002 年佛光人文社會學院生命學研究所網站。

附　表

1	9	17	25	33	41	49	57
乾爲天	風天小畜	澤雷隨	天雷无妄	天山遯	山澤損	澤火革	巽爲風
2	**10**	**18**	**26**	**34**	**42**	**50**	**58**
坤爲地	天澤履	山風蠱	山天大畜	雷天大壯	風雷益	火風鼎	兌爲澤
3	**11**	**19**	**27**	**35**	**43**	**51**	**59**
水雷屯	地天泰	地澤臨	山雷頤	火地晉	澤天夬	震爲雷	風水渙
4	**12**	**20**	**28**	**36**	**44**	**52**	**60**
山水蒙	天地否	風地觀	澤風大過	地火明夷	天風姤	艮爲山	水澤節
5	**13**	**21**	**29**	**37**	**45**	**53**	**61**
水天需	天火同人	火雷噬嗑	坎爲水	風火家人	澤地萃	風山漸	風澤中孚
6	**14**	**22**	**30**	**38**	**46**	**54**	**62**
天水訟	火天大有	山火賁	離爲火	火澤睽	地風升	雷澤歸妹	雷山小過
7	**15**	**23**	**31**	**39**	**47**	**55**	**63**
地水師	地山謙	山地剝	澤山咸	水山蹇	澤水困	雷火豐	水火既濟
8	**16**	**24**	**32**	**40**	**48**	**56**	**64**
水地比	雷地豫	地雷復	雷風恆	雷水解	水風井	火山旅	火水未濟

附表 5-6-1　六十甲子納音表（資料來源：劉瀚平：《生活易經》，頁 183。）

年號	甲子乙丑	甲戌乙亥	甲申乙酉	甲午乙未	甲辰乙巳	甲寅乙卯
年命	海中金	山頭火	泉中水	沙中金	復燈火	大溪水
年號	丙寅丁卯	丙子丁丑	丙戌丁亥	丙申丁酉	丙午丁未	丙辰丁巳
年命	爐中火	澗下水	屋上土	山下水	天河水	沙中土
年號	戊辰己巳	戊寅己卯	戊子己丑	戊戌己亥	戊申己酉	戊午己未
年命	大林木	城頭土	露靂火	平地水	大驛土	天上火
年號	庚午辛未	庚辰辛巳	庚寅辛卯	庚子辛丑	庚戌辛亥	庚申辛酉
年命	路旁土	白蠟金	松柏木	壁上土	釵釧金	石榴木
年號	壬申癸酉	壬午癸未	壬辰癸巳	壬寅癸卯	壬子癸丑	壬戌癸亥
年命	劍鋒金	楊柳木	長流水	金箔金	桑柘木	大海水

附表 5-6-2　五行及其從屬（資料來源：鄺芷人：《陰陽五行及其從屬》，頁 287。）

五行	木	火	土	金	水
五運	丁壬	戊癸	甲己	乙庚	丙辛
五氣	風	熱	溫	燥	寒
五時	春	夏	長夏	秋	冬
五色	青	赤	黃	白	黑
五臟	肝	心	脾	肺	腎
五味	酸	苦	甘	辛	鹹
五星	歲星	熒惑星	鎮星	太白星	辰星
五音	角	徵	宮	商	羽
五方	東	南	中	西	北
五體	筋	血脈	肉	皮	骨
五竅	目	舌	口	鼻	耳

附表 5-6-3　地支，三陰三陽及六氣之關係（資料來源：鄺芷人：《陰陽五行及其從屬》，頁 307）

五行	三陽三陰	六氣	地支
木	厥陰	風	巳亥
火	少陰	君火	子午
土	太陰	濕土	丑未
火	少陽	相火	寅申
金	陽明	燥金	卯司
水	太陽	寒水	辰戌

附表 5-6-4　六步的時節及其概況（資料來源：鄺芷人：《陰陽五行及其從屬》，頁 310。）

六步	起　止	陽　曆	六　氣	陰陽	氣候概況
初氣（步）	大寒－春分	二月中	風木	厥陰	春氣開始（風雨動之）
二氣	春分－小滿	四月中	春火（火）	少陰	溫暖（火以溫之）
三氣	小滿－大暑	六月中	相火（暑）	少陽	酷熱（暑以蒸之）
四氣	大暑－秋分	八月中	濕土	太陰	溫氣流行（溫以潤之）
五氣	秋分－小雪	十月中	燥金	陽明	乾爽（燥以乾之）
終氣	小雪－大寒	十二月中	寒水	太陽	寒冷（寒以堅之）

附表 5-6-5　五音太少相生（資料來源：鄺芷人：《陰陽五行及其從屬》，頁 300。

天干	甲	乙	丙	丁	戊	己	庚	辛	壬	癸	甲
五運	陽土 →	陰金 →	陽水 →	陰木 →	陽火 →	陰土 →	陽金 →	陰水 →	陽木 →	陰火 →	陽土
五音	太宮 →	少商 →	太羽 →	少角 →	太徵 →	少宮 →	少商 →	少羽 →	太角 →	少徵 →	太宮

　　五音太少相生，「→」表相生

附表 5-6-6　歲次天符表（資料來源：鄺芷人：《陰陽五行及其從屬》，頁 320。）

歲運	太陽徵火	太陽徵火	太陽羽水	少陰角木	少陰商金	少陰宮土
年份	戊子午	戊申求	丙戌辰	丁亥巳	乙酉卯	己未丑
司天	少陰君火	少陽相火	太陽寒水	厥陰風木	陽明燥金	太陰濕土

附表 5-6-7　同天符歲次表（資料來源：鄺芷人：《陰陽五行及其從屬》，頁 322。）

歲　運	太陽宮土	太陽角木	太陽商金
年　份（歲次）	甲戌辰	壬申寅	庚午子
在　泉	太陽濕土	厥陽風木	陽明燥金
所屬五行	土	木	金

附表 5-6-8　歲會年份表（資料來源：鄺芷人：《陰陽五行及其從屬》，頁 323。）

五運	陽土	陽土	陰土	陰土	陽土	陰土	陰金	陽火
歲次	甲戌	甲辰	己未	己丑	丙子	丁卯	乙酉	戊午
五行	土	土	土	土	水	木	金	火

附表 5-6-9　同歲會之年份（資料來源：鄺芷人：《陰陽五行及其從屬》，頁 324。）

歲　　運	少陰 徵火	少陰 徵火	少陰 羽水	少陰 羽水	少陰 徵火	少陰 徵火
年　　份	癸巳	癸亥	辛丑	辛未	癸卯	癸酉
客氣在泉	少陽 相火	少陽 相火	太陽 寒水	太陽 寒水	少陰 君火	少陰 君火

附表 5-6-10　年上起月表（資料來源：吳豐隆：《紫微新探》，頁 21。）

出生年天干	寅宮天干
甲、己年生人	丙　寅
乙、庚年生人	戊　寅
丙、辛年生人	庚　寅
丁、壬年生人	壬　寅
戊、癸年生人	甲　寅

附表 5-7-1　日光節約時間一覽表（資料來源：吳豐隆：《紫微新探》，頁 19。）

年　　代	名　稱	起　迄　日　期
民國三十四年至四十年	夏令時間	五月一日至九月三十日
民國四十一年	日光節約時間	三月一日至十月卅一日
民國四十二年至四十三年	日光節約時間	四月一日至十月卅一日
民國四十四年至四十五年	日光節約時間	四月一日至九月三十日
民國四十六年至四十八年	夏令時間	四月一日至九月三十日
民國四十九年至五十年	夏令時間	六月一日至九月三十日
民國五十一年至六十二		停止夏令時間
民國六十三年至六十四年	日光節約時間	四月一日至九月三十日
民國六十五年至六十七年		停止夏令時間
民國六十八年	日光節約時間	七月一日至九月三十日
民國六十九年		停止夏令時間
民國七十年		停止夏令時間

附表 5-7-2　安時系星（資料來源：吳豐隆：《紫微新探》，頁 32。）

星級	甲		甲								乙		乙	
生年支			寅午戌		申子辰		丑酉巳		亥卯未					
諸星 / 生時支	文昌	文曲	火星	鈴星	火星	鈴星	火星	鈴星	火星	鈴星	地劫	天空	台輔	封誥
子	△戌	◉辰	△丑	△卯	○寅	○戌	○卯	△戌	○酉	○戌	亥	亥	午	寅
丑	○酉	○巳	○寅	×辰	△卯	△亥	×辰	△亥	○戌	△亥	子	戌	未	卯
寅	◉申	△午	△卯	△巳	△辰	△子	△巳	×子	△亥	×子	丑	酉	申	辰
卯	○未	○未	×辰	○午	△巳	△丑	○午	△丑	×子	△丑	寅	申	酉	巳
辰	△午	◉申	△巳	△未	○午	○寅	△未	○寅	△丑	○寅	卯	未	戌	午
巳	○巳	○酉	○午	×申	△未	△卯	×申	○卯	○寅	△卯	辰	午	亥	未
午	◉辰	△戌	△未	△酉	×申	×辰	△酉	×辰	△卯	×辰	巳	巳	子	申
未	○卯	○亥	×申	○戌	△酉	△巳	○戌	△巳	×辰	△巳	午	辰	丑	酉
申	△寅	◉子	△酉	△亥	○戌	○午	△亥	○午	△巳	○午	未	卯	寅	戌
酉	○丑	○丑	○戌	×子	△亥	△未	×子	△未	○午	△未	申	寅	卯	亥
戌	◉子	△寅	△亥	△丑	×子	×申	△丑	×申	△未	×申	酉	丑	辰	子
亥	○亥	○卯	×子	○寅	△丑	△酉	○寅	△酉	×申	△酉	戌	子	巳	丑

附表 5-7-3　安月系星（資料來源：吳豐隆：《紫微新探》，頁 33。）

生月 ＼ 星級 諸星	甲		乙		乙		乙		
	左輔	右弼	天刑	天姚	天馬	解神	天巫	天月	陰煞
正　月	辰	戌	酉	丑	申	申	巳	戌	寅
二　月	巳	酉	戌	寅	巳	申	申	巳	子
三　月	午	申	亥	卯	寅	戌	寅	辰	戌
四　月	未	未	子	辰	亥	戌	亥	寅	申
五　月	申	午	丑	巳	申	子	巳	未	午
六　月	酉	巳	寅	午	巳	子	申	卯	辰
七　月	戌	辰	卯	未	寅	寅	寅	亥	寅
八　月	亥	卯	辰	申	亥	寅	亥	未	子
九　月	子	寅	巳	酉	申	辰	巳	寅	戌
十　月	丑	丑	午	戌	巳	辰	申	午	申
十一月	寅	子	未	亥	寅	午	寅	戌	午
十二月	卯	亥	申	子	亥	午	亥	寅	辰

附表 5-7-4　安年干系星（資料來源：吳豐隆：《紫微新探》，頁 35。

星級 諸星 生年干	甲			甲		甲				乙	
	祿存	擎羊	陀羅	天魁	天鉞	化祿	化權	化科	化忌	天官	天福
甲	寅	卯	丑	丑	未	廉貞	破軍	武曲	太陽	未	酉
乙	卯	辰	寅	子	申	天機	天梁	紫微	太陰	辰	申
丙	辰	巳	卯	亥	酉	天同	天機	文昌	廉貞	巳	子
丁	巳	午	辰	亥	酉	太陰	天同	天機	巨門	寅	亥
戊	午	未	巳	丑	未	貪狼	太陰	右弼	天機	卯	卯
己	未	申	午	子	申	武曲	貪狼	天梁	文曲	酉	寅
庚	申	酉	未	丑	未	太陽	武曲	天同	太陰	亥	午
辛	酉	戌	申	午	寅	巨門	太陽	文曲	文昌	酉	巳
壬	戌	亥	酉	卯	巳	天梁	紫微	左輔	武曲	戌	午
癸	亥	子	戌	卯	巳	破軍	巨門	太陰	貪狼	午	巳

附表 5-8-1　男女命宮便覽（資料來源：自 88 年中國命運大學，余勝唐老師上「堪輿風水課」講義）

女命宮便覽

一坎東	二坤西	三震東	四巽東	五黃西 二坤	六乾西	七兌西	八艮西	九離東
7 民國	6	5	4	3	2	1 民國	1 民國	2 民國
3 民國	4	5	6	7	8	9	10	11
12	13 甲子	14 乙丑	15 丙寅	16 丁卯	17 戊辰	18 己巳	19 庚午	20 辛未
21 壬申	22 癸酉	23 甲戌	24 乙亥	25 丙子	26 丁丑	27 戊寅	28 己卯	29 庚辰
30 辛巳	31 壬午	32 癸未	33 甲申	34 乙酉	35 丙戌	36 丁亥	37 戊子	38 己丑
39 庚寅	40 辛卯	41 壬辰	42 癸巳	43 甲午	44 乙未	45 丙申	46 丁酉	47 戊戌
48 己亥	49 庚子	50 辛丑	51 壬寅	52 癸卯	53 甲辰	54 乙巳	55 丙午	56 丁未
57 戊申	58 己酉	59 庚戌	60 辛亥	61 壬子	62 癸丑	63 甲寅	64 乙卯	65 丙辰
66 丁巳	67 戊午	68 己未	69 庚申	70 辛酉	71 壬戌	72 癸亥	73 甲子	74 乙丑
75 寅	76 卯	77 辰	78 巳	79 午	80 未	81 申	82 酉	83 甲戌
84 亥	85 子	86 丑	87 寅	88 卯	89 辰	90 巳	91 午	92 未
93 甲申	94 酉	95 戌	96 亥	97 子	98 丑	99 寅	100 卯	01 辰
02 巳	03 甲午	04 未	05 申	06 酉	07 戌	08 亥	09 子	10 丑
11 寅	12 卯	13 甲辰	14 巳	15 午	16 未	17 申	18 酉	19 戌

中元甲子民國 13 年四，下元甲子民國 73 年八

命宮位公式①（生年－2）÷9=□－餘數

（民國後算法）②餘數＝命宮　1坎2坤3震4巽5黃6乾7兌8艮9離

女命宮＝民國數相加－2　五黃寄於艮

男命宮便覽

一坎東	二坤西	三震東	四巽東	五黃西二坤	六乾西	七兌西	八艮西	九離東
2 民前	1 民國	1 民國	2	3	4	5	6	7 民國
8	9	10	11	12	13 甲子	14 乙丑	15 丙寅	16 丁卯
17 戊辰	18 己巳	19 庚午	20 辛未	21 壬申	22 癸酉	23 甲戌	24 乙亥	25 丙子
26 丁丑	27 戊寅	28 己卯	29 庚辰	30 辛巳	31 壬午	32 癸未	33 甲申	34 乙酉
35 丙戌	36 丁亥	37 戊子	38 己丑	39 庚寅	40 辛卯	41 壬辰	42 癸巳	43 甲午
44 乙未	45 丙申	46 丁酉	47 戊戌	48 己亥	49 庚子	50 辛丑	51 壬寅	52 癸卯
53 甲辰	54 乙巳	55 丙午	56 丁未	57 戊申	58 己酉	59 庚戌	60 辛亥	61 壬子
62 癸丑	63 甲寅	64 乙卯	65 丙辰	66 丁巳	67 戊午	68 己未	69 庚申	70 辛酉
71 壬戌	72 癸亥	73 甲子	74 丑	75 寅	76 卯	77 辰	78 巳	79 午
80 未	81 申	82 酉	83 甲戌	84 亥	85 子	86 丑	87 寅	88 卯
89 辰	90 巳	91 午	92 未	93 甲申	94 酉	95 戌	96 亥	97 子
98 丑	99 寅	100 卯	01 辰	02 巳	03 甲午	04 未	05 申	06 酉
07 戌	08 亥	09 子	10 丑	11 寅	12 卯	13 甲辰	14 巳	15 午
16 未	17 申	18 酉	19 戌	20 亥	21 子	22 丑	23 甲寅	

中元甲子民國 13 年二，下元甲子民國 73 年七

男命官公式①（生年＋1）÷9＝□－餘數

（民國後算法）②餘數＝命宮　1坎2坤3震4巽5黃6乾7兌8艮9離

男命官：8－民國數相加　五黃寄於坤

附表 5-8-2　東西四宅遊年訣吉凶方位表（資料來源：自 88 年中國命運大學，余勝唐老師上「堪輿風水課」講義）

西四宅（西四命）遊年訣吉凶方位表

西四宅		乾	西北	坤	西南	艮	東北	兌	西
吉方	伏位	乾	西北	坤	西南	艮	東北	兌	西
	生氣	兌	西北	艮	東北	坤	西南	乾	西北
	延年	坤	西南	乾	西北	兌	西	艮	東北
	天煞	艮	東北	兌	西	乾	西北	坤	西南
凶方	絕命	離	南	坎	北	鄙	東南	震	東北
	五鬼	震	東北	巽	東南	坎	北	離	南
	六煞	坎	北	離	南	震	東	巽	東南
	禍害	巽	東南	震	東	離	南	坎	北

東四宅（東四命）遊年訣吉凶方位表

東四宅		坎	北	離	南	震	東	巽	東南
吉方	伏位	坎	北	離	南	震	東	巽	東南
	生氣	巽	東南	震	東	離	南	坎	北
	延年	離	南	坎	北	巽	東南	震	東
	天煞	震	東南	巽	東南	坎	北	離	南
凶方	絕命	坤	西南	乾	西北	兌	西	艮	東北
	五鬼	艮	東北	兌	西	兌	西	坤	西南
	六煞	乾	西北	坤	西南	艮	東北	兌	西
	禍害	兌	西	艮	東北	坤	西南	乾	西北

附表 5-8-3　**紫白九星意涵表**（資料來源：吳延川：《風水理氣派操作方法運用於建築設計之研究—以紫白飛星法爲例》，頁 52。）

	生旺（吉）得令（合元運）	剋煞（函）失令（失元運）
一白水	魁星、少年科甲、名播四海、生聰明智慧之子、出思想家	刑妻、瞎眼、夭亡、漂泊多淫、溺水、飄蕩、耳疾、腎疾、血疾、酒徒、盜、險陷
二黑土	發田財、旺人丁、不產文士而以武貴、出忠臣、名醫	妻奪夫權、陰謀鄙吾、出寡婦、產難、刑耗、腹疾惡瘡、愚而貪鄙
三碧木	財祿豐盈、興家創業、長房大旺、立功立言、名揚四海	瘋鬼哮喘、殘疾刑妻、是非官訟、出盜賊鰥寡、膿血、腳病出不仁之人、肝病
四綠木	文昌、文章名世、科甲聯芳、女子容貌端研、聯姻貴族、出詩人畫家、名利雙收利市三倍	出文妖蕩婦、瘋哮自縊、酒色破家、漂流、失節無恥、巧言令色、股病、風災、肝膽病
五黃土	無	輕則災病、重則損人丁、昏迷、痴呆、官訟淫亂、吸毒、腫瘤
六白金	威權震世、武職勳貴、鉅富多丁、出科技、哲學、工商傑出人才	刑妻孤獨、寡母守家、奢侈浮華、剛復、僞善、疾呆、不孕、頭疾、肺病、骨折
七赤金	發財旺丁、武途仕宦、小房發福、出語言專家、醫生、明星、美人、橫財	官訟是非、性病癆疾、投軍橫死、刑殺、出盜賊娼妓、口舌、牢獄、火災、口腔鼻疾、服毒
八白土	孝義忠良、富貴綿遠、出富貴、壽考、聖賢之人	小口損傷、瘟病、厭世自財、關節風濕、虎咬犬傷、手、指傷、背疾
九紫火	文章科第、驟至榮顯、中房受	回祿官災、目疾產難、吐血瘋

附表 5-8-4　紫白飛星方位納氣速查表（資料來源：吳延川：《風水理氣派操作方法運用於建築設計之研究─以紫白飛星法為別例》，頁 72。）

方位	坎方	艮方	震方	巽方	離方	坤方	兌方	乾方	中央
坎宅	生氣方	洩氣方 文昌方	煞氣方	死氣方 財星方	關方	生氣方	洩氣方	煞氣方	官星方
艮宅	煞氣方 文昌方	旺氣方	洩氣方 善曜方	洩氣方	煞氣方	關沖方	死氣方 官星方 財星方	生氣方	
震宅	死氣方 財星方	煞氣方	生氣方 官星方	死氣方	煞氣方	洩氣方 善曜方	關沖方	旺氣方 文昌方	
巽宅	洩氣方 善曜方	煞氣方	死氣方	旺氣方	死氣方 財星方	生氣方 官星方	煞氣方	關沖方	文昌方
離宅	關沖方	生氣方	死氣方	洩氣方 善曜方	生氣方 文昌方	死氣方 財星方	洩氣方	煞氣方 官星方	
坤宅	洩氣方	關沖方	生氣方	死氣方 官星方 財星方	洩氣方 善曜方	旺氣方	煞氣方 文昌方	煞氣方	
兌宅	死氣方	洩氣方 善曜方 官星方	關沖方	旺氣方	生氣方	死氣方	煞氣方 文昌方	生氣方	
乾宅	生氣方	煞氣方	死氣方 文昌方	關沖方	洩氣方 善曜方 官星方	死氣方	生氣方	旺氣方	
中宮宅	死氣方 宮星方	旺氣方	煞氣方	煞氣方 文昌方	生氣方	旺氣方	洩氣方 善曜方	洩氣方 善曜方	

附表 5-8-5　三元九運及干支紀年統屬表（資料來源：吳延川：《風水理氣派操作方法運用於建築設計之研究─以紫白飛星法為例》，頁74。）

三元	統運	小運	干									支
上元	一白水運	一白水運	甲子	乙丑	丙寅	丁卯	戊辰	己巳	庚午	辛未	壬申	癸酉
			甲戌	乙亥	丙子	丁丑	戊寅	己卯	庚辰	辛巳	壬午	癸未
		二坤土運	甲申	乙酉	丙戌	丁亥	戊子	己丑	庚求	辛卯	壬辰	癸巳
			甲午	乙未	丙申	丁酉	戊戌	己亥	庚子	辛丑	任寅	癸卯
		三碧木運	甲辰	乙巳	丙午	丁未	戊申	己酉	庚戌	辛亥	任子	癸丑
			甲寅	乙卯	丙辰	丁巳	戊午	己未	庚申	辛酉	任戌	癸亥
中元	四綠木運	四綠木運	甲子	乙丑	丙寅	丁卯	戊辰	己巳	庚午	辛未	壬申	癸酉
			甲戌	乙亥	丙子	丁丑	戊寅	己卯	庚辰	辛巳	壬午	癸未
		五黃土運	甲申	乙酉	丙戌	丁亥	戊子	己丑	庚求	辛卯	壬辰	癸巳
			甲午	乙未	丙申	丁酉	戊戌	己亥	庚子	辛丑	任寅	癸卯
		六白金運	甲辰	乙巳	丙午	丁未	戊申	己酉	庚戌	辛亥	任子	癸丑
			甲寅	乙卯	丙辰	丁巳	戊午	己未	庚申	辛酉	任戌	癸亥
下元	七赤金運	七赤金運	甲子	乙丑	丙寅	丁卯	戊辰	己巳	庚午	辛未	壬申	癸酉
			甲戌	乙亥	丙子	丁丑	戊寅	己卯	庚辰	辛巳	壬午	癸未
		八白土運	甲申	乙酉	丙戌	丁亥	戊子	己丑	庚求	辛卯	壬辰	癸巳
			甲午	乙未	丙申	丁酉	戊戌	己亥	庚子	辛丑	任寅	癸卯
		九紫火運	甲辰	乙巳	丙午	丁未	戊申	己酉	庚戌	辛亥	任子	癸丑
			甲寅	乙卯	丙辰	丁巳	戊午	己未	庚申	辛酉	任戌	癸亥

附表 5-8-6　三元九運近期分元分運明細表（資料來源：吳延川：《風水理
　　　　　　氣派操作法運用於建築設計之研究—以紫白飛星法爲例》，頁
　　　　　　75。）

上元			中元			下元		
一運	二運	三運	四運	五運	六運	七運	八運	九運
康熙 23 年 ｜ 康熙 42 年 西元 1684 ｜ 1703	康熙 43 年 ｜ 雍正 1 年 西元 1704 ｜ 1723	雍正 2 年 ｜ 乾隆 8 年 西元 1724 ｜ 174.3	乾隆 9 年 ｜ 乾隆 28 年 西元 1744 ｜ 1763	乾隆 29 年 ｜ 乾隆 48 年 西元 1764 ｜ 1783	乾隆 49 年 ｜ 嘉慶 8 年 西元 1784 ｜ 1803	嘉慶 9 年 ｜ 道光 3 年 西元 1804 ｜ 1823	道光 4 年 ｜ 道光 23 年 西元 1824 ｜ 1843	道光 24 年 ｜ 同治 2 年 西元 1844 ｜ 1863
同治 3 年 ｜ 光緒 9 年 西元 1864 ｜ 1883	光緒 10 年 ｜ 光緒 29 年 西元 1884 ｜ 1903	光緒 30 年 ｜ 民國 12 年 西元 1904 ｜ 1923	民國 13 年 ｜ 民國 32 年 西元 1924 ｜ 1943	民國 33 年 ｜ 民國 52 年 西元 1944 ｜ 1963	民國 53 年 ｜ 民國 72 年 西元 1964 ｜ 1983	民國 73 ｜ 民國 92 年 西元 1984 ｜ 2003	民國 93 年 ｜ 民國 112 年 西元 2004 ｜ 2023	民國 113 年 ｜ 民國 132 年 西元 2024 ｜ 2043

　　《紫白訣》：「紫白飛客，辨生旺退殺之用，三元氣運，判盛衰興廢之時，
生旺宜興，運未來而仍替，退殺當廢，運方交而尚

附表 5-8-7　三元九運各局吉凶（資料來源：吳延川《風水理氣派操作方法運用於建築設計之研究—以紫白飛星法為例》，頁 76。）

吉　凶	吉　　局	凶　　局
一　運	坎局、震局、巽局	坤局、中官局、乾局、兌局、艮局、離局
二　運	坎局、中宮局、艮局、乾局、兌局、坎局	震局、巽局、離局
三　運	震局、巽局、離局、坎局	坤局、中宮局、艮局、乾局、兌局
四　運	震局、巽局、離局	坤局、中宮局、艮局、乾局、兌局、坎局
五　運	坤局、中宮局、艮局、乾局、兌局、巽局	震局、離局、坎局
六　運	乾局、兌局、坎局、巽局	坤局、震局、中宮局、艮局、離局
七　運	乾局、兌局、坎局	坎局、震局、巽局、中宮局、艮局、離局
八　運	坤局、中宮局、艮局、乾局、兌局	坎局、震局、巽局、離局
九　運	離局、坤局、中宮局、艮局、兌局	坎局、震局、巽局、乾局
備　註	因一自運為上元統運故坎局在二三運為局，四綠運在中元為統運故巽局在五六運為吉，七赤運在下元為統運故兌局在八九運為吉。	

附表 5-8-8　二十四山三元龍之陰陽及角度（資料來源：胡肇臺：《中國風水在建築選址定向之應用》，頁 89。）

方位	卦名	卦象	陰陽順序			三元	廿四山	角　　度		
正北	坎	☵	四正卦	陽	1	地	壬（北西北）	337.5°	↔	352.5°
				陰	2	天	子（正北方）	352.5°	↔	7.5°
				陰	3	人	癸（北東北）	7.5°	↔	22.5°
東北	艮	☶	四維卦	陰	1	地	丑（東北北）	22.5°	↔	37.5°
				陽	2	天	癸（正東北）	37.5°	↔	52.5°
				陽	3	人	寅（東北東）	52.5°	↔	67.5°
正東	震	☳	四正卦	陽	1	地	甲（東東北）	67.5°	↔	82.5°
				陰	2	天	卯（正東方）	82.5°	↔	97.5°
				陰	3	人	乙（東東南）	97.5°	↔	112.5°
東南	巽	☴	四維卦	陰	1	地	辰（東南東）	97.5°	↔	112.5°
				陽	2	天	巽（正東南）	112.5°	↔	127.5°
				陽	3	人	巳（正東南）	127.5°	↔	142.5°
正南	離	☲	四正卦	陽	1	地	丙（南東南）	157.5°	↔	172.5°
				陰	2	天	午（正南方）	172.5°	↔	187.5°
				陽	3	人	丁（南西南）	187.5°	↔	202.5°
西南	坤	☷	四維卦	陰	1	地	未（西南南）	202.5°	↔	217.5°
				陽	2	天	坤（正西南）	217.5°	↔	232.5°
				陽	3	人	申（西南西）	232.5°	↔	247.5°
正西	兌	☱	四正卦	陽	1	地	庚（西西南）	247.5°	↔	262.5°
				陰	2	天	酉（正西方）	262.5°	↔	277.5°
				陽	3	人	辛（西西北）	277.5°	↔	292.5°
西北	乾	☰	四維卦	陰	1	地	戌（西北西）	292.5°	↔	307.5°
				陽	2	天	乾（正西北）	307.5°	↔	322.5°
				陽	3	人	亥（西北北）	322.5°	↔	337.5°

（資料來源：陽宅風水指南）

附表 5-8-9　年紫白入中表（資料來源：吳延川：《風水理氣派操作方法運用於建築設計之研究——以紫白飛星法爲例》，頁 77。）

六甲子 / 紫白 / 三元									
	甲子	乙丑	丙寅	丁卯	戊辰	己巳	庚午	辛未	壬申
	癸酉	甲戌	乙亥	丙子	丁丑	戊寅	己卯	庚辰	辛巳
	壬午	癸未	甲申	乙酉	丙戌	丁亥	戊子	己丑	庚寅
	辛卯	壬辰	癸巳	甲午	乙未	丙申	丁酉	戊戌	己亥
	庚子	辛丑	任寅	癸卯	甲辰	乙巳	丙午	丁未	戊申
	己酉	庚戌	辛亥	任子	癸丑	甲寅	乙卯	丙辰	丁巳
	戊午	己未	庚申	辛酉	任戌	癸亥			
上元	一白	九紫	八白	七赤	六白	五黃	四綠	三碧	二黑
中元	四綠	三碧	二黑	一白	九歲	八白	七赤	六白	五黃
下元	七赤	六白	五黃	四綠	三碧	二黑	一白	九紫	八白

附表 5-3-10　月紫白入中（資料來源：吳延川《風水理氣派操作方法運用於建築設計之研究——以紫白飛星法爲例》，頁 78。）

月令 / 紫白 / 太歲	子午卯酉年	辰戌丑未年	寅申巳亥年
正　月	八　白	五　黃	二　黑
二　月	七　赤	四　綠	一　白
三　月	六　白	三　碧	九　紫
四　月	五　黃	二　黑	八　白
五　月	四　綠	一　白	七　赤
六　月	三　碧	九　紫	六　白
七　月	二　黑	八　白	五　黃
八　月	一　白	七　赤	四　綠
九　月	九　紫	六　白	三　碧
十　月	八　白	五　黃	二　黑
十一月	七　赤	四　綠	一　白
十二月	六　白	三　碧	九　紫

附表 5-8-11　內六事方位歸納表（資料來源：吳延川《風水理氣派操作方法運用於建築設計之研究——以紫白飛星法為例》，頁 102。）

	坎宅	坤宅	震宅	巽宅	乾宅	兌宅	艮宅	離宅
門	南方 西南方 北方	東北方 東方 東南方 西南方	西方 西南方 北方 東南方 東方	西北方 西南方 東南方 南方	南方 東南方 北方 西北方 西方	東北方 東方 東南方 南方 西北方	西北方 西方 西南方 東方 東北方	東北方 北方 西南方 南方 東南方
臥室	東北方 北方 西南方 東北方 東方	西南方 東方 東南方 西方 西北方	北方 東南方 東方 西方 東北方	西南方 東南方 南方 東方 西方 南方	北方 西北方 西方 東方 西南方 東北方	東南方 南方 西北方 北方 西南方 東北方	西北方 西方 東北方 東方 南方 北方	西南方 南方 東北方 東方 西北方
神明廳	東北方 北方 西南方 西方 東南方	西南方 東方 東南方 北方 南方	北方 東南方 東方 西南方 西北方	西南方 東南方 南方 東方 北方 中央	北方 西北方 西方 東方 西南方 南方	東南方 南方 西北方 北方 西南方 東北方	西北方 西方 東北方 東方 東南方	西南方 南方 東北方 東方 西方 東南方
書房	中央 東北方	西方 東南方	東方 西北方	中央 西南方	東方 南方	西南方 東北方	西方 北方	南方 西北方
廁所	西方 東南方	東南方 北方 南方	北方 東南方 西南方	南方 東方 北方	西南方 南方	北方 東北方	東方 東南方 西方	東方 西方 東南方 西南方
廚房	西方 東北方	東方 西南方	西北方 東方	西南方 東南方	西方 北方	西北方 南方	東北方 西北方	東北方 南方

附表 5-8-12　三元九運（天運）衰旺一覽表（資料來源：胡肇臺：《中國風水在建築選址定向之應用》，頁 95。）

三元	上　元			中　元			下　元		
本運	一運（坎）	二運（坤）	三運（震）	四運（巽）	五運	六運（乾）	七運（兌）	八運（艮）	九運（離）
值	二十年	二十年	二十年	二十年	二十年	二十年	二十年	二十年	二十年
	甲子至癸未	甲申至癸卯	甲辰至癸亥	甲子至癸未	甲申至癸卯	甲辰至癸亥	甲子至癸未	甲申至癸卯	甲辰至癸亥
年	1864年1883年	1884年1903年	1904年1923年	1924年1943年	1944年1963年	1964年1983年	1984年2003年	2004年2023年	2024年2043年
旺方	北方	西南	東方	東南	中宮	西北	西方	東北	南方
旺氣	一	二	三	四	五	六	七	八	九
生氣	2、3	3、4	4、5	5、6	6、7	7、8	8、9	9、1	1、2
衰氣	9	1	2	3	4	5	6	7	8
死氣	6、7、8	7、8、9	8、9、1	9、1、2	1、2、3	2、3、4	3、4、5	4、5、6	5、6、7

當運者爲旺氣，未來者爲生氣，已過去者爲衰氣，久過去者爲死氣
（資料來源：陽宅風水指南）

附表 5-8-13　二十四山卦度分金－下卦、替卦整理速查表（資料來源：自 88 年中國命運大學，余勝唐老師「堪輿風水課」講義）

24 山	分金	周天起度數	64 卦	用法
壬	乙亥	337° 半至 340 半	觀　　卦	替卦
	丁亥	340° 半至 343° 半	觀　　卦	下卦
	己亥	343° 半至 346° 半	比　　卦	
	辛亥	346° 半至 349° 半	比　　卦	
	癸亥	349° 半至 352° 半	剝　　卦	替卦
子	甲子	352° 半至 355° 半	剝　　卦	替卦
	丙子	355° 半至 358 半	坤　　卦	下卦
	戊子	358° 半至 1° 半	坤·復卦	
	庚子	1° 半至 4° 半	復　　卦	
	壬子	4° 半至 7° 半	頤　　卦	替卦
癸	甲子	7° 半至 10° 半	頤　　卦	替卦
	丙子	10° 半至 13° 半	屯　　卦	下卦
	戊子	13° 半至 16° 半	屯　　卦	
	庚子	16° 半至 19° 半	益　　卦	
	壬子	19° 半至 22° 半	益　　卦	替卦
丑	乙丑	22° 半至 25° 半	震　　卦	替卦
	丁丑	25° 半至 28° 半	震　　卦	下卦
	己丑	28° 半至 31° 半	噬　嗑卦	
	辛丑	31° 半至 34° 半	噬　嗑卦	
	癸丑	34° 半至 37° 半	隨　　卦	替卦
艮	乙丑	37° 半至 40° 半	隨·妄卦	替卦
	丁丑	40° 半至 43° 半	无 妄 卦	下卦
	己丑	43° 半至 46° 半	妄·夷卦	
	辛丑	46° 半至 49° 半	明 夷 卦	
	癸丑	49° 半至 52° 年	夷·賁卦	替卦

24山	分金	周天起度數	64卦	用法
寅	甲寅	52°半至55°半	賁　卦	替卦
	丙寅	55°半至58°半	既　濟卦	下卦
	戊寅	58°半至61°半	既　濟卦	
	庚寅	61°半至64°半	家　人卦	
	壬寅	64°半至67°半	家　人卦	替卦
甲	甲寅	67°半至70°半	豐　卦	替卦
	丙寅	70°半至73°半	豐　卦	下卦
	戊寅	73°半至76°半	離　卦	
	庚寅	76°半至79°半	離‧革卦	
	壬寅	79°半至82°半	革　卦	替卦
卯	乙卯	82°半至85°半	革‧同卦	替卦
	丁卯	85°半至88°半	同　人卦	下卦
	己卯	88°半至91°半	同‧臨卦	
	辛卯	91°半至94°半	臨　卦	
	癸卯	94°半至97°半	臨‧損卦	替卦
申	甲申	232°半至335°半	困　卦	替卦
	丙申	235°半至238°半	未　濟卦	下卦
	戊申	238°半至241°半	未　濟卦	
	庚申	241°半至244°半	解　卦	
	壬申	244°半至247°半	解　卦	替卦
庚	甲申	247°半至250°半	渙　卦	替卦
	丙申	250°半至253°半	渙　卦	下卦
	戊申	253°半至256°半	坎　卦	
	庚申	256°半至259°半	坎‧蒙卦	
	壬申	259°半至262°半	蒙　卦	替卦

24山	分金	周天起度數	64卦	用法
酉	乙酉	262°半至265°半	蒙・師卦	替卦
	丁酉	265°半至268°半	師　卦	下卦
	己酉	268°半至271°半	師・遯卦	
	辛酉	271°半至274°半	遯　卦	
	癸酉	274°半至277°半	遯・咸卦	替卦
辛	乙酉	277°半至280°半	咸　卦	替卦
	丁酉	280°半至283°半	咸・旅卦	下卦
	己酉	283°半至286°半	旅　卦	
	辛酉	286°半至289°半	旅・小過卦	
	癸酉	289°半至292°半	小　過　卦	替卦
戌	甲戌	292°半至295°半	小過・漸卦	替卦
	丙戌	295°半至298°半	漸　卦	下卦
	戊戌	298°半至301°半	漸・蹇卦	
	庚戌	301°半至304°半	蹇・艮卦	
	壬戌	304°半至307°半	艮　卦	替卦
乾	甲戌	307°半至310°半	艮・謙卦	替卦
	丙戌	310°半至313°半	謙　卦	下卦
	戊戌	313°半至316°半	謙・否卦	
	庚戌	316°半至319°半	否　卦	
	壬戌	319°半至322°半	否・萃卦	替卦
亥	乙亥	322°半至325°半	萃　卦	替卦
	丁亥	325°半至328°半	萃・晉卦	下卦
	己亥	328°半至331°半	晉　卦	
	辛亥	331°年至334°半	晉・觀卦	
	癸亥	334°半至337°半	觀　卦	替卦

附　圖

圖 4-1　先天八卦（資料來源：改自南基守：《易經卦象初探》，頁 27）

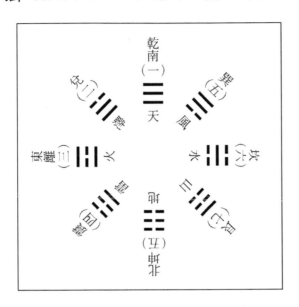

圖 4-2　後天八卦（資料來源：孫振聲：《白話易經》，頁 555。）

圖4-3　後天八卦時令圖（資料來源：南基守：《易經卦象初探》，頁35。）

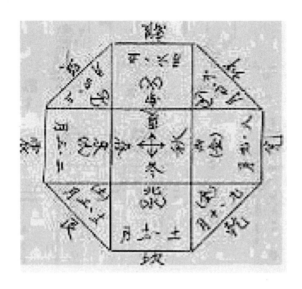

圖4-4　六卦應六氣圖（資料來源：江慎修：《河洛精蘊》，頁310。）

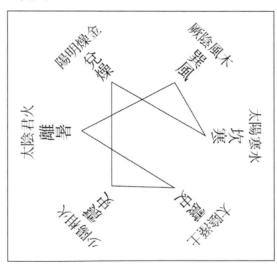

六子（卦）應六氣圖──（引河洛精蘊第三一〇頁）

五行變而爲六氣，分明與六子相配，風者「厥陰」風木，「巽」也，寒者「太陽」寒水，「坎」也。暑者，「少陰」君火，「離」也。濕者「太陰」濕土，「艮」也。燥者，「陽明」燥金，「兌」也。火者，「少陽」「相火」，「震」也。

圖4-5　人身督、任脈、手足經脈應洛書先天八卦圖（資料來源：江慎修：《河洛精蘊》，頁 304。）

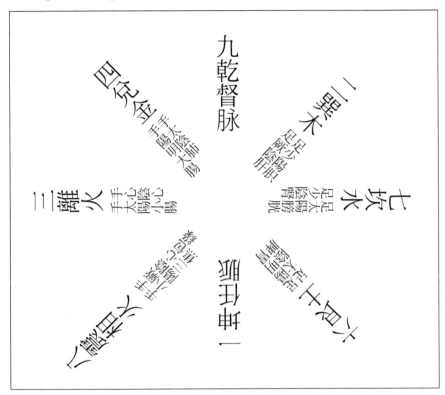

引江慎修「河洛精蘊」三〇四頁。

圖 4-6　六十四卦表圖（資料來源：鄭燦寰：《易經卜筮學》，頁 48。）

上卦 / 下卦	乾	兌	離	震	巽	坎	艮	坤
乾	乾	夬	大有	大壯	小畜	需	大畜	泰
兌	履	兌	睽	歸妹	中孚	節	損	臨
離	同人	革	離	豐	家人	既濟	賁	明夷
震	无妄	隨	噬嗑	震	益	屯	頤	復
巽	姤	大過	鼎	恆	巽	井	蠱	升
坎	訟	困	未濟	解	渙	坎	蒙	師
艮	遯	咸	旅	小過	漸	蹇	艮	謙
坤	否	萃	晉	豫	觀	比	剝	坤

圖 5-1-1　足少陽膽經（每側四十三穴，左右共八十六穴）（資料來源：張德湖：《《黃帝內經》養生全書》，頁 31。）

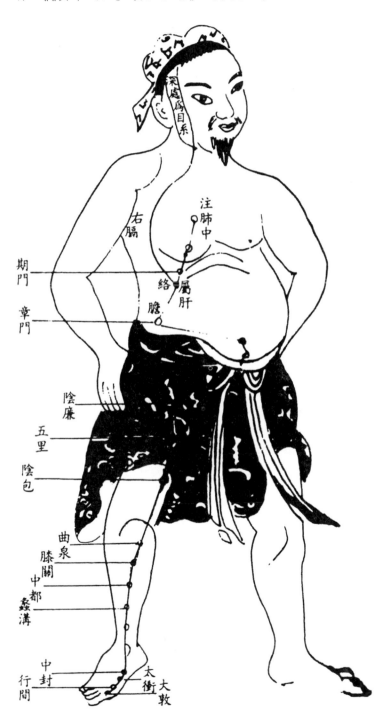

圖 5-1-2　足厥陰肝經（每側十三穴，左右共二十六穴）（資料來源：　張德
　　　　　湖：《《黃帝內經》養生全書》，頁 32。）

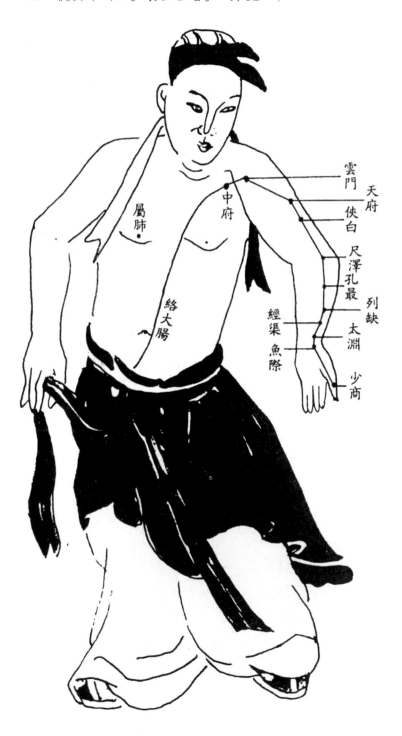

圖 5-1-3　手太陰肺經（每側十一穴，左右共二十二穴）（資料來源　張德湖：
　　　　　《黃帝內經》養生全書》，頁 13）

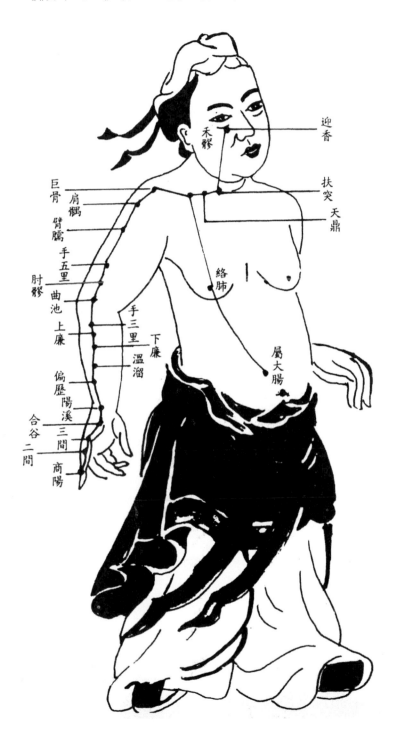

圖 5-1-4　手陽明大腸經（每側二十八穴，左右共四十八穴）（資料來源：張
　　　　德湖：《《黃帝內經》養生全書》，頁 15。）

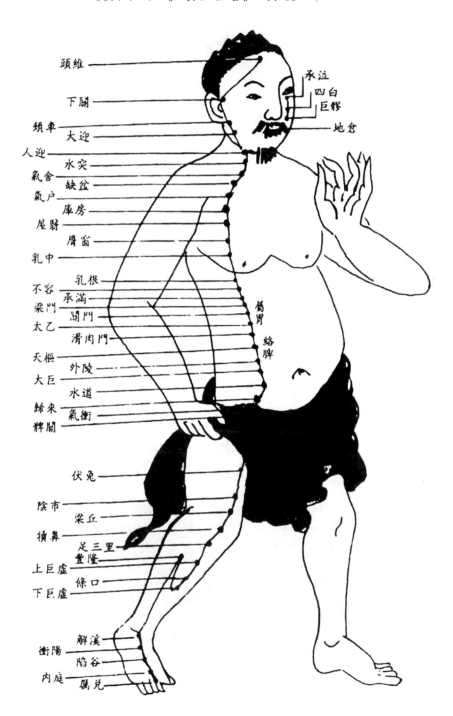

圖 5-1-5　足陽明胃經（每側四十五穴，左右共九十穴）（資料來源：張德
湖：《黃帝內經》養生全書》，頁 17）

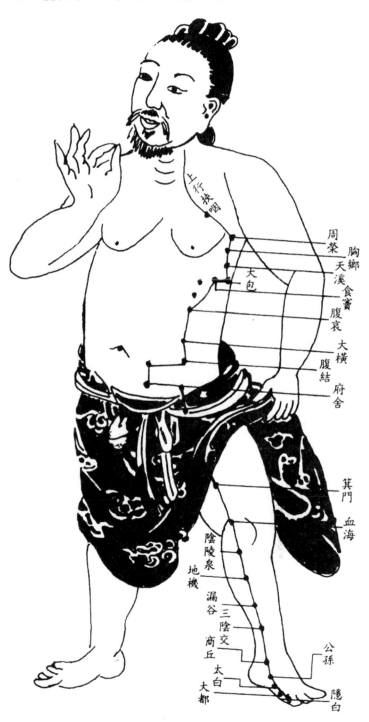

圖 5-1-6　足太陰脾經（每側二十六穴，左右共四十穴）（資料來源： 張德湖：《《黃帝內經》養生全書》，頁 19。）

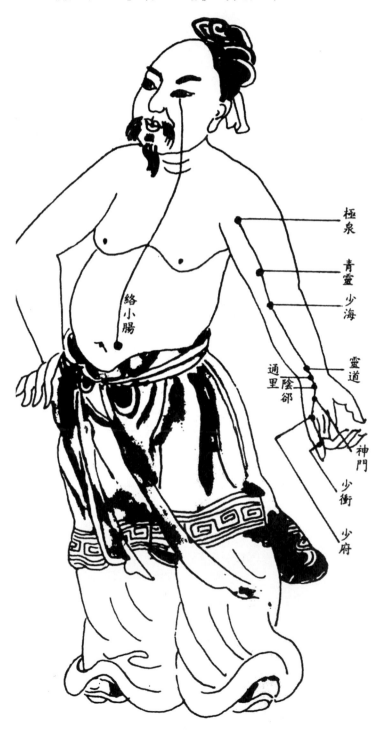

圖 5-1-7　手少陰心經之圖（每側九穴，左右共十八穴）（資料來源：　張德
湖：《《黃帝內經》養生全書》，頁 21）

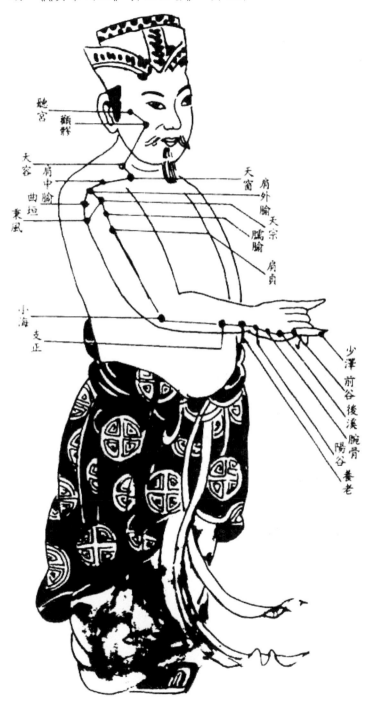

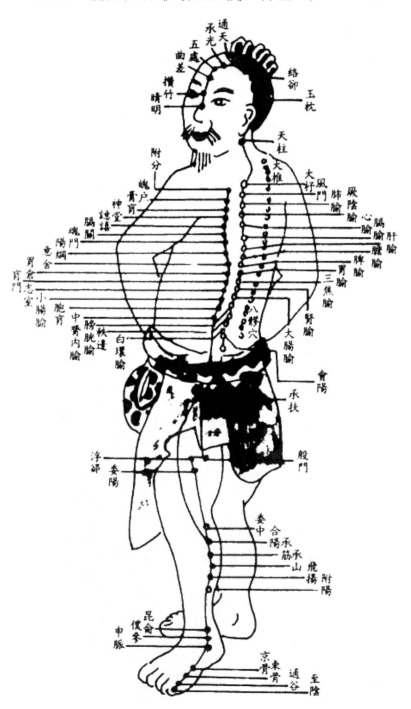

由《周易》與《黃帝內經》探討理象數術之養生研究及其應用

圖 5-1-8　手太陽小腸經之圖（每側十九穴，左右共三十八穴）（資料來源：
張德湖：《《黃帝內經》養生全書》，頁 22。）

圖 5-1-9　足太陽膀胱經之圖（每側六十三穴，左右共一百二十六穴）（資
料來源：　張德湖：《黃帝內經》養生全書》，頁 24）

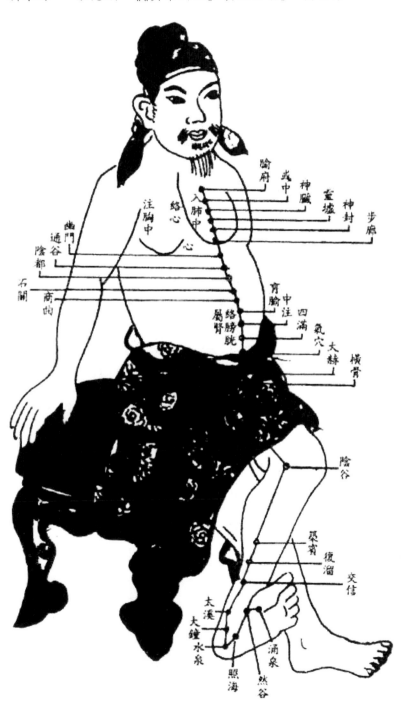

圖 5-1-10　足少陰腎經之圖（每側二十七穴，左右共五十四穴）（資料來源：
張德湖：《《黃帝內經》養生全書》，頁 26。）

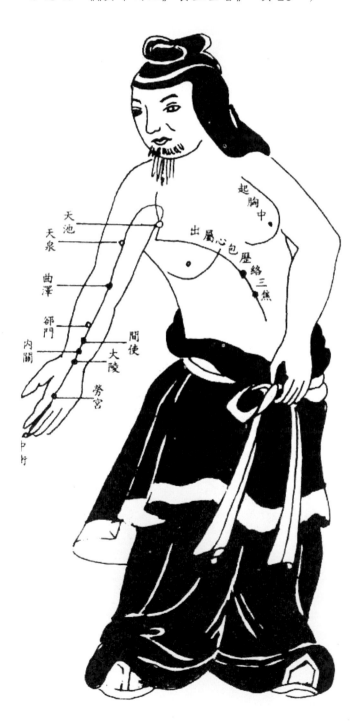

圖 5-1-11　手厥陰心包經（每側共九穴，左右共十八穴）（資料來源：張德湖：《《黃帝內經》養生全書》，頁 28。）

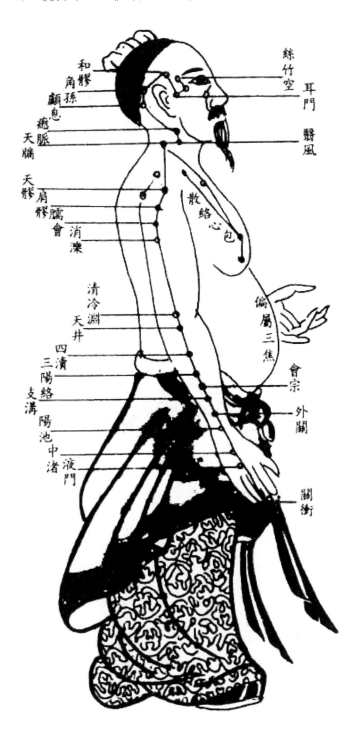

圖 5-1-12　手少陽三焦經（每側共二十三穴，左右共四十六穴）（資料來源：
　　　　　　張德湖：《黃帝內經》養生全書，頁 29。）

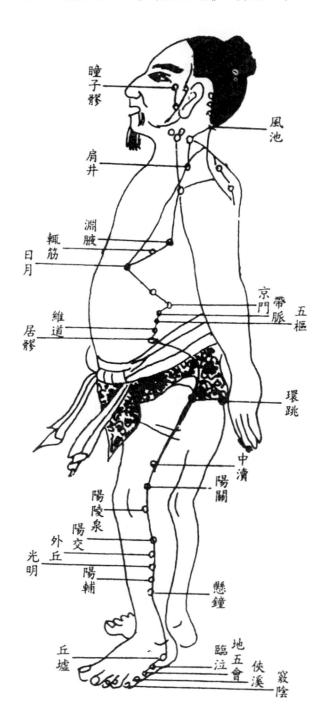

圖 5-6-1　司天，在泉及左右圖（資料來源：鄺芷人：《陰陽五行及其體系》，
　　　　　　頁 314。）

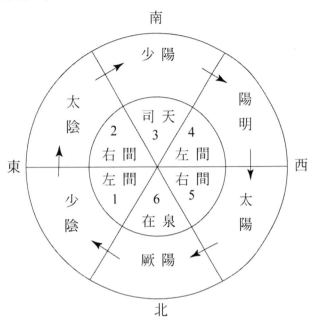

圖 5-6-2　庚午年司天在泉及左右間氣（資料來源：鄺芷人：《陰陽五行及其體系》，頁 316。）

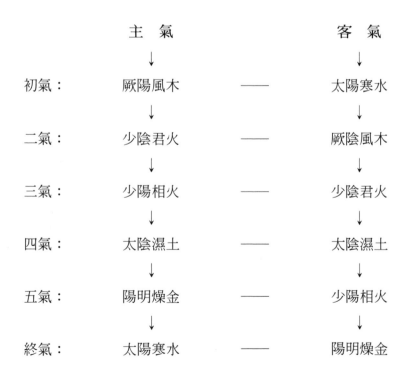

	主　氣		客　氣
	↓		↓
初氣：	厥陽風木	——	太陽寒水
	↓		↓
二氣：	少陰君火	——	厥陰風木
	↓		↓
三氣：	少陽相火	——	少陰君火
	↓		↓
四氣：	太陰濕土	——	太陰濕土
	↓		↓
五氣：	陽明燥金	——	少陽相火
	↓		↓
終氣：	太陽寒水	——	陽明燥金

圖 5-6-3　辛未年司天在泉及左右間氣圖（資料來源：鄺芷人：《陰陽五
行及其體系》，頁 317。）

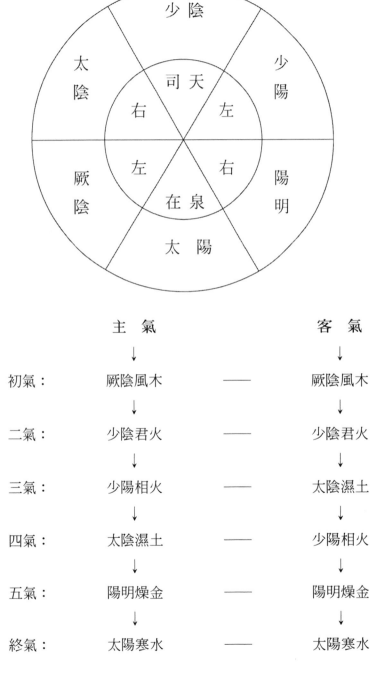

	主　氣		客　氣
	↓		↓
初氣：	厥陰風木	——	厥陰風木
	↓		↓
二氣：	少陰君火	——	少陰君火
	↓		↓
三氣：	少陽相火	——	太陰濕土
	↓		↓
四氣：	太陰濕土	——	少陽相火
	↓		↓
五氣：	陽明燥金	——	陽明燥金
	↓		↓
終氣：	太陽寒水	——	太陽寒水

圖 5-8-1　**紫白飛星圖**（資料來源：吳延川：《風水理氣派操作方法運用於建築設計之研究——以紫白飛星法爲例》，頁 50。）

四綠木 巽－東南	九紫火 離－南方	二黑土 坤－西南
三碧木 震－東方	五中土 中央	七赤金 兌－西方
八白土 艮－東北	一白水 坎－北方	六白金 乾－西北

圖 5-8-2　**紫白飛泊圖**（資料來源：吳延川：《風水理氣派操作方法運用於建築設計之研究——以紫白飛星法爲例》，頁 51。）

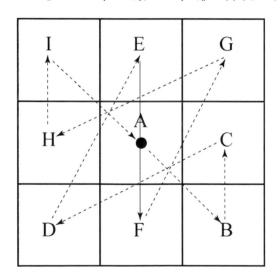

圖 5-8-3　紫白奇門圖（資料來源：吳延川：《風水理氣派操作方法運用於建
築設計之研究—以紫白飛星法爲例》，頁 51。）

綠　四 巽 杜	紫　九 離 景	黑　二 坤 死
碧　三 震 傷	五黃入中宮	赤　七 兌 驚
白　八 艮 生	白　一 坎 休	白　六 乾 開

圖 5-8-4　陽宅論四神相應（資料來源：胡肇臺：《中國風水在建築選址定
向之應用》，頁 77。）

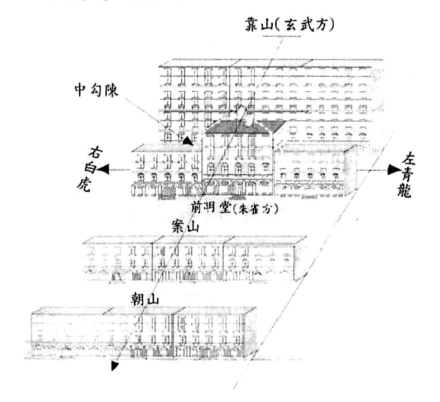

圖5-8-5 三元三合實戰羅盤（資料來源：胡肇臺：《中國風水在建築選址定向之應用》，頁83。）

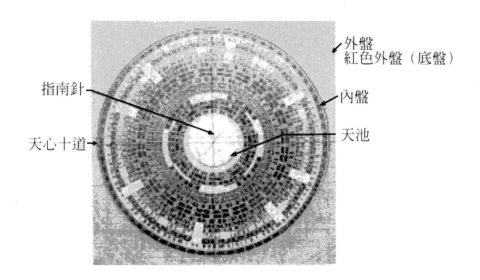

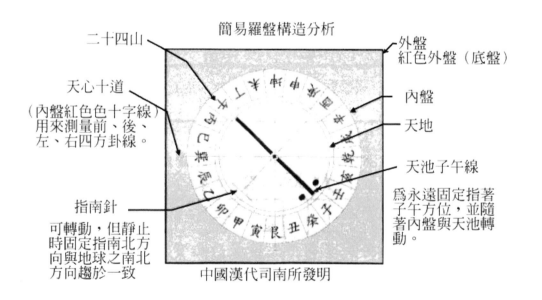

圖 5-8-6　**羅盤構造**（資料來源：胡肇臺：《中國風水在建築選址定向之應用》，頁 84。）

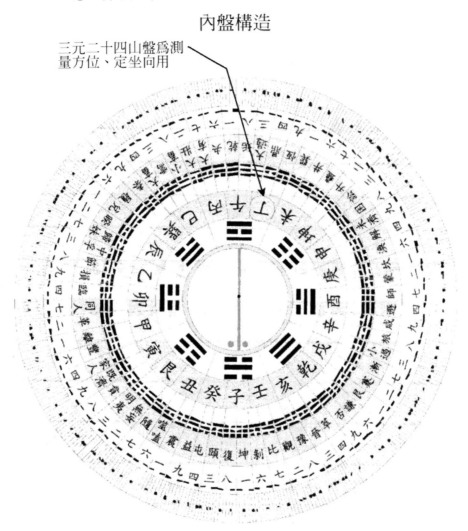

內盤構造

三元二十四山盤爲測
量方位、定坐向用

圖 5-8-7　二十四山方向位置圖（資料來源：胡肇臺：《中國風水在建築選址定向之應用》，頁 86。）

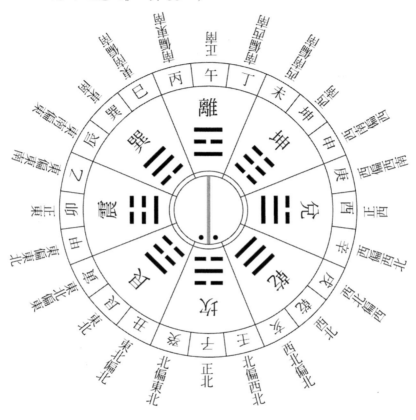

圖 5-8-8　九星順逆飛圖（資料來源：胡肇臺：《中國風水在建築選址定向之應用》，頁 93。

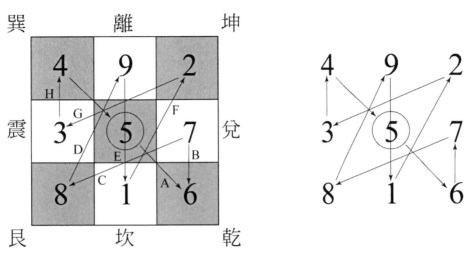

九星順飛圖

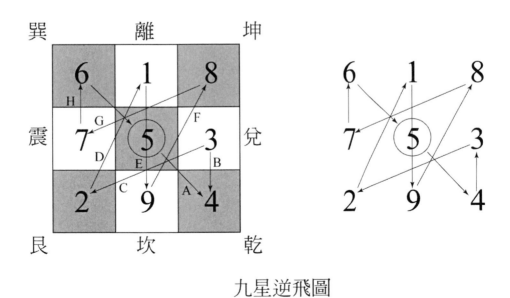

九星逆飛圖

圖 5-8-9 八運宅乙山辛向圖（資料來源：自 88 年中國命運大學，余勝唐老師「堪輿風水課」講義。）

七	三	四
六	61 八	一
二	五	九

圖 5-8-10 雙星在向圖（資料來源：自 88 年中國命運大學，余勝唐老師「堪輿風水課」講義。以下資料至 5-3-26 來源皆同，不另標記。）

52 七	16 三	34 五
43 六	61 八	88 一
97 二	25 四	79 九

（乙山辛向）

52 七	16 三	34 五
43 六	61 八	88 一
97 二	25 四	79 九

（卯山酉向）

34 七	88 三	16 五
25 六	43 八	61 一
79 二	97 四	52 九

（癸山丁向）

圖 5-8-11　雙星在坐

現例舉三個八運的雙星在坐的下卦圖供讀者參考。

43 七	88 三	61 五
52 六	34 八	16 一
97 二	79 四	25 九

（午山子向）

43 七	88 三	61 五
52 六	34 八	16 一
97 二	79 四	25 九

（丁山癸向）

79 七	25 三	97 五
88 六	61 八	43 一
34 二	16 四	52 九

（甲山庚向）

圖 5-8-12　上山下水

現例舉三個八運的上山下水下卦圖供讀者參考。

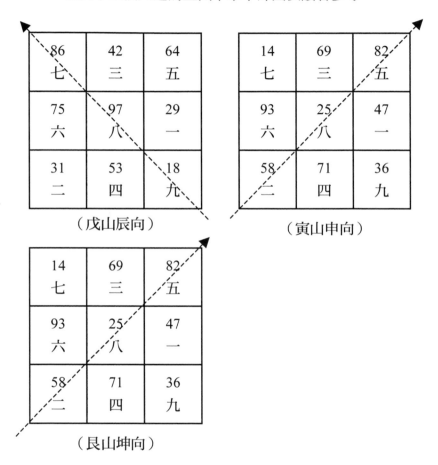

（戌山辰向）

（寅山申向）

（艮山坤向）

圖 5-8-13　收山出煞

收山：將山上之旺氣、生氣飛星置于高處；將向上之旺氣、生氣飛星置
　　　于水裡或低處，謂之「收山」。

出煞：將山上之衰氣、死氣、飛星置于水裡或是低處，將向上之衰氣、
　　　死氣、飛星置予高處，謂之「出煞」。

※當令者為旺氣，未來者為生氣，過去者為衰氣，過久者為死氣，若論
七運，則七運為旺氣，八運為生氣，九連一運為未來之氣；六運為衰氣，五
運、四運、三運、二運為死氣。

61 六	15 二	⑧3 四
⑦2 五	59 七	37 九
26 一	⑨4 三	48 八

本局之四方宜高為收山
主旺人丁（山主丁）

6① 六	15 二	83 四
72 五	59 七	3⑦ 九
26 一	94 三	4⑧ 八

本局之三方向星宜見水
或置于低處主旺財

⑥1 六	15 二	83 四
72 五	59 七	③7 九
26 一	94 三	④8 八

衰死之山星宜見水或置
于低處為之脫煞（出煞）

61 六	1⑤ 二	8③ 四
7② 五	59 七	37 九
26 一	9④ 三	48 八

衰氣，死氣之水星（向
星）宜置予高處為之脫
煞

圖 5-8-14　北斗七星真打劫

例：七運壬山丙向下卦圖之七星真打劫

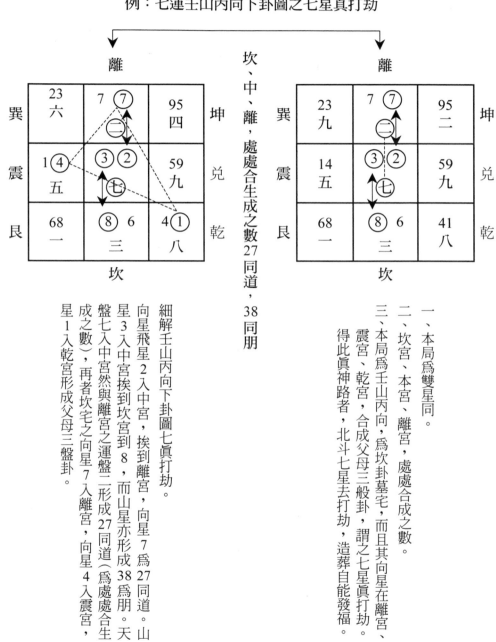

坎、中、離，處處合生成之數 27 同道，38 同朋

細解壬山丙向下卦圖七真打劫。

向星飛星 2 入中宮，挨到離宮，向星 7 為 27 同道。山星 3 入中宮挨到坎宮到 8，而山星亦形成 38 為朋。天盤七入中宮然與離宮之運盤二形成 27 同道（為處處合生成之數），再者坎宅之向星 7 入離宮，向星 4 入震宮，星 1 入乾宮形成父母三盤卦。

一、本局為雙星同。

二、坎宮、本宮、離宮，處處合成之數。

三、本局為壬山丙向，為坎卦墓宅，而且其向星在離宮、震宮、乾宮，合成父母三般卦，謂之七星真打劫，得此真神路者，北斗七星去打劫，造葬自能發福。

圖 5-8-15　北斗七星假打劫門

例：七運午山子向下卦（假打劫）

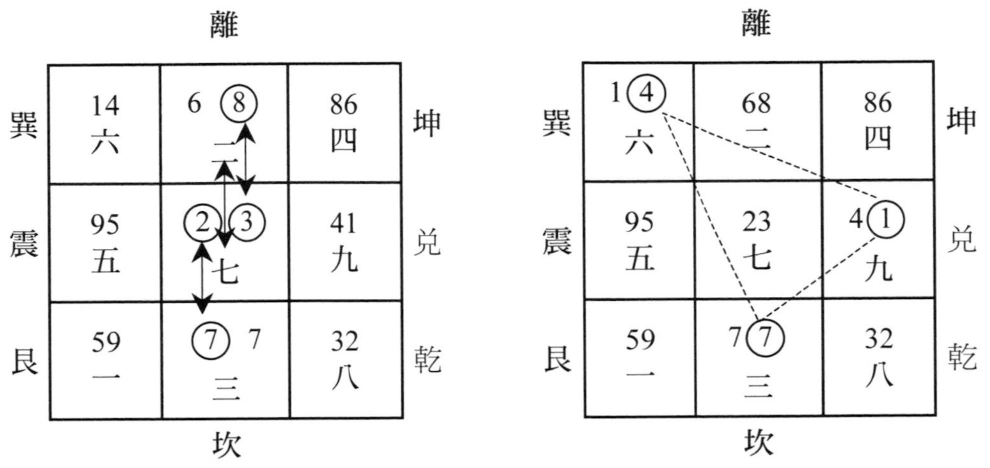

本局為假打劫：
一、本局為雙星向。
二、坎宮、中宮、離宮處處合生成之數。
三、此為離宅、向星7在坎宮，4入巽宮，1入兌宮
形成父母三般卦。

圖 5-8-16　三元玄空之城門

坐甲向乙

		坤	正城門
坐甲		兌	向庚
		乾	城門

甲山庚向，庚為兌「7」，而兩旁之坤宮與乾宮則為城門合洛書數坤為正城門。

巽		
震		坐庚
艮		

庚山甲向，甲為震卦，而兩旁之巽宮、艮宮則為城門，而震為洛書是三，艮為洛書數是八，而三八合生成之數，故艮為正城門。

圖 5-8-17　三元玄空之城門訣

	二 九	
八		一
城 門	向 壬	城 門

本局為八運之丙山壬向（地元龍），乾宮是城門，對應地元龍「丙」為陽，則乾宮的運盤九代入中宮順飛到本處為一並不合當元運，故非城門訣。

25 七	79 三	97 五
16 六	34 八	52 一
61 ⊜	88 四	43 ⑨
城 門	向 壬	城 門

再者艮宮城門對應地元龍為「未」運盤二入中宮，屬陰逆挨到本位為八合天心正運，故為城門訣。

圖 5-8-18　令星入囚

辰山戌向（八運）

68 七	24 三	46 五
57 六	79 八	92 一
13 二	35 四	81 九

此局為八運之下卦，圖「9」入中宮為財星入囚於九運時損財。

辰山戌向（八運）

68 七	24 三	46 五
57 三	79 八	92 一
13 二	35 四	81 九

此局以八運之下卦圖水星「9」中宮為財星入囚於九運時損財。

圖 5-8-19　伏　吟

例：七運辰山戌向下卦圖（坎方坤方犯伏吟）

洛書數

4	9	②
3	5	7
8	①	6

下卦圖

79 六	24 二	9② 四
81 五	68 七	46 九
35 一	①3 三	57 八

上圖洛書數配七運辰山戌向之下卦圖，而下卦圖之坎方①與洛書數之坎方①相同，故犯伏吟。坤方同論。

圖 5-8-20　父母三般卦

八運艮山坤向八母三般卦

艮山坤向

14 七	69 三	82 五
93 六	25 八	47 一
58 二	71 四	36 九

本局山星、向星、運盤形成一四七、二五八、三六九，為父母三般卦成局，本卦之中宮、艮宮、坤宮形成二五八，坎宮、巽宮、兌宮形成一四七，震宮、離宮、乾宮形成三六九。

圖 5-8-21　連珠三般卦

八運之連珠三般卦之下卦圖

八運之辰山戌向

68 七	24 三	46 五
57 六	79 八	92 一
13 二	35 四	81 九

本局為辰山戌向之山星、水星、運盤形成連珠三般卦，巽宮為六七八，中宮為七八九，乾宮為八九一，震宮為五六七，中宮為七八九，兌宮為九一二，形成連珠三般卦。

圖 5-8-22　合　十

八運之向星與運盤合十

申山寅向

41 七	96 三	28 五
39 六	52 八	74 一
85 二	17 四	63 九

本爲向星和運合十寅向二入中宮與運盤八合十

八運之山星與運盤合十

丑山未向

36 七	71 三	58 五
47 六	25 八	93 一
82 二	69 四	14 九

本局爲山星與運盤合十，丑山二入中宮與運盤八合十。

圖 5-8-23　零正神

七運之零正神

4	9	2
③	5	⑦
8	1	6

西方爲七運之正神
東方爲七運之零神

八運之零正神

4	9	②
3	5	7
⑧	1	6

東北方爲八運之正神
西南方爲八運之零神

圖 5-8-24　各元運之正神，零神，催財位，催官位，吉照水。

九　運

④	▲9	2
3	5	7
8	①	6

「九」為元運
「一」為催財水
「四」為催宮水

八　運

4	9	②
③	5	7
▲8	1	6

「八」為元運
「二」為催財水
「三」為催宮水

七　運

4	9	②
③	5	▲7
8	1	6

「七」為元運
「三」為催財水
「二」為催宮水

元運	一	二	三	四	五	六	七	八	九
正神	1 坎	2 坤	3 震	4 巽	五運前10年寄坤為八白運之零，二黑運之煞。後10年寄艮；為二黑運之零，八白運之煞	6 乾	7 兌	8 艮	9 離
零神	9 離	8 艮	7 兌	6 乾		4 巽	3 震	2 坤	1 坎
催財	9 離	8 艮	7 兌	6 乾		4 巽	3 震	2 坤	1 坎
催宮	6 乾	7 兌	8 艮	9 離		1 坎	2 坤	3 震	4 巽
吉照	8 艮　7 兌	9 離　6 乾	9 離　6 乾	8 艮　7 兌		3 震　2 坤	1 坎　4 巽	1 坎　4 巽	2 坤　3 震

圖 5-8-25　龍門八局

八坐卦 方位 應位	坎 水 一	坤 土 二	震 木 三	巽 木 四	乾 金 六	兌 金 七	艮 土 八	離 火 九
先天位	兌	坎	艮	坤	離	巽	乾	震
後天位	坤	巽	離	兌	艮	坎	震	乾
天劫位	巽	震	乾	坎	震	艮	離	艮
地刑位	坤	坎	坤	兌	離	巽	兌	乾
案劫位	離	艮	兌	乾	巽	震	坤	坎
賓　位	震	乾	巽	離	坤	艮	坎	兌
客　位	乾	震	坎	艮	兌	離	巽	坤
輔　卦	艮	兌	坤	震	坎	坤	兌	巽
庫　池	坤	巽	壬	坤	艮	癸	乾	辛
正　曜	辰	卯	申	酉	午	巳	寅	亥
天　曜	巳	辰	寅	卯	亥	酉	午	申
地　曜	卯	酉	亥	嚫	寅	辰	申	午
正　竅	巽	甲	乾	艮	巽	甲	坤	辛

圖 5-8-26　輔星水法方位速見表及尋龍點地納穴法訣定坐山表速見表

洛數	九	一	七	三	八	二	六	四
納卦	乾	坤	坎	離	震	巽	艮	兌
立同九星	六乾甲向	立坤向乙	立癸申子辰向	立壬寅午戌向	立庚亥卯未向	立巽辛向	立艮丙向	立丁巳酉丑向
輔弼	乾	坤	坎	離	震	巽	艮	兌
武曲	離	坎	坤	乾	兌	艮	巽	震
破軍	艮	兌	震	巽	坎	離	乾	坤
廉貞	巽	震	兌	艮	坤	乾	離	坎
貪狼	坎	離	乾	坤	艮	兌	震	巽
巨門	坤	乾	離	坎	巽	震	兌	艮
祿存	震	巽	艮	兌	乾	坤	坎	離
文曲	兌	艮	巽	震	離	坎	坤	乾

九星 ＼ 來龍入首	乾甲龍	坤乙龍	庚亥卯未龍	巽辛龍	癸申子辰龍	壬寅午戌龍	艮丙龍	丁巳酉丑龍
貪狼	丁巳酉丑	艮丙	壬寅午戌	癸申子辰	鄙辛	庚亥卯未	坤乙	乾甲
巨門	庚亥卯未	巽辛	乾甲	坤乙	艮丙	丁巳酉丑	癸申子辰	壬求午戌
祿存	坤乙	乾甲	巽辛	庚亥卯未	壬寅午戌	挾申子辰	丁巳酉丑	艮丙
文曲	癸申子辰	壬寅午戌	艮丙	丁巳酉丑	乾甲	坤乙	庚亥卯未	巽辛
廉貞	巽辛	庚亥卯未	坤乙	乾甲	丁巳酉丑	艮丙	壬寅午戌	癸申子辰
武曲	艮丙	丁巳酉丑	挾申子辰	壬寅午戌	庚亥卯未	巽辛	乾甲	坤乙
破軍	壬寅午戌	癸申子辰	丁巳酉丑	艮丙	坤乙	乾甲	巽辛	庚亥卯未
輔弼	乾甲	坤乙	庚亥卯未	巽辛	癸申子辰	壬寅午戌	艮丙	丁巳酉丑

圖 5-8-27　亥山巳向及乾山巽向消砂圖

亥山巳向消砂圖

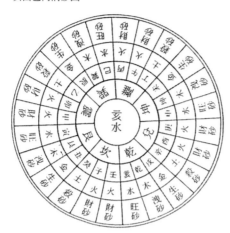

乾山巽向消砂圖

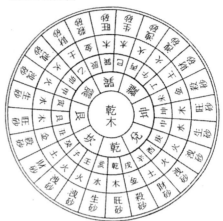

圖 5-8-28　八運子午下卦圖（資料來源：孔昭蘇：《孔氏玄空寶鑑》，頁 494。）

子午下卦圖

益 34 7	艮 88 3	訟 16 5
剝 25 6	恆 43 8	需 61 1
睽 79 2	革 97 4	謙 52 9

合離宮打劫，向首有水光者當元進財，艮方為生氣，巽方可用城門訣。

癸卯年四綠入中，八白又到離，主宮貴。

圖 5-8-29　八運丑山未向下卦圖（資料來源：孔昭蘇：《孔氏玄空寶鑑》，頁，497 頁。）

丑未下卦圖

妄 36 7	節 71 3	艮 58 5
大過 47 6	剝 25 8	豐 93 1
謙 82 2	有 69 4	渙 14 9

合旺山旺向，方爲生氣，天地兩盤二土比和吉，向首有水合零神，發福最速。

圖 5-8-30　八運巳山亥向下卦圖（資料來源：孔昭蘇《孔氏玄空寶鑑》，506 頁。）

巳亥下卦圖

蹇 81 7	頤 35 3	解 13 5
夷 92 6	暌 79 8	咸 57 1
姤 46 2	觀 24 4	大畜 68 9

與巽乾下卦圖仝向首有水，合「六遇輔星，尊榮不次」，主當元富貴雙全。